오늘은 누굴 만나지?

오늘은 누굴 만나지?

1판 1쇄 인쇄 2024년 2월 6일
1판 1쇄 발행 2024년 2월 14일

지은이 한정석
펴낸곳 리딩 앤 리딩(Reading & Leading)
주소 서울시 송파구 송파대로 570 TOWER730 27층
전화 02) 3709-5800
팩스 02) 3709-5899
디자인 오늘

ISBN 979-11-88209-66-8 93320

* 책값은 뒤표지에 있습니다.
* 저작권자ⓒ리딩앤리딩
* 이 도서의 국제표준 도서번호(ISBN)는 국립중앙도서관 서지정보유통지원시스템 홈페이지(http://seoji.nl.go.kr)에서 이용할 수 있습니다.
* 이 책은 저작권법에 따라 보호받는 저작물이므로 무단전재와 무단복제를 금지하며, 이 책 내용의 전부 또는 일부를 이용하려면 반드시 저작권자 동의를 받아야 합니다.

갈 곳을 찾는 보험 설계사를 위한 지침서

오늘은 누굴 만나지?

한정석 지음

 차 례

프롤로그 • 008

  생각

CHAPTER 1	'오늘은 누굴 만나지?' 보험영업의 시작과 끝!	014
CHAPTER 2	'오늘은 누굴 만나지?' 보험영업의 애물단지!	023
CHAPTER 3	'오늘은 누굴 만나지?' 그 어려움에 대하여	034
CHAPTER 4	'오늘은 누굴 만나지?' 그 작은 실마리	045

  발굴

CHAPTER 1	가망고객! 누구라고 생각하나요?	054
CHAPTER 2	가망고객! 나는 진짜 누구일까요?	066
CHAPTER 3	가망고객 발굴은 무엇일까요?	078
CHAPTER 4	가망고객 발굴을 위한 통찰	089

  작성

CHAPTER 1	가망고객! 어떻게 써야 할까요?	098
CHAPTER 2	가망고객! 모두 똑같을까요?	115
CHAPTER 3	가망고객! 어떻게 만날 계획을 세울까요?	129
CHAPTER 4	가망고객! 작성을 위한 통찰	141

 **전화**

CHAPTER 1	뭐라고 얘기하지?	150
CHAPTER 2	AP 약속 콜	165
CHAPTER 3	관계형성 콜	180
CHAPTER 4	관계개선 콜	200
CHAPTER 5	관계유지 콜	215
CHAPTER 6	관계회복 콜	234

5부 10콜 합시다

CHAPTER 1	10콜 하고 계신가요?	248
CHAPTER 2	10콜은 습관이다	262
CHAPTER 3	10콜 습관 만들기	274
CHAPTER 4	10콜 하는 사람들!	300

에필로그 • 317

 프롤로그

"보험영업을 정말 하고 싶었던 분 계신가요?"
"……"

조용하다. 대답하는 사람이 아무도 없다.
"그럼 왜 보험을 시작하셨죠?"
"돈 벌려구요.", "아는 분이 권해서요", "어쩌다 보니 그렇게 됐네요"

나도 마찬가지이지만 보험을 정말 하고 싶어서 몇 년 동안 공부하고 준비하고 시작하는 사람은 내가 27년간 보험 일을 하면서 손가락으로 꼽을 수 있는 정도이다. 세상사가 다 그렇듯 언제나 우리의 삶은 자신이 원하는 방향으로 흘러가지만은 않아서 어쩌면 보험영업은 내가 가고자 했던 방향과는 좀 동떨어져 있었던 일이 아니었을까 생각된다.

하지만 보험영업을 시작한 이상 누구나 자신이 이루고자 하는 것을 위해 최선을 다한다. 상품공부도 열심히 하고, 화법도 열심히 훈련하고, 전화도 열심히 하며, 사람도 많이 만난다. 또 내게 부족한 것은 매니저나 관리자들이 최선을 다해 교육도 하고 동반활동도 해준다. 또한 보험은 이전에 내가 어떤 일을 했든, 아무런 준비 없이 시작했든지 간에 무에서 유를 만들어 낼 수 있는 기회의 직업인 것은 분명하다.

하지만 한 가지! '오늘은 누굴 만나지?'는 다르다.

보험영업은 사람을 대하는 일이다 보니 내가 어떻게 살았는지가 영업활동에 직접적인 영향을 주게 된다. 아무리 열심히 상품이나 지식을 공부하고 좋은 교육을 받아도 '오늘은 누굴 만나지?'가 해결되지 않으면 보험영업은 결코 나에게 기회의 직업이 될 수 없기 때문이다.

이 책은 보험영업을 성공적으로 잘하는 사람을 위해 쓴 책은 아니다. 이 책은 제목처럼 '오늘은 누굴 만나지?'의 고민을 하고 있거나, 앞으로 이런 고민을 하게 될 나와 같은 수많은 보험설계사를 위해 지난 22년간 강의했던 내용을 정리해서 쓴 것이다.

그리고 이 책을 읽는 사람 중에는 '오늘은 누굴 만나지?'의 고민을 하는 사람이 단 한 명도 없길 바라는 마음으로 썼다.

그리고 지금 이 책을 읽고 있는 당신께 꼭 부탁하고 싶은 게 하나 있다. 이 책을 읽고 '오늘은 누굴 만나지?'를 해결할 수 있는 지식이나 아이디어만을 얻고자 한다면 이 책은 결코 도움이 되지 않을 것이다.

이 책은 '읽는 책'이 아니라 '행동하는 책'이기 때문이다. 특히 3, 4, 5부에서는 읽는 속도를 늦추고 제시된 예제들을 하나하나 해보길 바란다. 시간이 걸려도 반복해서 자기 것으로 만들어야 한다. 그래야 당신이 원하는 '오늘은 누굴 만나지?'의 새로운 길이 보일 것이다.

1부

생각

CHAPTER 1 ── '오늘은 누굴 만나지?'
　　　　　　보험영업의 시작과 끝!

CHAPTER 2 ── '오늘은 누굴 만나지?'
　　　　　　보험영업의 애물단지!

CHAPTER 3 ── '오늘은 누굴 만나지?'
　　　　　　그 어려움에 대하여

CHAPTER 4 ── '오늘은 누굴 만나지?'
　　　　　　그 작은 실마리

2024년 1월 16일. 아침 9시. 한국 생명 서울지점

   지점 문을 열자마자 사람들이 쏟아져 들어온다. 키오스크 앞의 고객들은 상담 번호표를 타려고 기다리고 있다. 이번 주도 늘 그랬듯이 고객들의 오픈런이 시작되었다. 또 한 주가 시작된 것을 알리는 신호인 듯하다.

   이제 보험영업을 시작한 지도 1년이 지나고 있다. 오늘 같은 날은 영업이 종료되는 4시까지 점심도 먹지 못하고 꼬박 5명의 고객과 상담을 해야 할 것 같다.

   지난 주에 AP를 하고 간 고객과의 PT가 오전에 2건이나 있고 오후에는 내내 오늘 배정받은 가망고객 3명과 AP와 동시에 PT를 진행해야 하는 스케줄이다.
   이것이 끝이면 좋겠지만 4시에 지점 문을 닫으면 이제부터 본격적인 업무가 시작된다. 오늘 계약한 청약서를 정리해서 입력해야 하고, 이번 달에 만나지 못한 예약 손님들이 보내준 증권을 분석하고 상품제안을 위한 가입설계서도 뽑아야 한다. 그리고 200명이 넘는 계약자에게 안부전

화도 해야 하고, 특히 생일과 계약기념일 축하전화도 빠짐없이 챙겨야 한다. 정말 보험영업이 이렇게 힘든 거였으면 시작하지 않았을 것 같다.

하지만 나를 만나러 와서 가족의 보장 계획을 세우고 은퇴를 준비하고 뿌듯해하는 많은 고객들의 감사 전화와 격려를 들을 때면 이 모든 힘든 것들이 한 번에 날아가는 듯하다.

"한현주 FP, 활동 나가야지? 월요일부터 사무실에 있을 거야?"
꿈이다. 아침 미팅 후에 잠시 졸았나보다. 하지만 '오늘은 누굴 만나지?'

한현주 FP는 다시 일상으로 돌아온다.

CHAPTER **1**

'오늘은 누굴 만나지?' 보험영업의 시작과 끝!

오늘은 누굴 만나지?

보험영업이 한현주 FP의 꿈과 같다면 어떨까?

보험영업을 안 할 사람이 과연 있을까? 또한 이 책을 볼 필요가 있을까? 하지만 현실은 보험영업을 하는 사람이라면 누구라도 '오늘은 누굴 만나지?'라는 질문에 한 번쯤은 고민해 봤을 것이다. 어쩌면 이 책을 읽고 있는 지금도 고민하고 있을 FP도 분명 있을 것이고 지금은 이런 고민이 없더라도 언젠가 한 번은 고민하게 될 수 있는 문제가 아닌가 생각된다.

하루의 영업을 시작할 때 오늘 하루 만날 사람으로 가득 차 있다면 너무나 좋겠지만 그렇지 않은 날에는 '오늘은 누굴 만나지?'라는 고민을 안고 출근을 하게 될 것이다. 또, 한 주가 마무리되고 새로운 한 주가 시작되는 일요일 저녁, 다음 주에 만날 사람으로 가득차서 다가오는 한 주가 기대되면 좋겠지만 그렇지 않을 때는 '이번 주는 누굴 만나지?'라는 고민을 안고 한 주를 시작할 것이다. 그리고 이렇게 한 달을 이렇게 일 년을 아니 보험영업을 하는 날까지는 '오늘은 누굴 만나지?'라는 고민을 안고 사는 것이 보험영업이 아닐까 생각한다.

또 영업이 잘될 때는 만날 사람이 많아서 영업이 잘되고 있지만, 언제까지 지금처럼 만날 사람이 계속 이어질까? 반대로 영업이 잘 안 될 때는 지금도 만날 사람이 없어서 영업이 안 되는데 어떻게 해서 계속 만날 사람을 만들 수 있을까라는 고민이 생기게 될 것이다. 마치 우산 파는 아들과 짚신 파는 아들을 둔 어머니처럼 날씨가 맑으면 우산 파는 아들을 걱정하고 비가 오면 짚신 파는 아들을 걱정하게 되는 것 같이 보험영업을 하는 우리의 마음 속에 늘 고민되는 문제가 '오늘은 누굴 만나지?'가 아닐까 생각된다.

보험영업을 비롯해서 세상의 어떤 영업이든 영업의 본질은 판매하는 것이기 때문에 아무리 자신이 판매하는 것이 좋다고 하더라도 판매할 수 있는 곳이 없다면 아무런 의미가 없는 것이다. 보험영업도 사람에게 무형의 보험상품을 판매하는 영업이고 특히 그중에서도 고객을 직접 찾아가야 하는 아웃 바운드 형태의 영업이기 때문에 영업을 그만두는 날까지는 판매할 사람을 찾아야 하고 이것이 멈추는 날 영업도 멈추게 될 가능성이 크다. 결국 보험영업에서 '오늘은 누굴 만나지?'의 본질은 '사람'이고 이것을 해결하는 것이 성공적 영업을 위한 킹핀이라 할 수 있다.

그럼 보험영업에서 '오늘은 누굴 만나지?'를 해결하는 것은 무엇을 의미하는 것일까?

통상적으로는 영업할 대상을 만드는 것이라고 할 수도 있고 갈 곳을 만드는 것이라고 할 수도 있다. 또한 영업적 측면에서 볼 때는 판매 프로세스의 첫 단계인 '가망고객 발굴'을 해결하는 것이라 할 수도 있지만 좀 더 포괄적인 개념으로 본다면 보험영업을 하기 위해 필요한 사람을 효과적으로 관리하고 지속적으로 확장시켜 가는 것까지를 말하는 것이라 할 수 있다.

사람! 보험영업 생존의 조건!

보험영업이란 직업이 우리나라 사회에서 직업 선택을 할 때 분명 선호하는 직업이 아니라는 사실은 누구나 동의할 것이다. 또한 보험영업을 선택하는 사람도 자신이 정말 하고 싶었고 목표로 했던 최선의 직업 선택이라기보다는, 어느 날 갑자기 누군가의 추천이나 권유를 통해서 시작하는 차선의 직업 선택이었을 경우가 많은 것이 현실이고 시작할 때 사람들은 저마다 많은 사연을 가지고 시작하게 된다.

보험영업을 시작하는 계기가 어떻든 많은 사람들이 보험영업을 시작할 때는 다들 자기 나름의 부푼 꿈을 가지고 시작하지, 3개월 만에, 또는 6개월 만에, 아니 1년도 안 돼서 그만두게 될 거라고는 생각하지 않을 것이다. 다른 사람들은 몰라도 나만큼은 그만두지 않고 오래 일할 수 있을 거라 생각하거나 적어도 그렇게 안 되길 바라는 마음으로 시작했을 것이다. 그러나 현실은 보험영업을 시작하는 사람들의 바람과 다르다. 보험사의 13차월 정착률은 생명보험이나 손해보험 모두 공식적인 지표상으로는 높을지 모르지만, 실제로는 그렇지 않은 것으로 짐작된다. 이렇게 보험영업을 1년 넘게 하기도 어렵다면, 2년, 3년, 그 이후까지는 어떻게 보험영업을 계속해 나갈 수 있을까?

처음에는 자신은 그만두지 않을 거라 생각하고 그러기를 바랐던 FP들이 1년도 안 돼서 그만두는 이유는 무엇일까?
"저는 주변에 만날 사람은 너무 많은데 지식이 너무 부족해서 일을 못할 것 같아요!" 또는 "저는 만날 사람은 넘쳐나는데 고객 앞에서 말을 못해서 일을 못 할 것 같아요."와 같은 얘기를 하는 FP를 본 적이 있는가?
거기에는 여러 가지 이유가 있겠지만 아마도 대부분은 만날 사람이 없어서 즉, 갈 곳이 없어서 그만두는 것이 가장 중요한 이유 중에 하나가 아닐까 생각한다.

모든 FP가 영업을 시작할 때는 성공을 꿈꾸거나 적어도 자신은 그만두지 않을 것 같고 또 그러길 바라겠지만, 현실이 그렇다면 갈 곳을 만드는 것은 보험영업에서 '성공'의 조건일까, 아니면 '생존'의 조건일까?
보험회사는 지식도 가르쳐 주고 말하는 법도 가르쳐 주고 동기부여도 해준다. 하지만 한 가지, 누구를 만날지는 자기 스스로 만들어 가야 한다. 이것이 사람들이 보험을 선택하는 데 가장 고민하게 하는 부분이 아닐까 생각한다.
보험영업을 10년 동안 한다고 해서 10년 동안 하루도 빠지지 않고 보험지식을 공부할 필요는 없을 것이다. 말하는 훈련도 하루도 빠지지 않고 할 필요는 없을 것이다. 하지만 갈 곳을 만드는 것은 10년을 한결같이 해야만 한다.

즉, '오늘은 누굴 만나지?'의 질문을 해결하는 것이 보험영업을 위해 반드시 필요한 생존의 조건인 것이다. 이 벽을 넘어야 성공의 길로 들어설 수 있는 것이다.

1년에 몇 명의 사람이 필요할까요?

보험영업은 매달 새로운 계약을 해야 다음 달 수입이 대부분 결정되는 구조를 가지고 있는 일이기 때문에 매달 새로운 고객을 만나서 영업을 하는 것이 반드시 필요하다. 그렇다면 '오늘은 누굴 만나지?'의 가장 중요한 부분 중에 하나인 매달 새로운 고객과의 영업을 위한 초회 면담이라고 하는 AP(Approach)를 10명 정도 하려면 1년에 몇 명 정도의 가망고객이 필요할까? 이를 정확하게 파악하기 위해서는 가망고객 명단 작성 단계부터 실제로 가망고객과의 면담이 이루어지는 단계까지를 구체적으로 살펴볼 필요가 있다.

첫 번째는 10명과의 실질적인 초회 면담을 잡으려면, 약속 연기나 취소 등으로 면담이 성사되지 않는 비율인 25~30% 정도를 반영해 본다면, 실제로는 13~15명과 약속을 잡아야 가능해진다고 할 수 있다.

두 번째는 13~15명과의 초회 면담 약속을 잡으려면 평균적으로 고객이 전화를 받지 않거나 거절을 하는 비율인 50% 정도를 반영해 본다면 실제 13~15명과의 약속을 잡기 위해서는 25명~30명 정도의 전화를 시도해야 가능해진다고 할 수 있다.

세 번째는 25~30명의 가망고객에게 전화 시도를 하기 위해서는 작성된 명단 중에서 FP가 전화 시도를 하지 못하는 경우는 고려하지 않고, 전화할 대상의 이름을 적으면 모두 전화한다고 가정을 한다면 한 달에 10명의 초회 면담을 하려면 25~30명의 가망고객이 필요하게 될 것이다.

결론적으로 한 달에 10명의 초회 면담을 하기 위해서는 산술적으로는 1년에 300~350명의 가망고객이 필요하다고 할 수 있다. 하지만 중복되는 가망고객을 감안한다면 최소한 1년에 200명 이상의 가망고객이 있어야 매월 10명의 고객과 초회 면담을 할 수 있게 된다. 그리고 이 정도는 되어야 '오늘은 누굴 만나지?'의 고민을 해결할 수 있게 되는 것이다.
만약 한 달에 초회 면담을 5명 하려면 최소한 100명 정도의 가망고객은 있어야 하고 초회 면담을 20명 하려면 400명 이상의 가망고객이 있어야 '오늘은 누굴 만나지?'의 문제를 해결할 수 있게 되는 것이다.

여기서 중요한 것은 '오늘은 누굴 만나지?'를 해결한다는 것은 가망고객의 명단을 쓰는 것부터 실제 고객과의 면담까지의 과정에서 고객의 수를 만들어 내는 것이라 할 수 있다. 이러한 수가 만들어지면 내가 원하는 업적을 낼 수 있는 최소한의 조건이 되는 것이고 그 수가 만들어지지 않은 상황에서 업적을 내려면 단위당 생산성을 높이는 방법을 찾아야 하는 것이다.

그렇다면 나는 지금 몇 개월 정도를 영업할 수 있는 가망고객을 가지고 있는지 생각해 볼 필요가 있지 않을까? 또 이 질문에 대한 답을 가지고 있지 않거나 생각해 보지 않았다면 어떻게 이 문제를 해결할 것인가에 대한 나름의 해답을 가지고 있어야 '오늘은 누굴 만나지?'의 문제를 해결할 수 있는 것이 아닐까?

오늘의 나는 어제의 나와 얼마나 달라져 있을까요?

잠시 읽던 책을 덮고 오늘이나 어제 나는 '오늘은 누굴 만나지?'의 문제 해결을 위해 필요한 가망고객을 만들기 위해 어떤 구체적인 행동을 했나에 대해 스스로에게 질문을 한다면 어떤 대답을 할 수 있을까?

여기서 가망고객을 만드는 것은 신규로 가망고객 명단을 작성하거나 가망고객과의 전화를 통해 친숙도를 증대시키거나 정보를 파악하는 등의 구체적 행동을 얼마나 했느냐라고 할 수 있다. 나는 오늘 과연 몇 명의 가망고객의 명단을 작성했고 몇 명의 가망고객과 전화를 했는지를 돌아보면 내가 '오늘은 누굴 만나지?'를 위해 어떤 행동을 했는지 알 수 있을 것이다.

그런데 혹시 나는 지금 감나무 밑에 앉아서 감이 떨어지기를 기다리는 것처럼 '오늘은 누굴 만나지?'의 해결을 위해 아무런 행동도 안 하면서 내가 필요할 때 갑자기 만날 사람이 생기고 전화를 하면 모두 전화를 받고 또 만나자고 하면 모든 사람이 아무런 거절 없이 만나주는 상황이 벌어지길 바라고 있지는 않을까?

'오늘은 누굴 만나지?'의 문제는 가망고객을 발굴하는 단계부터 시작해서 고객을 만나는 단계까지 가망고객과의 관계나 FP의 의지나 기술 등 굉장히 많은 요소에 의해 영향을 받는 일이기 때문에 결코 하루아침에 되는 법은 없다고 할 수 있다. 따라서 많은 날의 작은 행동들이 '오늘은 누굴 만나지?'의 문제를 해결할 수 있기 때문에 어느 날 감나무에서 감이 뚝 떨어지는 것과 같은 행운이나 요행은 없다고 생각해야 한다.

'오늘은 누굴 만나지?'의 문제가 해결된다면 실패하지 않고 보험영업을 할 가능성이 높아지고 성공할 수 있는 기회도 생긴다는 것을 모르는 FP는 한 명도 없을 것이다. 이를 위해서는 오늘 나의 영업활동 중에 얼마의 시간을 할애하고 있고 그에 따른 결과를 만들어 내고 있는지에 대해 냉정하게 판단해 볼 필요가 있다. 좀 더 구체적으로 살펴보면 오늘 하루 나는 새로운 가망고객을 확보하기 위해 고민하는 시간이 아니라 실제 '행동'을 통해서 실제 가망고객 수가 얼마나 늘어나는지 판단해 보아야 한다. 또한 발굴된 가망고객을 판매과정에 진입시키기 위해 몇 명에게 전화를 했는지 판단해 보아야 한다. 새로운 가망고객을 소개받기 위해 몇 명을 만났는지도 판단해 보아야 한다.

이렇게 영업활동 중에 '오늘은 누굴 만나지?'를 해결하기 위한 구체적 행동은 하지 않은 상태에서 만날 사람이 없다고 하는 것은 나무 밑에 누워서 감 떨어지기를 기다리는 것과 같이 요행을 바라는 것일 뿐이다. 나는 아무런 행동도 하지 않는데 사람들에게서 연락이 와서 보험을 가입하겠다고 하는 일은 거의 없을 것이고, 보험 얘기해달라고 하는 일도 거의 없을 것이다. 또한 소개 요청을 하지 않았는데도 사람들이 알아서 소개해 주는 일도 없을 것이다.

결국 하루하루 행동하지 않으면 '오늘은 누굴 만나지?'를 해결할 수 없게 되는데 그것이 보험과 같은 아웃 바운드 영업의 가장 큰 특징이고, 또한 이것이 사람들이 보험영업을 선택하는 데 가장 두려워하는 부분이기도 하다.

CHAPTER 2

'오늘은 누굴 만나지?' 보험영업의 애물단지!

몇 개의 우물을 가지고 있나요?

사람은 태어나서 학교에 다니면서부터 친구를 사귀게 되고 각종 집단에 소속되어 사람과 만나게 되고 직장 생활이나 사업 등을 하면서 점점 아는 사람도 많아지게 되고 원하든 원하지 않든 그 수는 점점 늘어나게 된다. 이러한 과정을 일반적으로 '인맥이 만들어진다'고 표현하는데 이러한 인맥은 마치 우물과 비슷하다.

    사람들은 인맥이란 우물을 여러 개를 만들면서 살게 되는데 우물의 개수는 내가 관계를 맺고 있는 집단이 몇 개인지를 나타내는 것이고, 우물의 깊이는 그곳에서 얼마나 많은 사람을 알고 있고 관계를 맺고 있는지를 나타내는 것이라 할 수 있다. 우물의 개수는 많지만 깊이는 그리 깊지 않은 사람도 있을 수 있고 또 우물의 개수는 적지만 깊이는 굉장히 깊은 사람도 있는 등 사람마다 우물의 개수와 깊이는 다양한 모습을 가지고 있을 것이다.

보험영업은 자신이 살면서 만들었던 인맥의 우물을 가지고 시작하게 되는데 이것을 통상적으로 지인시장이라 부른다. 우물 안의 물은 손만 뻗치면 바로 먹을 수도 있는 물도 있지만 그렇지 않은 물도 있을 수 있다.

이것을 자신의 인맥 안에 있는 사람과의 관계로 생각해 보면 손이 닿을 만큼 가까운 거리에 있는 물은 관계나 친숙도가 높은 사람들을 말하는데, 그중 바로 먹을 수 있다고 생각하는 물은 바로 영업을 할 수 있다고 생각하는 사람이다. 반대로 아주 깊은 곳에 있는 물은 관계나 친숙도가 떨어지는 사람들을 말하는데, 그중 바로 먹을 수 없을 것 같은 물은 바로 영업을 할 수 없다고 생각하는 사람이다.

그런데 자신의 우물 중에서 맨 위에 바로 먹을 수 있는 물만 떠서 먹고 그 아래에 있는 바로 먹기에 손이 닿지 않거나 깨끗하지 않고 이물질이 섞여 있다고 생각해서 그 물을 먹지 못하는 물이라 생각해 뚜껑을 닫아 버린다면 어떻게 될까? 그리고 다른 우물에 가서도 마찬가지로 그렇게 한다면, 결국 자신의 우물에는 먹을 수 있는 물이 없다고 판단해서 목이 말라 죽는다면 이 사람은 먹을 물이 없어서 죽는 것일까?

아무리 많은 인맥 우물을 가지고 있어도 이런 식으로 물을 먹으려 한다면 아마 갈 곳은 없다고 생각될 것이고 보험도 이렇게 생각하는 순간, 인맥이란 우물은 보험영업에서 애물단지가 되는 것이다.

하지만 당장은 먹을 수 없는 물이 분명하지만 시간을 가지고 정화작업을 해서 그 물을 먹을 수 있는 상태로 만든다면 어떨까?

우물도 관리하지 않고 그대로 방치해 두면 이물질이 들어갈 수도 있고 불순물이 생길 수도 있는 것처럼, 사람과의 관계도 아무것도 하지 않고 오랜 시간 방치해 두면 관계의 불순물이 생길 수 있는 것이다. 하지만 이 관계의 불순물은 절대 없앨 수 없는 것이 아니라 시간을 투자하면 충분히 없앨 수 있기 때문에 언젠가는 먹을 수 있는 물로 바뀔 수도 있는 것이다.

보험영업에서 '오늘은 누굴 만나지?'를 위해 필요한 FP의 인맥이란 우물은 얼마나 많은 우물을 가지고 있는지, 또 그 우물의 깊이가 얼마나 깊은지는 분명 중요한 요소이지만 절대적인 요소는 아니다. 평범한 삶을 살아온 사람이라면 누구나 '오늘은 누굴 만나지?'를 해결할 수 있는 우물의 개수와 깊이를 가지고 있다고 생각되는데 문제는 그 우물을 어떻게 바라보느냐이고, 그에 따라서 결과는 큰 차이가 난다고 볼 수 있다.

보험영업을 시작하는 사람이라면 한 번쯤 '보험영업을 하게 될 줄 알았더라면 연락 좀 자주 하고 살걸.' 같은 생각을 해보았을 것이다. 막상 보험영업을 시작하려고 하니 이제까지 인맥관리에 소홀하지 않았었나 하는 후회가 밀려들고 내가 인맥관리를 잘못한 것은 아닌가라는 생각을 하게 된다. 하지만 보통 사람이라면 누구나 다 그렇게 살기 때문에 잘못된 것이 아니다. 단지 보험을 하려니까 잘못한 것처럼 느껴지는 것이다. 그런데 보험영업을 시작한 후부터는 이제까지 해 왔던 방법으로 인맥관리를 하는 것은 분명 잘못된 것이다.

보험영업을 시작하고도 인맥관리를 하지 않으면 결국 당장 먹을 수 있는 물만 먹게 될 것이고 나머지 물은 버리지도 못하고 먹지도 못하는 애물단지가 되고 말 것이다. 아무리 우물의 개수가 많다 하더라도 바로 떠먹을 수 있는 물의 양은 누구나 비슷하기 때문인데 결국 승부는 당장 떠먹을 수 있는 물이 아닌, 지금은 너무 깊은 곳에 있거나 불순물이나 이물질이 많아서 먹지 못할 것 같아 보이는 물을 누가 먹을 수 있는 물로 많이 만들 수 있느냐에 달려 있다.

옛날에는 '오늘은 누굴 만나지?'의 고민이 없었을까요?

그렇다면 과거에 보험영업을 하던 사람들은 어땠을까?

과거에 영업을 하던 사람들은 인맥이란 우물을 지금보다 더 많이 가지고 있었고 더 깊게 파고 살았을 뿐 아니라 우물 안의 물은 이물질 하나 없이 모두 바로 먹을 수 있는 깨끗한 물만 가지고 있었을까? 또 보험회사는 그런 사람들만 뽑아서 영업을 했을까?

과거에 보험영업을 했던 사람들은 보험을 하기 이전에 인맥관리를 너무 잘해서 아는 사람이 너무 많아 일을 시작할 때 가망고객을 5백 명, 천 명씩 작성하고 영업을 시작해서 '오늘은 누굴 만나지?'에 대한 걱정 없이 영업을 했고, 현재 보험영업을 하는 사람은 인맥관리를 너무 못해서 아는 사람이 없는 사람들만 보험을 하는 것일까?

일반적으로 보면 과거나 현재나 보험영업은 대부분 비슷한 삶을 살아온 사람들이 하고 있고, 또 그중에 특별한 사람이 아니고 보통의 사람이라면 대개 살면서 비슷한 수의 사람들을 알고 살았을 것이고, 결국 FP가 아는 사람의 절대적인 수는 과거나 지금이나 별반 다르지 않다고 볼 수 있다.

또한 대부분의 FP가 비슷한 수의 사람들을 알고 살았다면 한 가지 더 생각해 볼 것이 있다. 과거에 보험을 했던 사람들은 보험영업을 하기 위해 몇 년 전부터 자신이 보험영업을 하게 될 것을 미리 알고 준비하여 인맥관리를 철저히 해 놓은 상태에서 영업을 시작해서 우물 안의 모든 물을 바로 먹을 수 있도록 준비를 했고, 현재 보험을 하는 사람들은 그렇지 않은 사람들일까?

아마도 현재 보험을 하는 사람들도 자신이 보험영업을 할 것을 1년 전에만 알았다면 역시 인맥관리를 철저히 해 놓은 상태에서 보험영업을 시작했을 것이다. 과거나 현재나 대부분의 FP는 비슷한 아는 사람을 가지고 있고 비슷한 인맥관리를 하던 상태에서 보험을 시작하기 때문에 이것도 과거와 현재가 별다르지 않다고 볼 수 있을 것이다.

그리고 보험을 시작할 때 아는 사람의 절대적인 수는 과거나 현재가 비슷하다고 한다면 '오늘은 누굴 만나지?'의 문제 해결의 핵심인 갈 곳이 많고 적음의 차이는 보험영업을 시작한 후에 어떻게 갈 곳을 만드는지에 대한 방법을 배우는 것에 따라 달라질 수도 있다고 볼 수 있다.

과거에는 보험회사가 FP가 갈 곳이 없으면 이를 해결할 수 있는 특별한 기술들을 가지고 있어서 갈 곳이 부족하더라도 지속적으로 갈 곳을 늘려갈 수 있도록 해주었고 현재는 그렇지 않은 것일까?

과거에는 FP가 가지고 있는 우물의 개수가 적으면 이를 늘려주고 우물 안의 물이 바로 먹기 힘들다면 한 번에 정화시켜 바로 먹을 수 있도록 하는 방법을 가지고 있었고 그것을 가르쳤고 현재는 그런 방법도 없고 또 있다고 하더라도 가르치지 않는다고 볼 수도 없는 것이다.

왜냐하면 모든 영업의 기술이 시간이 지나면서 점점 개선되고 발전되듯이 보험영업의 기술도 분명 과거보다는 좋아졌으면 좋아졌지 퇴보하지는 않았을 것이 분명하기 때문인데 갈 곳을 만드는 기술도 더 좋아지면 좋아졌지 더 퇴보하지는 않았을 것이기 때문이다.

결론적으로 과거에 보험영업을 했던 사람이나 지금 보험영업을 하는 사람 모두 일반적인 사람들이 가지고 있는 인맥의 절대적 수는 개인차는 있을 수 있지만 비슷하다고 볼 수 있고, 보험영업을 하기 위해 준비하고 사는 사람은 과거나 지금이나 없다는 것도 비슷하다고 할 수 있다. 또한 보험회사에서 갈 곳을 만들기 위한 방법을 가르치는 것도 여전히 비슷하다고 볼 수 있다.

과거나 현재나 갈 곳이 없어서 영업을 힘들어하는 FP에게 '사람'은 애물단지일 것이고 '오늘은 누굴 만나지?'의 문제를 해결하는 FP에게 '사람'은 애물단지가 아니라 보물단지가 되는 것이다.

 ## 과거와는 다른 지금!

하지만 과거나 현재나 FP가 보험영업을 하기 전에 만드는 인맥의 수는 그렇게 차이가 나지 않는다고 해도 현재의 영업환경을 본다면 분명히 과거보다는 '오늘은 누구를 만나지?'를 해결하는 것이 결코 쉽지 않은 현실이라는 것도 부정할 수 없는 사실이라 할 수 있다.

왜 이러한 차이가 나는 것일까?
우리나라의 보험시장은 지난 수십 년간 많은 변화가 있었는데 이 변화는 FP의 '오늘은 누굴 만나지?'에 대해서도 큰 영향을 주었다.

예를 들어 필자가 보험영업을 시작했을 당시에는 종신보험이 막 시장으로 진입하던 시기여서 대부분의 사람들이 종신보험을 가입하지 않았을 뿐만 아니라 무슨 보험인지조차 잘 모르던 시기였다. 이때의 상황을 돌이켜 보면 종신보험에 가입하고 있지 않은 사람이 훨씬 많았기 때문에 '오늘은 누굴 만나지?'의 고민을 상대적으로 하지 않아도 되었던 시기였던 것이다. 심지어는 개척이나 Cold Call로도 충분히 '오늘은 누굴 만나지?'를 해결할 수 있었던 시기였다. 이 당시 '오늘은 누굴 만나지?'가 지금보다 상대적으로 쉬울 수 있었던 이유는 두 가지 측면에서 살펴볼 필요가 있다.

첫 번째, 상품 측면에서 보면 종신보험은 일반사망(질병사망)을 대폭 강화한 상품으로 기존의 보장성 상품과는 완전 다른 형태의 보험이었기 때문에 가입률이 굉장히 낮아서 만날 수 있는 사람이 많았던 데서 그 원인을 찾을 수 있다. 두 번째, 판매방식 측면에서 보면 당시는 단순한 상품설명 위주의 판매방식이었던 것에 반해 종신보험은 가족사랑이라는 구호와 함께 '재정설계'라는 이름으로 기존과는 전혀 다른 상품판매 방식을 사용했다는 것이다. 고객의 평생 필요자금과 준비자금을 계산하여 이를 시각적으로 제시하여 고객 스스로 보장의 필요성을 인식하도록 하여, 본인 계약뿐 아니라 소개로도 자연스럽게 연결되어 만날 수 있는 사람이 많을 수밖에 없는 데서 그 원인을 찾을 수 있다.

지금까지는 필자가 영업을 시작했던 90년대의 예를 들었는데 그럼 2000년대 이후에는 어땠을까?

우선 상품 측면에서 보면 종신보험 이후 생보사는 변액보험 관련 다양한 형태의 상품을 출시하였고 손보사는 실손보험을 판매하기 시작하면서 시장을 이끌기 시작했다. 그 이외에도 제3 보험 영역의 건강보험이나 유병자보험 등 20년간 새로운 상품이 계속 출시되어 FP가 영업할 수 있는 갈 곳의 폭이 계속 넓어질 수 있게 되었다. 또한 판매방식 측면에서 보면 '재무설계'라는 이름의 판매 방식이 열풍처럼 불었던 적도 있었다. 또한 리모델링이란 이름으로 고객의 보험을 분석하고 해결방안을 제시하는 판매방식도 나오게 되었고, 이 방식은 지금도 사용되고 있다. 이러한 판매방식은 고객에게 전문적인 서비스를 제공한다는 명분으로 FP가 영업할 수 있는 갈 곳의 폭을 넓혀주는 요소가 되었다.

하지만 지금의 보험상황은 어떨까?

보험연구원의 2019년 자료에 의하면, 우리나라 가구당 보험 가입률은 98.2%이고 개인당 보험가입 개수는 생명보험 3.0건, 손해보험 3.5건으로 대부분의 사람이 보험을 가입하고 있다고 볼 수 있다. 또한 현재 판매되는 상품은 과거의 시장 침투력이 강한 종신보험이나 실손보험과 같은 새로운 개념의 상품은 나오지 않고 있어 과거처럼 상품을 통한 갈 곳의 문제를 해결하는 시대는 지나갔다고 보아야 할 것이다. 그리고 판매 방식도 과거에 사용하던 증권분석 툴을 사용한 방식을 여전히 사용하고 있는데 물론 기술의 발전에 따라 더 좋아진 면은 있겠지만 고객 입장에서 보면 이미 많은 경험으로 인해 더이상 신선하거나 FP만의 강점으로 부각시키는 것에도 한계가 드러나고 있다고 보아야 할 것이다.

따라서 과거에 갈 곳을 만들 수 있었던 다양한 요소가 현재에 와서는 더이상 긍정적인 영향을 주지 못할 가능성이 높아져서 분명 과거보다는 '오늘은 누구를 만나지?'를 해결하는 것이 분명 어려워진 것은 사실이다.

그렇다고 '오늘은 누굴 만나지?'를 해결할 수 있는 방법은 없는 것일까?

아무리 상황이 안 좋아졌다고 해도 누군가는 '오늘은 누굴 만나지?'를 여전히 잘 해결해 나가고 있고 그렇지 못한 사람은 '오늘은 누굴 만나지?'가 여전히 애물단지일 것이다.

결국 '사람'이 자신의 영업의 애물단지가 되지 않게 하려면 끊임없는 노력을 기울여야 한다. '오늘은 누굴 만나지?'를 한 방에 해결할 수 있는 도깨비방망이는 없다는 것을 꼭 기억해야 한다.

정말 만날 사람이 없는 것일까요?

'조 지라드'의 법칙이 있다.

이 법칙은 기네스북이 선정한 세계 최고의 세일즈맨 자리에 12년 연속으로 오른 미국 최고의 자동차 세일즈맨이었던 '조 지라드'가 주장한 것으로, 대부분의 사람들은 평균적으로 결혼식이나 장례식장 같은 인생의 중요한 행사에 초대할 수 있는 사람을 250명은 가지고 있다는 것이다.

물론 이 법칙은 50년 전의 주장이기도 하고 미국의 상황을 담은 것이라 현재 우리에게 정확하게 적용될 수는 없지만, 그가 주장한 의도는 분명히 되새겨 볼 필요가 있다. 왜냐하면 사람마다의 인간관계를 맺는 성향이나 살아온 환경 등에 따라 얼마나 많은 사람을 알고 사는지는 다를 수 있지만 평범한 삶을 살아온 대부분의 사람들이라면 그가 말한 사람들은 알고 지내는 것이 일반적이라 할 수 있기 때문이다.

그럼 이런 생각이 들 수도 있을 것이다. '내가 그렇게 많은 사람을 알고 있다고?' 하지만 조 지라드의 250명의 법칙은 쉽게 확인해 볼 수가 있는데 잠시 책을 덮고 핸드폰의 연락처에 몇 명의 사람이 있고, 카톡 등의 메신저에 몇 명의 사람들이 친구로 등록되어 있는지를 확인해 보면 아는 사람이 적지 않다는 것을 금방 알 수 있을 것이다. 나도 남들과 비슷한 우물을 가지고 있고 그 우물이 바닥이 나있지 않다는 것을 알 수 있을 것이다. 그런데 우리는 왜 늘 만날 사람이 없다고 생각하고 갈 곳이 없다고 생각하는 것일까? 정말 만날 사람이 없는 것일까? 아니면 없다고 생각하거나 있는데 우리가 보지 못하고 개발하지 못하는 것일까?

세상은 변한 게 없다. 우물을 만들고 사는 것도 그렇고 조 지라드의 250명의 법칙도 그대로 통용되고 있다. 이것은 아마도 사람의 문제가 아니라 FP가 가지고 있는 시장에 대한 관점의 문제일 것이다. 만날 사람은 있는데 FP의 생각이나 감정이 그들을 가망고객이라고 생각하지 않는 것이 원인이라고 할 수 있다.

FP라면 누구나 만날 사람이 많았으면 하는 바람을 가지고 있지만 실제로는 그렇지 못한 경우를 너무나 많이 보게 된다. 이를 해결하기 위해서는 '오늘은 누굴 만나지?'를 해결하기 위해 무엇이 필요하고 어떻게 해야 하는지를 생각하는 것보다 우선적으로 FP 중에 '오늘은 누굴 만나지?'를 해결하는 것을 힘들어하는 사람이 많은 이유에 대해 생각해 보아야 할 것이다.

과연 '오늘은 누굴 만나지?'를 해결하는 것이 특출한 능력을 지닌 사람만이 해결할 수 있는 것인지, 그렇지 않은 대다수의 FP들은 불가능한 것인지를 알아보아야 할 것이다. 이를 해결하지 않으면 아무리 많은 인맥의 우물을 가지고 있어도 성공하고 싶은 의지가 있고 바람이 있어도 보험은 성공의 문을 쉽게 나에게 문을 열어 주지 않으려 할 것이다.

따라서 '오늘은 누굴 만나지?'를 해결하기 위해서는 이를 해결하지 못하는 근본적인 부분을 살펴보아야 하는데, 다음 장에는 첫 번째로 '오늘은 누굴 만나지?'를 어려워하는 원인에 대해 살펴보도록 하자.

CHAPTER **3**

'오늘은 누굴 만나지?' 그 어려움에 대하여

예견된 어려움!

보험영업을 하려고 마음먹는 것이 쉬운 결정이었냐는 질문을 받는다면 대부분은 결코 쉬운 결정은 아니었다고 대답할 것이다. 아마도 보험설계사가 되는 것이 자기 인생의 가장 큰 목표였던 사람은 없었을 것이고 보험영업을 하려고 수년간 준비한 사람도 없을 것이다.

아마도 보통은 자신이 보험영업을 하리라고는 전혀 생각하지 않고 살다가 일을 시작하기 한 달 전, 길어야 두 달 전에 어느 날 갑자기 보험회사에 다니는 아는 사람이 밥 한번 먹자고 해서 나갔다가 보험영업을 권유받기도 하고 또 회사에 세미나나 직업설명회가 있으니 한번 참석해보라고 해서 갔다가 보험을 권유받기도 했을 것이다.

이렇게 생각해 본 적도 없는 일에 대한 갑작스러운 권유에 고민도 많이 하고 주변의 반대도 분명히 있었을 것이다. 하지만 한편으로는 열심히 하면 돈을 많이 벌 수 있을 것 같은 막연한 기대도 있었을 것이고 한편으로는 내가 잘 해낼 수 있을까, 또 주변 사람들한테 부담 주는 건 아닐까

와 같은 부담과 두려움이 섞인 부정적인 생각도 들었을 것이다. 하지만 정말 하고 싶은 일은 아니었더라도 어쨌든 보험영업을 선택하게 되었을 것이다.

그런데 이러한 보험영업을 결정하기 전에 가지고 있던 생각들은 보험영업을 시작한 후에 '오늘은 누굴 만나지?'를 해결하는 것을 가로막는 원인으로 작용하게 될 수 있다.

첫 번째는 보험영업을 선택하기 이전에 가지고 있는 보험영업이라는 직업에 대한 생각이 '오늘은 누굴 만나지?'를 해결하는 것을 어렵게 하는 원인이 될 수 있다.

예를 들어 영업을 하기 전에 잘 알던 친구에게 보험영업 시작했다고 연락이 왔다면 어떤 생각이 들었을까? 겉으로는 '좋은 직업을 선택했네'라고 하겠지만 속으로는 '갑자기 왜 힘든 보험영업을 한다는 거지? 무슨 일이 있는 거 아닐까?'라는 부정적인 생각을 했을 가능성이 높았을 것이다. 만약 보험영업하기 전에 이런 생각을 했다면 본인이 보험영업을 시작할 때도 비슷한 생각을 하게 될 가능성이 높을 것이다. 주변 사람들에게 말로는 정말 하고 싶었고 좋은 일이라고 하겠지만 마음속으로는 자신이 원하지 않았던 일을 선택했다는 생각을 가지게 될 가능성이 높을 것이다.

이렇게 자신이 보험영업을 선택한 것에 대해서 부정적 생각을 가지게 된다면 보험영업한다는 것을 누구에게나 자신 있게 얘기하는 것을 힘들게 생각할 수 있고 그러다 보면 보험 얘기를 할 수 있는 사람이 제한되게 되어 만날 사람의 수가 줄어들게 되는 것이다.

두 번째, FP란 직업을 선택한 것에 대한 낮은 직업적 자존감이 '오늘은 누굴 만나지?'를 해결하는 것을 어렵게 만드는 원인이 될 수 있다.

'직업에는 귀천이 없다.'라는 말이 있듯이 보험영업을 선택한 것은 좋고 나쁨의 가치판단을 할 필요는 없는데 '나는 보험영업을 할 사람이 아닌데'라든지 '어쩔 수 없어 보험영업을 선택하는거야'와 같은 생각을 하게 된다면 자신이 선택한 보험영업을 자신의 직업으로 그대로 인정하고 사랑하는 마음을 갖기가 힘들게 되는 것이다.

이렇게 보험영업을 선택한 것에 대해 직업적 '자존감'을 갖지 못할 경우 보험영업을 '자존심'이 상하는 것으로 생각하게 되어 보험 얘기를 하는 것에 '자신감'을 갖지 못하게 될 가능성이 높다. 그러다 보면 보험 얘기를 할 수 있는 사람이 제한되게 되어 만날 사람의 수가 줄어들게 되는 것이다.

세 번째, 보험영업을 하는 것에 대해 타인의 시선을 의식하게 되는 것이 '오늘은 누굴 만나지?'를 해결하는 것을 어렵게 만드는 원인이 될 수 있다.

보험영업을 어떻게 시작했든 어떤 생각을 갖든지 간에 일단 시작했으면 최선을 다해야 되는데 마음 속에 다른 사람들이 '나를 어떻게 생각할까? 혹시 경제적으로 힘든 일이 있어서 한다고 생각하는 건 아닐까?'라든지 '하던 일이 잘 안돼서 보험을 한다고 생각하는 건 아닐까?' 등으로 생각을 하다보면 자신이 보험영업을 하는 것을 보여주는 것이 의식되거나 불편한 사람들에게는 영업을 하고 싶은 마음을 가지기 힘들 수 있다.

이렇게 보험영업을 선택한 것에 대해서 타인이 나를 어떻게 생각할지를 의식하게 될 경우 누구에게 영업을 해야 하나 생각을 할 때 타인의 시선이 의식되는 사람들은 제외하게 될 가능성이 높게 된다. 그러다 보면 영업할 사람을 선정할 때 아무래도 보험 얘기를 할 수 있는 사람이 제한되게 되어 만날 사람의 수가 줄어들게 되는 것이다.

결론적으로 FP라는 직업에 대한 생각, 직업적 자존감, 타인의 시선 등 FP가 가진 과거의 경험으로 인해 그렇게 생각할 수는 있지만 이러한 생각을 보험영업을 시작한 후에도 계속 가지게 되면 시간이 지날수록 '오늘은 누구를 만나지?'는 해결되지 않는 예견된 어려움이 될 수 있다.

 **잘못 끼운 첫 단추**

FP의 '오늘은 누굴 만나지?'를 해결하지 못하는 또 하나의 중요한 원인은 보험회사 입사 후에 받게 되는 교육에서도 찾아볼 수 있다.

앞에서 얘기했던 것처럼 대부분의 FP는 보험영업을 선택하는 과정에서 '오늘은 누굴 만나지?'를 해결하기 힘든 예견된 어려움을 가지고 있기 때문에 스스로 이를 해결할 수 있는 기반을 가지고 있지 못할 가능성이 높다.

그렇다면 입사 후 교육과정에서 '오늘은 누굴 만나지?'를 해결할 수 있도록 해야 하는데 교육과정에서도 해결하지 못할 경우 FP의 '오늘은 누굴 만나지?'를 해결할 수 있는 가능성은 점점 낮아지게 되는 것이다.

첫 번째는 FP가 '오늘은 누굴 만나지?'를 해결할 수 있는 역량을 키우기 위한 시장개발 관련 교육에서 그 원인을 찾을 수 있다.

보험회사에 입사하면 지점이나 교육센터 등에서 영업에 필요한 많은 요소에 대한 교육을 받게 된다. 상품교육 등 지식적인 부분이나 전화나 면담 등의 판매스킬 교육 그리고 직업의식이나 동기부여를 위한 멘탈 교육 등에 많은 시간을 투입해 교육하는 것을 볼 수 있다. 하지만 이에 반해 영업의 첫 단추라고 할 수 있는 '오늘은 누굴 만나지?'를 해결하기 위한 가망고객 발굴 관련 교육은 절대적인 시간이나 다른 요소와의 상대적인 비중으로 볼 때 많은 부분을 차지하고 있지 못하는 것이 현실이다. 특히 입사 후 3개월까지의 교육 커리큘럼에서 시장개발과 관련한 교육은 그 시간이나 비중이 많지 않아서 FP가 가지고 있는 '오늘은 누굴 만나지?'를 해결할 수 있는 방법을 제시하지 못하고 있는 것이 현실이다. 따라서 내가 속한 영업조직에서 '오늘은 누굴 만나지?'를 해결하기 위한 교육시간이 교육과정에 포함되어 있지 않다면 스스로라도 해결할 수 있는 방법을 찾아야 한다는 것을 꼭 기억해야 한다.

두 번째는 FP가 '오늘은 누굴 만나지?'를 해결할 수 있는 역량을 키우기 위한 시장개발 관련 교육내용에서 그 원인을 찾을 수 있다.

FP의 '오늘은 누굴 만나지?'를 해결하기 위한 시장개발 관련 교육의 절대적인 시간이 적다면 내용적인 측면에서 FP의 시장 개발 역량을 강화시킬 수 있는 교육과정의 질을 향상시킬 수 있도록 해야 한다. 그런데 대부분의 교육은 '오늘은 누굴 만나지?'를 해결하기 위한 FP의 행동변화에 직접적인 영향을 줄 수 있는 훈련과 실습을 위주로 하기보다는 이론을 중심으로 운영을 하게 되는 경우가 많다. 또한 다른 항목들은 교재가 잘 정비되어 있지만, 시장개발 관련 교재는 판매 프로세스 교재의 일부분으로 들어가 있거나 아예 없는 등 이에 대한 중요성에 비해 그 양이나 비중이 높지 않은 것을 볼 수 있다. 이것도 FP가 '오늘은 누굴 만나지?'를 해결하기 위한 실력향상에 도움이 되지 못하는 요소라 할 수 있다. 따라서 내가 속한 영업조직에서 '오늘은 누굴 만나지?'를 해결하기 위한 교육이 내용적인 측면에서도 부족한 면이 있다고 생각되면 이 책 〈오늘은 누굴 만나지?〉를 교재 삼아 훈련과 실습을 하면 도움이 될 것이다.

세 번째는 FP에게 '오늘은 누굴 만나지?'를 해결하기 위한 교육을 하는 사람에게서 그 원인을 찾을 수 있다.

FP의 교육담당자는 주로 현재 보험영업을 하고 있거나 과거에 보험영업을 했던 통상 '교육매니저' 등으로 불리는 사람들이다. 그런데 여기서 생각해보아야 할 문제가 있다. FP 교육담당자가 자신이 영업을 할 때 '오늘은 누굴 만나지?'에 대해서 전혀 고민없이 일을 했던 사람들이라면 과연 지금 영업을 하지 않고 교육을 담당하는 일을 하려고 하지는 않았을 것이다. 물론 잘 극복하고 사명감으로 일하는 사람들도 있을 것이다. 어쨌든 교육담당자가 경험하고 습득한 방법이 FP에게 잘 적용되어 교육자와 같은 성과를 낼 수도 있지만 FP의 상황과 역량이 모두 다르기 때문에 잘 적용되지 못할 수 있다. 또한 '오늘은 누굴 만나지?'를 스스로 극복하지 못했던 사람들도 지식적으로는 교육과 훈련을 시킬 수는 있겠지만 자신도 성공하지 못했던 방식을 FP에게 적용해서 성공하게 할 가능성이 얼마나 될까에 대해서도 고려해 보아야 한다.

결국 특출하게 영업을 잘하는 사람들이 아니라 우리의 주변에 있는 대부분의 평범한 삶을 살아온 일반적인 FP에게 적용시켜 가까운 지인들을 만나는 건 굳이 가르치지 않아도 누구라도 할 수 있는 일이다. 그 사람들을 만나서 몇 건의 계약을 하고 3개월 정도가 지나면 이러한 지인들이 없어져 버리는 상황이 되어버린다. 이런 상황에서 FP가 만날 사람이 없다고 얘기했을 때 그들에게 지속적인 가망고객 발굴과 활동량을 증대시켜 영업을 할 수 있게 만들 수 있는 교육자인지를 잘 살펴보아야 한다.

나는 지금 최선을 다하고 있을까요?

'오늘은 누굴 만나지?'의 문제는 보험영업을 준비하고 시작하는 사람은 없기 때문에 영업을 시작하는 처음부터 쉽게 해결되지 않을 수 있는 예견된 어려움일 수 있다. 또 이를 해결할 수 있는 교육체계의 시간과 내용적인 한계 그리고 교육을 하는 담당자들의 한계로 인해 '오늘은 누굴 만나지?'가 해결되지 못하고 있을 수도 있다. 하지만 이러한 원인으로 인해 '오늘은 누굴 만나지?'에 대한 답을 찾을 수 없다면 FP가 직접 해결책을 찾아야 한다.

보험영업을 하기 전에 인맥관리를 하지 않은 것은 결코 잘못한 것도 아니고 과거의 일일뿐이다. 중요한 건 지금 나의 갈 곳을 만들어 주지 못한다는 것이다. 또 교육을 받지 못했다고 해도 중요한 것은 지금 나의 갈 곳을 만들어 주지는 못한다는 사실이 중요한 것이다.

하루하루 '오늘은 누굴 만나지?'를 고민하는 날이 많아지고 이대로 가면 얼마 안 가서 만날 사람이 없어진다는 것을 FP 본인만은 본능적으로 알 수 있을 것이다. 영업초기에는 이러한 사실을 잘 모를 수 있지만 2, 3개월만 지나면 '오늘은 누굴 만나지?'를 해결하는 것이 얼마나 중요한 일인지를 자연스럽게 알게 될 것이다. 그리고 이것을 해결하지 않으면 안 된다는 사실도 알게 될 것이다. 그때 나는 무엇을 준비하고 있는지, 어떻게 행동했는지에 대해서 냉정히 생각해 보아야 할 것이다.

첫 번째는 지금 나는 '오늘은 누굴 만나지?'의 고민을 지속적으로 해결하기 위한 행동을 하고 있는지를 생각해 보아야 한다.

평상시에 자신이 알고 있는 모든 사람에게 인맥관리 차원에서 잘해오거나 아니면 그냥 오지랖이 넓어서 인맥관리를 잘해왔던 사람이 아니라면, 일반적으로는 소수의 친한 사람들과 관계를 맺고 살기 마련이다. 하지만 이런 식으로 계속 산다면 영업을 하지 않을 때는 별문제가 없겠지만 보험영업을 할 때에는 치명적인 결과를 만들 수 있음을 알아야 한다.

그렇기 때문에 지금부터라도 내가 알고 있는 사람과의 관계를 강화하는 것이 반드시 필요하다고 할 수 있다. 연락이 끊긴 사람과는 다시 연락이 닿도록 해야 하고 친하지 않았던 사람과는 좀 더 친해질 수 있도록 해야 한다. 어떻게 해서라도 많은 사람과의 관계를 이전보다 강화하기 위해 노력을 해야 한다. 하지만 매달 신계약에 집중하느라 이러한 준비를 하지 못한다면 다음 달, 그다음 달에도 똑같은 고민을 하게 될 것이기 때문이다. 계약은 오늘의 양식을 해결하기 위해서 당장 먹을 수 있는 사냥

과도 같다. 하지만 내일의 양식을 위해서는 씨도 함께 뿌려야 하는 것이 '오늘은 누굴 만나지?'의 해결원리가 아닐까 생각한다.

두 번째는 '오늘은 누굴 만나지?'가 오늘만이 아닌 내일, 모레, 아니 영업을 끝내는 그날까지 지속되게 하기 위해서는 이에 필요한 역량도 함께 개발해야 하는데 이를 위한 시간투자와 훈련을 하고 있는지도 생각해 보아야 한다.

그 누구도 자신이 보험영업을 할지는 모르고 살기 때문에 보험을 충분히 준비하지 못하고 시작하는 것은 어쩔 수 없는 현실이고 그로 인해 시장의 한계가 필연적으로 나타날 것이다. 하지만 이것을 극복할 마음의 자세가 되어 있고 반드시 해결해야 할 일이라면 보험영업을 시작한 이후에 자신의 역량을 기르기 위해 최선을 다해야 하는 것도 분명한 일이다. 하지만 보험을 하기 전의 생각에 얽매여서 스스로의 생각을 바꾸려고 노력하지 않고 '오늘은 누굴 만나지?'를 해결하기 위해 필요한 기술들을 무엇인지 찾으려고 노력하지 않고 훈련하지 않는다면 결코 '오늘은 누굴 만나지?'의 고민은 해결하지 못할 수밖에 없다.

이것은 누가 가르쳐 주느냐와 그렇지 않느냐의 문제가 아니다. 왜냐하면 '오늘은 누굴 만나지?'를 해결하는 것은 누가 가르쳐주면 해결되고 그렇지 않으면 해결이 안 되는 성질의 것이 아니라 무조건 해결되어야 하는 절대적인 것이기 때문이다.

보험영업에서 '오늘은 누굴 만나지?'의 문제는 그 누구도 해결해주지 않고 스스로 해결해야 하는 문제이다. 이를 위해서는 열심히 한다고 되는 것이 아니라 심리적인 이유와 기술적인 부분을 해결할 수 있는 시간과 노력을 투자해야 한다. 그런데 이것은 한 번의 교육이나 지식으로 되는 것이 아니라 매일의 영업 활동 중에 포함되어야 하고 그래야 '오늘은 누굴 만나지?'를 해결할 수 있는 체력이 만들어지는 것이다.

한 알만 먹으면 다이어트가 되는 약이 없듯이 보험영업에서도 한 번에 갈 곳이 만들어지는 마법은 없다는 것을 꼭 기억해야 한다.

 **지금처럼 간다면…**

보험영업을 자신이 원해서 선택했든지 아니면 우연히 선택하게 되었든지 그것도 아니면 어쩔 수 없는 선택이었든지에 관계없이 일단 시작했다면 과거에 자신이 보험에 대해서 어떻게 생각을 했던지 또 현재 어떠한 생각을 가지고 있고 어떠한 노력을 하고 있든 간에 중요한 것은 앞으로의 영업일 것이다.

그러기 위해서는 스스로에게 지금 나는 '오늘은 누굴 만나지?'의 문제를 해결하기 위해 스스로 무엇을 하고 있는지 자문해야 할 것이다. 그래서 현재 나의 방식에 문제가 있거나 한계가 보인다면 앞으로의 나의 영업은 어떻게 될 것인가에 대해서 깊은 고민을 해야 할 것이다.

『지금처럼 매달 계약할 사람만을 쫓아서 단기적인 영업에 치우친다면 6개월, 아니 3개월 후에도 '오늘은 누굴 만나지?'에 대해서 고민하지 않고 영업을 계속할 수 있을까?』

『 편하고 친한 사람이나 거절하지 않고 내 얘기를 들어줄 만한 사람만을 찾아서 영업을 하는 것이 '오늘은 누굴 만나지?'를 지속적으로 해결해 줄 수 있는 가장 좋은 방법이겠는가?』

『 시장을 개발하는 기술을 익히고 역량을 발전시키기 위해서 지금처럼 시간을 투자하고 훈련한다면 '오늘은 누굴 만나지?'의 문제를 해결해서 나의 보험영업에서의 '생존과 성공'을 담보할 수 있겠는가?』

『 누군가 나의 시장상황을 정확히 파악하려 노력하고 부족함을 찾아주고 이를 해결하기 위해 내가 '오늘은 누굴 만나지?'의 고민을 하기 전에 알아서 교육도 시켜주고 훈련시켜 줄까?』

이러한 질문에 스스로 명확한 해답을 줄 수 없다면 어느 날 문득 이런 생각이 들지도 모른다.

'오늘은 누굴 만나지?', '다음 주에는 누굴 만나지?', '다음 달에는…'

CHAPTER 4

'오늘은 누굴 만나지?'
그 작은 실마리

나는 지금 사람 안에 살고 있다

장사를 할 때 더 이상 손님이 오지 않는다면 장사를 더 이상 할 수 없게 될 것이다. 보험도 아무리 상품이 좋고 판매기술이 대단하고 팔고자 하는 마음이 강해도 만날 사람이 없다면 더 이상 할 수 없게 될 것이다.

하지만 만날 사람이 없어진다는 것은 내가 알고 있던 사람들이 모두 없어지는 것도 그들이 나를 손절하는 것도 아닐 것이다. 내가 보험영업을 해도 그들은 한 사람도 사라지지 않고 나를 모두 손절하지도 않고 그들은 그들의 삶을 살고 있다.

보험 영업은 사람이 오기를 기다리는 일이 아닌 내가 찾아 가는 일이다. 이제까지 사람 안에 살고 있었듯이 보험 영업을 시작해도 사람 안에 있어야 한다. 그래야 답이 있다. 그래야 '오늘은 누굴 만나지?'의 고민에서 벗어날 수 있는 실마리가 보이기 시작할 것이다.

그래도 우물은 아직 마르지 않았다

'오늘은 누굴 만나지?'의 고민이 있다면 내가 살아오면서 만들어 온 인맥의 우물에 가서 그 우물 안을 확인해 봐라. 적어도 나에겐 가족과 친척이라는 우물, 학교를 다니면서 만든 우물, 직장생활이나 사업을 하면서 만든 우물, 동호회나 종교 생활 등의 사회생활을 하면서 만든 우물 등 꽤 많은 인맥의 우물이 있을 것이다.

'오늘은 누굴 만나지?'의 과정은 그 우물에 두레박을 내리고 그 안에 있는 물을 밖으로 꺼내는 과정이라 할 수 있다.

내가 지금 목이 마르고 평생 갈증으로 고민하지 않으려면 두레박을 우물에 넣어야 한다. 두레박이 물에 닿는 길이가 짧다면 어떻게든 줄의 길이를 늘려서 넣어야 한다. 그 우물의 물이 바닥이 날 때까지 물을 길어야 한다. 이렇게 행동해야 갈증은 해소된다. 하지만 절대 하면 안 되는 한 가지가 있다. 그것은 바로 우물의 뚜껑을 닫는 것이다. 그러면 그 안의 물은 절대 마실 수 없게 된다.

하지만 내가 우물의 뚜껑을 닫지 않고 두레박을 내리기만 하면 물을 먹을 수 있다. 왜냐하면 나의 우물은 아직 마르지 않았기 때문이다.

잘못 끼운 단추는 처음부터 다시 끼우면 된다

옷을 입고 있는데 무언가 이상하다. 단추를 잘못 끼웠다. 첫 번째 단추를 두 번째 구멍에다 끼운 것이다. 그리고 모양이 이상하다. 옷을 입다가 첫 단추를 잘못 끼웠다면 어떻게 해야 할까? 계속 그 상태로 단추를 채울 수는 없다. 바로 풀어서 처음부터 다시 시작해야 한다. 방법은 그것밖에 없다.

보험영업도 '오늘은 누굴 만나지?'의 첫 단추를 잘못 끼울 수 있다. 하지만 더 큰 문제는 내가 첫 단추를 잘못 끼운 것을 모르고 있거나 그 상태로 아래의 단추를 계속 채우는 것이다. 이 상태로 가면 돌이킬 수 없는 순간을 맞이하게 될 수도 있다.

지금 나는 '오늘은 누굴 만나지?'의 첫 단추를 잘 끼우고 있을까?
'오늘은 누굴 만나지?'의 질문에 명확한 답을 할 수 없다면 그럴 가능성이 매우 높다고 할 수 있을 것이다.

그럼 '오늘은 누굴 만나지?'의 첫 단추를 잘 끼우려면 어떻게 해야 할까? 이 책 '오늘은 누굴 만나지?'는 보험영업의 첫 단추를 올바르게 끼우는 방법을 제시할 것이다. 그대로 따라 한다면 첫 단추는 잘 끼워질 것이다.

용기 있는 자가 미인을 얻는다

'용기 있는 자가 미인을 얻는다.'라는 말이 있다. 가치 있는 것을 얻기 위해서는 그에 상응하는 대가를 지불해야 한다는 말이고 시도하지 않으면 아무것도 얻을 수 없다는 의미이다. 하지만 미인을 얻은 자는 용기를 낼 때 한 치의 망설임도 없었을까?

자신이 그 사람과 맞을까? 나 같은 스타일을 좋아할까? 고백했다가 거절당하면 어떻게 할까? 이런 고민을 하고 망설일 수 있겠지만 그럼에도 불구하고 '용기'라는 감정을 '고백'이란 행동으로 바꾸어서 미인을 얻지 않았을까?

'오늘은 누굴 만나지?'의 과정도 이런 용기가 필요할 때가 많다. 이 사람을 가망고객으로 생각해야 할지 말지, 이름을 써야 할지 말아야 할지, 전화를 해야 할지 말아야 할지 등의 숱한 고민과 망설임과 마주하게 될 순간이 많을 것이다. 하지만 그럼에도 불구하고 '용기'라는 감정을 '행동'으로 옮길 때 '오늘은 누굴 만나지?'의 고민은 해결되는 것이다.

이 책을 읽으면서 '용기'를 내야 하는 순간들을 여러 번 마주하게 될 것이다. 그때마다 꼭 기억하기를 바란다. 난 용기 낼 수 있는 FP라는 것을!

이것만은 꼭 기억하세요!

Chapter 1. '오늘은 누굴 만나지?' 보험영업의 시작과 끝!

영업을 그만두는 날까지 '오늘은 누굴 만나지?'를 해결하는 것은 보험영업의 성공의 조건이 아닌 생존의 조건이다. 하지만 이를 해결하기 위한 구체적 행동은 안 하면서 만날 사람이 없다는 것은 나무 밑에 누워서 감 떨어지기를 기다리는 것과 같다.

Chapter 2. '오늘은 누굴 만나지?' 보험영업의 애물단지

아무리 많은 인맥의 우물을 가지고 있어도 바로 먹을 수 있는 물만 찾는다면 인맥이란 우물은 보험영업에서 애물단지가 될 수 있지만 이를 해결한다면 보물단지가 될 수 있다. 하지만 이를 해결할 수 있는 도깨비 방망이는 없다는 것도 기억해야 한다.

Chapter 3. '오늘은 누굴 만나지?' 그 어려움에 대하여

보험영업의 과거의 인식과 낮은 직업적 자존감, 타인의 시선 등과 입사 후 교육의 한계 등으로 인해 '오늘은 누굴 만나지?'의 첫 단추는 잘못 끼워질 수 있다. 하지만 '오늘은 누굴 만나지?'의 문제는 그 누구도 해결해 주지 않고 스스로 시간과 노력을 투자해서 해결해야 하는 문제이다.

Chapter 4. '오늘은 누굴 만나지?'의 새로운 실마리

보험영업은 사람 안에 답이 있기 때문에 절대 우물의 뚜껑을 닫지 말고 두레박을 내려야 한다. 만약 첫 단추를 잘못 끼웠다면 바로 풀어서 다시 시작해야 하고 그 과정에서 망설임과 마주하게 될 때 '용기'라는 감정을 '행동'으로 옮겨야 '오늘은 누굴 만나지?'의 고민은 해결된다.

오늘은
누굴 만나지?

2부

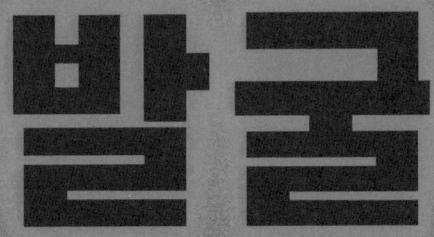

발굴

CHAPTER 1 ── 가망고객! 누구라고 생각하나요?
CHAPTER 2 ── 가망고객! 나는 진짜 누구일까요?
CHAPTER 3 ── 가망고객 발굴은 무엇일까요?
CHAPTER 4 ── 가망고객 발굴을 위한 통찰

　어느 날 여우가 길을 지나가다 먹음직스러운 포도나무를 하나 발견한다. 마침 허기도 지고 목도 마른 차에 너무 잘되었다고 생각하고 포도를 따려고 손을 들어 올렸지만 포도는 여우의 손끝에서 너무 멀리 있는 것이 아닌가! 여우는 몇 번의 시도를 했지만 포도를 손에 쥘 수 없는 것을 알고는 이렇게 얘기한다. '저 포도는 실 거야! 따먹어도 괜히 입맛만 버릴 거야!' 그리고는 고픈 배를 쥐고 사라진다.

　너무나 익숙한 이야기일 것이다. 그리고 이 얘기를 우리 아이들에게 읽어 주면서 이런 교훈을 얘기하곤 한다. 내가 할 수 없다고 자신을 합리화하는 것은 좋지 않은 것이라고! 포도를 먹기 위해서는 더 많은 방법들이 있으며 그것들을 시도해보고 나서 판단을 해도 늦지 않다고!

　하지만 우리는 아이들에게 들려주는 재미있는 우화가 우리의 영업에서 일어나고 있다고는 생각하지 않는 것 같다. 여우의 신포도가 우리의 가망고객일 수도 있다는 생각을 해 본 적은 없는가? 내 손에 닿지 않는다고 해서 나의 가망고객이 아니라고 생각해 본 적은 없는가?

 과연 나에게 가망고객이 아닌 사람은 다른 사람에게도 가망고객이 아닐까? 여우가 먹지 못한 신 포도가 과연 신 포도였을까? 아니면 정말 싱그러운 맛과 향기가 나는 포도였을까? 그러면 무엇이 이렇게 우리의 생각을 여우처럼 만들었을까? 그럼 어떻게 해야 여우의 우를 범하지 않을까?

 가망고객 발굴은 바로 이런 우리의 생각을 바꾸는 것부터가 시작이다.

CHAPTER **1**

가망고객!
누구라고 생각하나요?

몇 명이나 쓸 수 있나요?

"지금 당장 가망고객의 이름을 적는다면 몇 명이나 적을 수 있나요?"
"3명이요", "10명이요", "30명이요", "50명이요", "100명이요", "없는데요", "세상 모든 사람이 가망고객입니다."

이 질문은 가망고객과 관련해서 강의를 할 때마다 교육생에게 꼭 물어보는 첫 번째 질문인데, 이에 대한 대답은 보는 바와 같이 FP별로 천차만별이다. 그러면 정말 FP가 얘기하는 가망고객 수가 정말 자신이 가지고 있는 가망고객 수가 맞을까?

FP마다 개별적인 차이는 좀 있을 수 있지만 FP들이 얘기하는 가망고객 수는 정확하다고 단정지을 수 없다. 그 이유는 자신의 가망고객이 몇 명이라고 얘기하는 근간에는 각자가 가지고 있는 '어떤 사람을 가망고객으로 생각하는지에 대한 기준'을 바탕으로 현재 자신이 가지고 있다고 생각하는 가망고객 수를 얘기하는 것이기 때문이다. 하지만 FP들의 대답을 종합해 보면 대체로 가망고객이 많다는 사람보다는 적다는 사람의 비율이 훨씬 높다는 것을 알 수 있다.

그럼 나 스스로에게 질문해 보자.
'나는 지금 가망고객이 몇 명 정도 있을까?'
"그럼 지금 본인이 생각하는 가망고객 명단을 한번 써 보시겠어요?"

이 질문은 첫 번째 질문에 이어 하는 두 번째 질문이다.
그럼 가망고객이 3명이라 대답한 사람은 3명만 쓸까? 아니면 더 쓸까? 그럼 50명이라고 대답한 사람은 50명을 쓸 수 있을까?
실제 가망고객의 명단을 써보라는 것에 대한 FP의 행동 또한 개인별로 많은 차이가 나는데 자신이 얘기한 가망고객 수보다 못 쓰는 사람도 있고, 더 쓰는 사람도 있고, 아예 쓰지 못하는 사람도 있는 것을 볼 수 있다.

그럼 이번에는 책 읽는 것을 잠시 중단하고 실제로 내가 몇 명의 가망고객을 쓸 수 있는지를 5분간 작성해 보자.

실제로 가망고객의 이름을 작성해 봤다면 생각하는 가망고객 수와 실제로 이름을 쓸 수 있는 가망고객 수에 차이가 있는지 없는지를 확인할 수 있었을 것이다.
"왜 제가 질문드린 가망고객이 몇 명이란 질문과 가망고객을 작성하라는 질문에 결과가 다를까요?"

이 질문은 두 번째 질문에 이어 하는 세 번째 질문이다.

그러면 "막상 쓰려니까 잘 안 써지는데요.", "실제로 써 보니 생각한 수보다는 많은데요.", "실제로 쓰려니 생각이 잘 안 나는데요." 등의 대답이 나온다.

그럼 가망고객이 몇 명이 있다고 말한 것과 실제로 가망고객을 작성할 때의 수가 다른 이유는 무엇일까? 도대체 어느 것이 진짜 가망고객 수인 것일까?

이 두 가지 질문에 답이 다를 수 있는 이유는 똑같이 가망고객 수에 관한 질문이지만 대답하는 기준이 다를 경우 상의한 결과가 나올 수 있는 것이다. 가망고객을 몇 명 쓸 수 있냐는 질문에 대해서는 머릿속의 생각을 기준으로 가망고객 수를 얘기할 가능성이 높고, 가망고객을 작성해 보라는 질문에 대해서는 손으로 쓸 수 있는 가망고객 수를 얘기할 가능성이 높기 때문에 두 가지 질문에 답이 다르게 되는 것이다.

그럼 둘 중에 어느 것이 올바른 가망고객의 기준일까?
답은 둘 다 아닐 수 있다. 왜냐하면 머리로 생각하는 기준이든지 손으로 쓸 수 있는 기준이든지 그 자체가 잘못된 가망고객의 기준에 따른 것이라면 둘 다 FP가 가지고 있는 가망고객을 모두 찾을 수 없기 때문이다.

그러면 가망고객은 누구를 말하는 것일까?
이에 대한 정확한 기준을 가지고 있는 것이 '오늘 누굴 만나지?'의 문제를 해결하는 첫 번째 단추를 올바로 끼우는 것임을 반드시 기억해야 한다.

어떤 사람을 가망고객으로 생각하나요?

"그럼 FP님은 어떤 사람을 가망고객으로 생각하고 계신가요?"

"나름 친한 사람이요."
"경제적으로 여유가 있는 사람이요."
"얘기 잘 들어줄 것 같은 사람이요."
"계약할 수 있는 사람이요."

이 질문은 FP가 가지고 있는 가망고객의 기준을 파악하기 위한 것인데 FP는 위와 같이 다양한 대답을 하는 것을 볼 수 있다.

그런데 FP의 이런 대답도 틀린 답이라고 말할 수는 없다. 그렇다면 FP는 '친하지 않은 사람은 가망고객으로 생각하고 있지 않은 것일까?', 또 '경제적으로 여유가 없는 사람은 가망고객으로 생각하고 있지 않은 것일까?', 또 '얘기를 잘 들어줄 것 같지 않은 사람은 가망고객으로 생각하고 있지 않은 것일까?', 그리고 '계약할 수 없을 것 같은 사람은 가망고객으로 생각하고 있지 않은 것일까?'와 같은 궁금증이 생기는데, 그럼 도대체 가망고객은 어떤 사람을 말하는 것일까?

"그럼 지금 말씀하신 가망고객에 대한 생각은 어디서 배우셔서 그런 기준을 가지게 되신 건가요? 아니면 스스로 그렇게 생각하게 된 건가요?"

"가망고객의 기준에 대해서 정확히 배운 적은 없는 것 같은데요."
"어디 책에서 본 적은 없는 것 같은데요."
"그냥 언제부턴가 그렇게 생각하고 있었던 것 같은데요."

FP가 얘기하는 가망고객에 대한 생각들은 어디서 배웠다기보다는 영업을 하는 과정에서 스스로의 생각으로 그렇게 기준을 가지게 된 것이라고 볼 수 있는데 FP의 대답을 정리해 보면 공통점이 있다.

'친숙도가 있는 사람'을 가망고객으로 생각하는 것은 친하니까 만날 가능성이 높고 얘기를 잘 들어줄 가능성도 높고, 그런만큼 계약의 가능성도 높지 않을까라는 생각 때문일 수 있다. 또 '경제적으로 여유가 있는 사람'을 가망고객으로 생각하는 것은 경제적으로 여유가 없는 사람들보다 보험 가입할 여력, 즉 계약할 수 있는 가능성이 높지 않을까라고 예상하기 때문일 수 있다. 그리고 '얘기 잘 들어줄 것 같은 사람'을 가망고객으로 생각하는 것은 얘기를 잘 들어주니까 거절을 잘 하지 않을 가능성이 높고, 그러면 보험을 가입할 가능성이 높지 않을까라는 생각 때문일 수 있다. 마지막으로 '계약 가능성 있는 사람'을 가망고객으로 생각하는 것은 계약하는데 어려움이 없겠지라는 생각 때문일 수 있다.

여기서 FP가 가망고객의 기준을 결정하는데 공통적으로 포함되어 있는 단어가 바로 '계약의 가능성'이다.

FP가 가망고객에 대한 기준을 어떻게 생각하고 표현하든 상관없이 가장 깊은 곳에는 '계약의 가능성'을 가장 먼저 염두에 두고 가망고객인지 아닌지를 판단하는 것이 가장 일반적인 현상이라고 볼 수 있다.

그럼 여기서 '계약의 가능성'이란 것을 가망고객의 기준으로 삼고 있다면 스스로에게 '나는 머릿속에서 사람을 떠올렸을 때 그 사람이 계약할 사람인지 아닌지를 알고 있나?'라는 질문을 해봐야 한다.
자신의 머릿속에 사람을 떠올릴 때마다 어떤 사람이 어느 정도의 '계약 가능성'을 가지고 있는지를 알고 있는 사람은 단 한 명도 없을 텐데 어떻게 '계약의 가능성'을 염두에 두고 가망고객을 판단할 수 있을까?

만약 이렇게 '계약할 수 있는 가능성이 있는 사람'을 가망고객의 기준이라고 정의한다면 30명, 50명, 100명 정도의 가망고객이 있는 것도 엄청 많은 것이 아닐까? 왜냐하면 계약을 할 만한 사람이 이 정도의 인원이라면 결코 적지 않기 때문이다. 하지만 이렇게 '계약의 가능성'이 있다고 생각한 사람들은 모두 계약을 할 수 있을까? 아니면 계약은 아니더라도 만날 수는 있을까? 또 제안은 할 수 있을까?

결론은 '계약의 가능성'이 있다 없다가 아니라 그 누구도 어떻게 될지 '모른다'일 것이다. 왜냐하면 FP가 아무리 가망고객에 대한 상상 속의 기대감들이 그대로 현실에서 이루어질 수 있다면 너무 좋겠지만 그것은 이루어진다 아니다가 아니라 결코 알 수 없는 일이기 때문이다.

 왜 계약 가능성이 있는 사람을 가망고객이라 생각할까요?

가망고객의 기준을 '계약의 가능성'을 가지고 생각하게 된 이유를 알기 위해서는 먼저 언제부터 이런 생각을 하게 되었는지 알아야 하는데, 우리는 언제부터 가망고객을 '계약의 가능성'을 기준으로 생각했을까?

보험회사에 입사해서 교육받을 때! 아니면 영업을 시작할 때! 그것도 아니면 실적을 맞추어야 할 때! 하지만 모두 정확한 답은 아닌 것 같다.
그럼 과연 언제부터일까?

그때는 바로 '보험영업을 하기로 마음먹은 때'부터라 할 수 있다.

대부분의 FP는 보험영업을 하기로 마음을 먹는 순간! 이제까지 자신이 살아왔던 날들을 되돌아보면서 머릿속에는 많은 사람들이 떠오르게 된다. 그리고 사람들을 한 명씩 생각하면서 두 줄로 줄 세우기 시작한다. 한 줄은 친하거나 관계가 좋은 사람, 보험 얘기를 잘 들어줄 것 같은 사람, 돈이 있어 보이는 사람 등 '계약의 가능성이 높아 보이는 사람들'을 세울 것이다. 다른 한 줄은 연락도 한동안 하지 않은 사람, 보험 얘기를 하기에 껄끄러운 사람, 돈도 없어 보이는 사람들 등 '계약의 가능성이 높지 않은 사람들'을 세우게 될 것이다.

이렇게 FP는 보험을 하기로 마음먹으면서부터 자신의 기준에 의해서 가망고객을 판단하게 되고 그때부터 막연하게 가망고객의 기준을 갖게 된다. 그때는 아무것도 모르고 배우지 않았는데 어떻게 이렇게 '계약가능성을' 가망고객의 판단 기준으로 갖게 되는 것일까?

첫 번째는 보험영업을 시작하기 전에 경험한 보험에 대한 생각이 지금의 나를 만들어낸 것이라 볼 수 있다.

우리는 FP로 살았던 시간보다 훨씬 더 많은 시간을 누군가 다른 FP의 가망고객으로 살았을 것이다. 그때 FP에게 영업으로 전화가 왔을 때 '나한테 보험을 팔려고 하지 않을까? 계약하라고 하지 않을까?'하는 생각을 했을 가능성이 높았을 것이고 이런 경험들이 쌓이면서 FP의 전화를 무조건 계약과 연결지어 생각하게 되었을 것이다. 그 결과 과거의 경험이 현재에도 여전히 영향을 미쳐 계약할 사람을 가망고객으로 생각하는 것은 어쩌면 당연한 결과라고 할 수 있을 것이다.

두 번째는 가망고객을 판단할 때 결과를 먼저 생각하는 것이 원인이라고 볼 수 있다.

지금 머릿속에 한 사람의 얼굴을 떠올려 보라. 그리고 그 사람에게 영업을 한다고 생각해 볼 때 어떤 생각이 먼저 드는지 냉정히 판단해 보라.
아마도 직관적으로 보험을 가입할지 안 할지가 먼저 생각날 것이다. 보험영업은 최종적으로 계약을 목적으로 하지만 그러기 위해서는 진행해야 할 많은 판매의 과정이 있는데 중간의 과정들은 생략한 채 가장 먼저 결과부터 생각하게 된다면 마음속에 계약의 가능성이 낮다고 생각되는 사람은 가망고객에서 제외할 가능성이 높아지게 되는 것이다.

마지막으로 FP가 계약할 사람을 가망고객으로 생각하게 되는 이유는 보험회사에 들어와서 받게 되는 교육과 영업환경 때문이다.

보험회사에 들어오면 입사 초기에(회사마다 차이는 있지만) 가망고객이 무엇이고 왜 중요하고 어떻게 작성해야 하는지 등에 대한 이론적인 교육을 진행한다. 하지만 막상 교육 때와는 달리 영업을 시작하게 되면 목표고객이나 타깃고객 등의 이름으로 '이번 달에 계약 가능성이 있는 사람'을 적으라는 뉘앙스의 말을 많이 듣게 될 것이다. 이때 머릿속에서는 당연히 '당장 계약의 가능성'이 높은 사람을 생각할 수밖에 없게 되고 이 기준에 맞는 사람을 쓰게 될 가능성이 높아지게 되는 것이다.

결론적으로는 과거의 경험과 선입견들이 현재에도 그대로 영향을 미쳐서 '계약 가능성'을 가망고객의 기준으로 생각하게 된 것이다. 또한 가망고객에 대한 올바른 기준을 배운 적이 없어서 그럴 수 있고, 또한 배웠다고 하더라도 생각과 행동의 차이를 극복하지 못했기 때문에 현재의 가망고객에 대한 기준을 가지게 된 것이다.

그럼 이렇게 '계약의 가능성'을 가망고객의 판단 기준으로 가지고 있으면 '오늘 누굴 만나지?'에 어떤 영향을 주게 될까?

 계약 가능성을 가지고 가망고객을 찾으면……

그렇다면 왜 가망고객에 대한 기준을 지금처럼 '계약의 가능성'을 가지고 판단하게 되면 아무리 보험영업을 잘하고 싶어도 나의 의지와 관계없이 '오늘 누굴 만나지?'의 문제가 해결되지 않게 되는 것일까?

이에 대한 문제에 대해서 알아보기 전에 우선적으로 반드시 생각해보아야 할 것이 있는데 그것은 어떤 가망고객의 기준을 가지고 있든지 맞고 틀리고의 문제로 접근하는 것은 아무런 의미가 없다는 것이다.

영업이론은 맞고 틀리고, 옳고 그른 것을 검증하는 학문이 아니다. 사업이기 때문에 맞고 틀리고 문제로 접근하는 것이 아닌 많고 적음의 개념으로 접근해야 한다. 즉, 가망고객의 기준을 어떻게 생각하고 판단하는 것이 가망고객 수를 늘릴 수 있느냐의 개념으로 접근해야 한다.

그런데 '계약의 가능성'을 가망고객의 기준으로 삼게 되면 그 개념이 맞고 틀리고와 관계없이 가망고객 수는 결코 늘어날 가능성이 낮아질 뿐 아니라 점점 없어질 가능성이 높아진다는 것이 문제인 것이다.

첫 번째는, 가망고객의 절대적인 수를 늘릴 수 없게 된다.
가망고객을 '계약할 가능성'을 기준으로 생각하게 되면 가망고객을 발굴하는 과정에서 자신이 알고 있는 사람 중에 계약가능성이 높아 보이는 사람만을 찾게 된다. 이러한 과정을 거쳐서 가망고객을 발굴하게 되면 가망고객의 절대적인 수는 자신이 아는 사람 중의 일부분이 될 수밖에 없게 되고 이 수는 결코 많아질 수 없게 된다.

두 번째는, 가망고객을 지속적으로 발굴을 할 수 없게 된다.
또한 '계약할 가능성'을 가망고객의 기준으로 생각하게 되면 영업을 처음 시작할 때는 아는 사람 중에 '계약 가능성'이 높아 보이는 사람들이 그나마 있어서 영업할 사람들을 찾아낼 수 있다. 하지만 시간이 지날수록 '계약 가능성'이 높아 보이는 사람의 수는 점점 줄어들게 될 가능성이 높다. 이렇게 되면 지속적으로 가망고객을 발굴하기 어렵게 될 가능성이 높아진다.

세 번째는, 매번 쫓기면서 가망고객을 발굴하게 된다.
그리고 '계약할 가능성'을 가망고객의 기준으로 생각하게 되면 절대적인 수도 결코 늘릴 수 없고 지속적으로 발굴하지도 못하게 되는 상황이 된다. 하지만 매월 영업을 위해서는 가망고객이 필요하고 이를 위해서는 이름을 적어야 하는데 그때마다 누구를 적을지 매번 심리적으로 갈등을 겪게 되어 충분한 가망고객을 확보하지 못하게 된다. 따라서 남은 사람 중에 그나마 가능성이 높아 보이는 사람을 찾게 되고 결국 마지못해 쫓기면서 가망고객을 골라내게 된다.

결론적으로 '계약가능성'을 가지고 가망고객을 찾는다면 가망고객을 발굴하는 것이 FP에게는 결코 쉬운 일이 될 수 없는 것이다.

물론 처음에는 누구나 자신의 영업은 잘될 것이라는 희망을 가지고 영업을 시작한다. 하지만 갈 곳이 점점 줄어들고 그럼에도 불구하고 하루, 일주일, 한 달 계속해서 가망고객을 찾아야 하고 찾아도 별로 없는 것 같은 현실에 부딪히게 되고 시간이 지나면서 내가 보험을 잘 선택한 것인가라는 생각까지 하게 된다. 그리고 나중에는 보험영업을 나와는 안 맞는 일이라고 생각하게 되어 결국 그만두게 되는 것이다.

이렇게 된다면 FP는 정말 가망고객, 즉 사람이 없어서 그만두는 것일까? 아니면 가망고객 수를 점점 줄어들게 만드는 가망고객의 기준을 가지고 있기 때문에 그만두는 것일까?

절대적인 가망고객 수가 얼마 안 된다면 아무리 좋은 능력을 가지고 있다고 하더라도 보험영업은 어려울 수 있다. 하지만 충분한 가망고객이 있어서 생존하고 성공할 수 있는 가능성이 분명히 있음에도 잘못된 관점으로 인해서 일을 그만둔다면 이것만큼 안타까운 일도 없을 것이다.

CHAPTER 2

가망고객! 나는 진짜 누구일까요?

청계천과 가망고객

서울 시내에 가면 광화문에서 시작해서 신설동까지 이르는 긴 개천인 청계천이 있다. 서울에 사는 사람뿐 아니라 서울을 방문했던 사람이면 한 번쯤은 가보았을 만한 유명한 장소이다.

청계천을 지나다 보면 곳곳에 개천의 좌우를 연결해 주는 돌다리가 놓여 있는 것을 볼 수 있다. 사람들은 이 돌다리를 보고 옛날을 회상하며 건너기도 하고 어린아이들은 신기해하며 돌다리를 건너면서 장난을 치기도 하는 것을 쉽게 볼 수 있다.

사람들이 청계천 돌다리를 건너가는 모습을 본 적이 있는가?

돌다리를 하나씩 하나씩 건너가는 모습을 본 적은 있어도 여러 개의 돌다리를 한 번에 건너는 모습을 본 적은 없을 것이다. 왜냐하면 돌다리를 한 번에 건너려고 하면 빠질 것이 분명하기 때문이다.

청계천과 가망고객이 무슨 상관이 있을까라고 의아하게 생각할 수도 있지만, 세상의 원리는 같은 모습을 지니고 있을 때가 있다.

보험영업의 판매과정도 자세히 살펴보면 청계천을 건너는 것과 유사하다. 한쪽 편에서 다른 쪽으로 건너가는 과정이라 할 수 있는데 가망고객 발굴에서 시작해서 TA란 돌다리, AP란 돌다리, PT란 돌다리를 거쳐서 결국 최종 목적지인 계약 쪽으로 고객과 함께 가는 것이다.

그런데 만약 청계천을 건너려고 하는데 중간에 있는 돌다리를 밟지 않고 한 번에 건너뛰려고 한다면 어떻게 될까?

얘기했듯이 분명 물에 빠지게 될 것이기 때문에 아무도 무모하게 한 번에 청계천을 건너는 사람은 없을 것이다. 하지만 우리는 가망고객을 찾을 때 청계천을 한 번에 건너려고 하는 것처럼 한 번에 계약까지 갈 수 있는 사람을 찾으려고 하는 경우를 너무나도 쉽게 볼 수 있다.

예를 들어 가망고객의 기준을 얘기할 때, "경제적으로 좀 여유가 있는 사람이요.", "보험의 필요를 느끼는 사람이요.", "계약해 줄 수 있는 사람이요."라고 생각하는 것은 상대방은 전혀 고려하지 않고 내 생각만으로 '계약가능성'이 높은 사람을 가망고객으로 생각한 것이다.

이것은 마치 청계천에 친구와 놀러갔다가 갑자기 친구에게 '내가 지금 이 앞에 있는 돌다리를 한 번에 건너려고 하는데 같이 건너지 않을래?'라고 하면서 친구의 손을 잡아당기는 것과 다르지 않다고 할 수 있다. 그러면 그 얘기를 들은 친구는 선뜻 따라나서서 청계천을 한 번에 건너려고 하기보다는 아마도 멀리 도망가려는 반응을 보일 것이다. 그렇다면 이 친구의 생각은 어디에 있을까? 물론 몸은 청계천에 있지만 마음은 청계천에서 벗어나 멀리 가고 있을 것이다. 왜냐하면 그 친구는 나와 함께 청계천을 건널 마음이 없는 사람이기 때문이다.

우리가 만나는 가망고객들은 청계천에 처음 와 본 사람들 즉, 보험이 하나도 없는 사람도 아닐 것이고 보험회사 사람을 한 번도 만난 적 없는 사람도 아닐 것이다. 그렇다면 가망고객들은 청계천을 한 번에 넘자고 하는 FP를 더 많이 만나봤을까? 아니면 돌다리를 하나씩 건너자고 하는 FP를 더 많이 만나봤을까?

처음 몇 번은 잘 알고 친한 사람이 가자고 하니까, 또 건너면 좋다고 하니까 건너가 보았겠지만 만나는 사람마다 한 번에 돌다리를 건너자고 하는 경험을 했다면 그 사람은 청계천을 다시 건너고 싶은 마음이 들게 될까?

그렇지 않을 것이다. 그건 가망고객도 마찬가지다. 또한 FP도 한 번에 청계천을 건너갈 수 있는 사람이 없다고 판단해서 청계천 돌다리를 건너가는 것을 포기하는 것은 아닐까? 자신의 주변에 청계천을 한 단계 한 단계 같이 건너갈 수 있는 사람들이 정말 많이 있는데도 말이다.

가망고객!
진짜 너는 누구니?

청계천의 예처럼 FP와 청계천 돌다리를 건너는 것을 과거의 경험에 의해서 부담스러워하고 피하려고 하는 사람들이 많은 상황에서 어떻게 청계천을 건너는 것이 가장 좋은 방법일까를 생각해 보아야 한다.

FP 입장에서는 청계천을 반드시 건너야 하지만 혼자 건너는 것은 아무 의미 없는 일이다. 따라서 가장 현명한 방법은 FP 스스로 청계천을 건널 수 있는 사람인지 여부를 판단하는 것이 아니라 같이 건너갈 수 있는지 여부를 물어볼 수 있는 사람을 가망고객으로 판단하는 것이다. 그런 사람 중에는 건너겠다는 사람도 있고 안 건너겠다는 사람도 있을 것이고 같이 건너자는 얘기에 대답도 하지 않는 사람도 있을 것이다.

결국 청계천 돌다리는 같이 건너갈 수 있는지를 물어볼 수 있는 사람 중에서 같이 가겠다는 사람과만 건널 수 있는 것이다. 왜냐하면 고객이 같이 가겠다고 하지 않으면 아무런 소용이 없듯이 보험영업도 FP가 고객 없이 혼자 판매과정을 진행하는 것은 불가능하고 아무런 의미도 없기 때문이다.

그렇다면 가망고객은 누구라고 정의를 내려야 할까?
진짜 가망고객이 누구인지를 알아보려면 아래 다섯 가지 질문에 스스로 답을 해보면 가망고객이 누구인지 쉽게 파악할 수 있다.

첫 번째 질문은 "지금 내가 알고 있는 모든 사람 중에 계약을 할 가능성이 조금이라도 있다고 생각하는 사람은 가망고객일까?"
(□ YES □ NO)

두 번째 질문은 "지금 내가 알고 있는 모든 사람 중에 계약할지 안 할지는 알 수는 없지만 상품제안을 한번 해볼 수 있을 것 같다고 생각되는 사람은 가망고객일까?" (□ YES □ NO)

세 번째 질문은 "지금 내가 알고 있는 모든 사람 중에 상품제안을 하면 받아볼지 아닐지는 알 수 없지만 만나서 보험 얘기를 한번 해볼 수 있을 것 같다고 생각되는 사람은 가망고객일까?" (□ YES □ NO)

네 번째 질문은 "지금 내가 알고 있는 모든 사람 중에서 만나서 보험 얘기를 하자고 하면 만나줄지 안 만나줄지는 알 수 없지만 만나자고 한번 전화를 해볼 수 있는 사람은 가망고객일까?" (□ YES □ NO)

다섯 번째 질문은 "이제까지 네 가지의 질문에서 한 가지라도 YES를 할 수 있는 사람이라면 가망고객일까?" (□ YES □ NO)

이 다섯 가지 질문에 대해 아마도 모두 YES의 답을 했을 것인데 그 이유는 가망고객은 판매과정을 진행할 수 있는 사람이면 누구나가 될 수 있기 때문이다.

그러면 이 다섯 가지 질문 중에서 가망고객이 될 수 있는 최소한의 조건은 무엇일까? 그것은 네 번째 질문인 상대가 만나줄지는 알 수 없지만 한번 만나자고 전화를 해 볼 수 있는 사람인데 그 이유는 전화를 해야 만날지 말지가 결정되기 때문이다. FP가 전화를 하지 않았는데 자신이 이름을 적은 가망고객에게 먼저 전화가 오는 경우는 거의 없기 때문이다.

결론적으로 가망고객 수를 더 늘리기 위해서는 '계약할 사람'에 국한되어 있던 가망고객의 결정 기준을 '전화할 사람'으로까지 확장해야 한다. 왜냐하면 '계약할 사람'도 가망고객의 기준이 될 수 있지만 이 기준만을 가지고 가망고객을 발굴한다면 누가 계약을 할지 모르기 때문에 찾기도 쉽지 않고 그 결과 가망고객 수도 줄어드는 결과를 만들 가능성이 높기 때문이다. 반면에 '전화할 수 있는 사람'을 가망고객의 기준으로 삼으면 '전화할 수 있는 사람'은 계약할 가능성이 있는 사람보다 상대적으로 찾기도 쉽고 그 결과 가망고객 수도 늘릴 수 있다.

가망고객의 기준을 무엇으로 잡을지는 FP가 선택하는 것이지만, 어떤 선택기준을 가지느냐에 따라 그 결과는 '오늘 누굴 만나지?'를 해결할 수도 그렇지 못할 수도 있는 중요한 것임을 꼭 기억해야 한다.

머리가 하는 말!
가슴이 하는 말!

이제까지 '계약 가능성이 있는 사람'으로 생각했던 가망고객의 기준을 '전화할 수 있는 사람'으로 바꾸었는데, 이 말은 이름을 적은 가망고객에게 전화를 해야 본격적인 영업이 시작된다는 것을 의미한다.

그럼 가망고객에게 전화를 한다면 어떤 일이 벌어질까?

첫 번째는 전화를 해서 만나자고 했을 때 만나겠다는 사람이 있을 것이다. 그럼 이 사람은 가망고객일까, 아닐까? 당연히 가망고객일 것이다.

두 번째는 FP의 만나자는 전화에 안 만나겠다는 사람도 있을 것이다.

이 사람도 가망고객이라 할 수 있다. 그 이유는 한 번 전화해서 안 만나겠다고 할 수 있지만 다음번에는 만날 수 있는 가능성이 있기 때문이다.

세 번째는 FP의 만나자는 전화를 안 받는 사람도 있을 것이다.

이 사람도 가망고객이라 할 수 있다. 그 이유는 지금은 무슨 이유 때문에 전화를 안 받았는지 모르지만 다음번에는 전화를 받을 가능성이 있고 또 그에게서 전화가 올 가능성도 있기 때문이다.

네 번째는 FP가 만나자는 전화를 못 하는 사람도 있을 것이다.

이 사람도 가망고객이라 할 수 있다. 그 이유는 지금은 FP가 무슨 이유에서인지 전화를 못 걸지만, 다음에 전화를 할 가능성도 있기 때문이다.

결론적으로 전화를 해서 만나도, 못 만나도, 전화를 안 받아도, 심지어 전화를 못 했어도 언제든 전화는 할 수 있는 사람이기 때문에 '전화할 수 있는 사람'을 가망고객의 기준으로 삼아야 하는 것이다.

그런데 현실에서는 이렇게 쉽게 가망고객을 판단할 수 있을까?
실제로는 이렇게 안 된다는 것을 누구나 알 수 있을 텐데, 그 이유는 가망고객을 판단할 때는 머리에서 하는 말, 즉 이성적 판단을 따를 때도 있고 가슴에서 하는 말, 즉 감정적 판단을 따를 때도 있기 때문이다.
앞에서 설명한 것은 머리에서 하는 말을 기준으로 가망고객을 판단하는 것이기 때문에 쉽게 이해되고 그렇게 하면 많은 가망고객이 있을 것처럼 판단될 것이다.

하지만 우리는 가망고객을 판단할 때 머리에서 하는 말뿐 아니라 가슴에서 하는 말도 함께 듣게 되는데 이때는 좀 다른 얘기를 우리에게 한다.

첫 번째는 전화를 했을 때 고객이 만나겠다고 하면 가슴에서는 '오케이! 만난다고 하네! 그럼 계약도 가능할 것 같은데!'라고 생각할 것이다.
두 번째는 전화를 했을 때 고객이 안 만나겠다고 하면 가슴에서는 '에이! 조졌네! 계약할 것 같은 사람이었는데… 아쉽네!'라고 생각할 것이다.
세 번째는 고객이 전화를 받지 않을 때 가슴에서는 '왜 전화를 안 받지? 혹시 영업 때문에 전화한 걸 알고 피하는 걸까?'라고 생각할 것이다.
네 번째는 전화를 못할 고객의 경우인데, 이 고객에 대해서 가슴에서는 '어차피 이 사람은 연락도 자주 하지 않았고 친하지도 않아서 만나줄 것 같지도 않은데 굳이 전화할 필요가 있을까?'라고 생각할 것이다.
가슴에서 하는 말을 따른다는 것은 감정적 기준에 의해서 가망고객을 판단하는 것이고, 이것은 마치 장사를 감정으로 하는 것과 마찬가지라고 생각한다. 예를 들어 옷가게에 손님이 들어와서 "좀 둘러볼게요."라고 했을 때 점원이 "손님 죄송한데, 제가 손님을 보니까 안 사실 것 같은 느낌이 딱 왔는데 안 살 거면서 굳이 둘러보실 필요가 있을까요?"라고 대답하는 것과 같은 셈이다. 이런 식이라면 이 가게는 어떻게 될까?

FP는 가망고객을 판단할 때 머리에서 하는 말과 가슴에서 하는 말 중에 하나를 선택하게 되는데 이것은 구분도 어렵고 늘 섞여 있어서 가망고객을 발굴할 때 갈등하게 한다. 하지만 가망고객 수를 한 명이라도 더 늘리려면 가슴이 하는 말이 아니라 머리가 하는 말을 따라야 한다.

이제까지의 이야기는 그동안 생각하고 있던 가망고객에 대한 기준과는 전혀 다를 수 있다. 이를 통해 가망고객에 대한 패러다임이 바뀔 수도 그렇지 않을 수도 있지만 분명한 건 '계약할 수 있는 사람'을 가망고객으로 생각한다면 결코 자신의 가망고객 수가 지속적으로 늘지는 않게 된다는 사실이다.

결국 나에게 가망고객이 몇 명이 있는지는 머리가 하는 말을 가망고객의 기준으로 삼느냐 아니면 가슴이 하는 말로 가망고객의 기준을 삼느냐에 따라 '오늘 누굴 만나지?'가 해결될 수도 그렇지 않을 수도 있는 것이다.

가망고객을 판별하는 세 가지 질문

이제까지 얘기한 올바른 가망고객의 기준을 가지고 나에게는 몇 명의 가망고객이 있는지를 직접 확인해보도록 하자. 그러기 위해서 잠시 책을 덮고 자신의 핸드폰을 열고 연락처에 저장된 연락처의 개수나 카톡에 등록된 친구의 수를 확인한 후 '357개', '238개'와 같이 기록한다.

다음은 아래 세 가지 질문에 답을 해보도록 하는데 이때 절대 눈으로 읽지 말고 구체적인 숫자로 답을 해야 하며 '가슴에서 하는 말'이 아니라 '머리에서 하는 말'을 가지고 해야 한다.

첫 번째 질문은 "나의 핸드폰의 연락처나 카톡에 있는 연락처 중 '전화를 할 수 있는 사람'은 몇 명일까?"이다.

여기서 '전화를 할 수 있는 사람'은 '머리가 하는 말'로 전화를 했을 때 면담 약속이 잡혀도, 잡히지 않아도, 전화를 안 받아도, 전화를 하지 못하는 경우의 모든 사람을 의미한다. 이때 가장 중요한 것은 어떠한 이유로든 전화를 할 수 없다고 생각되거나 전화하기 싫거나 전화하기 껄끄럽고 겁나는 사람들을 제외하려는 '가슴이 하는 말'을 원천차단해야 한다. 만약 핸드폰의 연락처나 카톡을 보면서 '머리로 하는 말, 즉 이성적 판단'을 기준으로 '전화할 수 있는 사람'을 찾으려 한다면 '계약 가능성'을 기준으로 가망고객을 찾을 때보다 훨씬 많은 사람을 가망고객이라 생각할 수 있을 것이다. 하지만 '가슴이 하는 말, 즉 감정적 판단'을 기준으로 가망고객을 찾으면 여전히 '계약 가능성'을 가지고 가망고객을 찾게 되어 가망고객 수가 많지 않다고 생각하게 될 것이다. 이때 가망고객으로 생각하지 않은 사람은 결코 전화를 할 수 없게 되고 '애물단지'가 되는 것이다.

두 번째 질문은 "나의 핸드폰 연락처나 카톡에 있는 연락처 중에서 '전화를 하면 안 되는 사람'은 몇 명일까?"이다.

여기서 '전화를 하면 안 되는 사람'에는 세 가지 부류가 있는데, 먼저 누구도 전화를 하면 안 되는 사람으로 우리와 같이 보험영업을 하는 사람들이다. 또 하나는 나이가 너무 어리거나 많아서 영업적으로 접근하기가 거의 불가능한 사람들이다. 세 번째는 핸드폰이나 카톡에 있는 사람이 아닌 연락처를 말하는데, 각종 상호, 관공서 등과 같은 것들이다. 위 세 가지 경우에는 영업으로 전화를 할 수 없기 때문에 '전화를 하면 안 되는 사람'이라 할 수 있다. 그런데 여기서 반드시 생각해 봐야 할 것은 '전화를 하면 안 되는 사람'과 '전화를 하지 못하는 사람'을 구분해야 하는 것이다. 예를 들어 '전화하기 미안한 사람, 껄끄러운 사람, 두려운 사람'은 '전화를 하면 안 되는 사람'이 아니라 '전화를 하지 못하는 사람'에 해당한다. 그런데 '감정이 하는 말'을 따라 가망고객을 판단하려고 하면 '전화를 하지 못하는 사람'을 '전화하면 안 되는 사람'으로 착각하는 경우가 생긴다. 자기 생각에는 '전화를 하면 안 되는 사람'이라 여겨 가망고객이 아니라고 여겼어도, 그 사람에게 다른 FP가 전화를 한다면 그 사람은 다른 FP에게는 가망고객이 되는 것이다. 나는 할 수 없고 다른 사람은 할 수 있는 것이라면 이것은 가망고객의 문제가 아니라 가망고객에 대한 자신의 관점의 문제인 것이다.

세 번째 질문은 "나의 핸드폰 연락처나 카톡에 있는 연락처 중에서 '보험회사에서 전화를 한 번이라도 받아본 사람'은 몇 명일까?"이다.

여기서 '전화를 한 번이라도 받아본 사람'은 보험영업 전화를 받아 본 경험을 가진 사람을 말한다. 내 핸드폰에 연락처가 있는 사람 중에 이런 경험이 있는 사람은 몇 명이나 될까? 이에 대한 확인은 의외로 간단하다. 핸드폰에 있는 모든 사람에게 "지금까지 보험 설계사로부터 전화를 한 통이라도 받아본 적이 있나요?"라고 물어보면 된다. 그러면 "네. 받아본 적 있어요." 또는 "받아본 적 없는데요."라는 답변 중 하나가 올 것이다. 이 중 '받아본 적이 있는 사람'은 당연히 가망고객이다. 그리고 '받아본 적이 없는 사람'도 가망고객이다. 왜냐하면 보험영업 전화를 받아본 적은 없지만 이 질문에 응답을 했다는 것 자체가 '전화를 할 수 있는 사람'이라는 것을 증명해 주기 때문이다. 그러면 보험회사로부터 전화를 한 번도 받아보지 않은 사람은 과연 몇 명이나 될까? 이렇게 FP가 지레짐작으로 전화를 하면 안 된다고 생각해서 자신의 가망고객에서 제외시킨다면 가망고객 수만 줄어드는 결과를 초래한다는 것을 잊어서는 안 된다.

결론적으로 위 세 가지 질문이 모두 충족되어야 가망고객이 아니라 세 가지 중에 하나라도 해당되는 사람을 모두 가망고객이라고 할 수 있다. 그렇다면 자신이 살면서 만들어 온 지인의 인맥 중에 가망고객이라 할 수 있는 사람은 과연 몇 명이나 될까? 다시 한번 생각해 보고 자신의 가망고객 수를 파악해 봐야 할 것이다.

CHAPTER 3

가망고객 발굴은 무엇일까요?

가망고객과 가망고객 발굴의 차이

이제까지는 가망고객이 누구인지를 정확하게 이해하기 위한 올바른 기준에 대해 얘기를 했다. 이번 장에서는 가망고객의 개념을 기초로 하여 '가망고객 발굴'이 무엇인지를 알아보도록 하자.

'가망고객'과 '가망고객 발굴'의 개념을 정확히 이해하고 있어야 하는 이유는 자신이 가지고 있는 모든 가망고객의 명단을 작성하기 위해서 반드시 필요한 핵심개념이기 때문이다.

그럼 '가망고객'과 '가망고객 발굴'은 어떤 차이가 있을까?

'가망고객'과 '가망고객 발굴'은 영업현장에서 일상적으로 쓰이는 말이기 때문에 어떤 의미인지는 누구나 개략적으로는 알고 있을 것이다. 하지만 '가망고객'과 '가망고객 발굴'의 차이를 명확하게 구분해보라고 하면 의외로 잘못하는 경우가 많다.

'가망고객'과 '가망고객 발굴'의 차이를 이해하기 위해서는 우리가 영업에서 사용하고 있는 '판매 프로세스'에 대한 이해가 먼저 필요하다. 판매 프로세스의 각 단계는 그 의미와 목적이 서로 다르지만 한 가지 공통적인 특징이 있는데, 그것은 바로 'FP의 구체적인 행동'으로 구성되어 있다는 것이다. 예를 들어 TA는 FP가 고객에게 전화를 거는 행동이고, AP나 PT는 고객에게 보험에 대한 정보나 상품을 말로 제안하는 행동이다. 그렇다면 판매 프로세스의 첫 단계인 '가망고객 발굴'도 다른 프로세스와 마찬가지로 FP의 행동을 기반으로 정의를 내려야 하는데 이에 대해서는 '행동'보다는 '생각'으로 이해할 때가 많다.

그렇다면 가망고객을 발굴하는 '행동'은 무엇일까?
가망고객 발굴은 '가망고객'과 '발굴'이 결합된 개념이다.
여기서 가망고객은 앞에서 다루었듯이 '전화할 수 있는 사람'을 말하고, '발굴'은 '전화할 수 있는 사람을 찾는 것'이라고 정의할 수 있다. 하지만 찾는다는 개념은 다소 추상적인 행동이 될 수 있기 때문에, 보험영업에서는 좀 더 구체적인 의미로 '발굴'이란 단어를 사용하고 있다. 이것은 '이름을 적는다'라는 구체적 행동을 의미한다.

따라서 이 두 개를 결합한 단어인 '가망고객 발굴'은 '전화할 수 있는 사람의 이름을 적는 것'이라고 정의 내릴 수 있다. 즉, 가망고객에게 전화를 하기 위한 사전 단계인 가망고객의 이름을 적는 행동을 말하는 것이다.

FP는 자신의 핸드폰에 연락처가 저장된 '전화를 할 수 있는 사람'인 '가망고객'을 가지고 있다. 하지만 아무리 가망고객 수가 많더라도 막상 이름을 적지 않거나 적을 수 없다면 '가망고객'은 있다고 할 수 있지만 '가망고객 발굴'은 하지 못했다고 할 수 있다.

가망고객의 이름을 작성하지 못한다는 것은 마치 우물에 물은 너무 많은데 물을 퍼내려고 두레박을 내리지는 않는 것과 같다. 핸드폰에 많은 사람의 연락처가 있더라도 거기에 있는 사람의 이름을 적기 시작해야 비로소 FP의 구체적 행동으로 구성된 판매 프로세스 즉 영업의 첫 번째 단계가 시작되는 것이다.

결론적으로 '가망고객 발굴' 개념을 정확히 이해하고 이를 행동으로 옮길 때 '오늘 누굴 만나지?'를 해결할 수 있는 구체적이고 실질적인 실마리가 풀리기 시작하는 것이다.

생각이 바뀌면 행동까지 바뀔까?

미국의 심리학자이자 철학자인 윌리엄 제임스는 '생각이 바뀌면 행동이 바뀌고 행동이 바뀌면 습관이 바뀌고 습관이 바뀌면 인격이 바뀌고 인격이 바뀌면 운명이 바뀐다'라고 말을 했다.

인생에서 '생각'이 얼마나 중요한지를 강조하는 말이다. 물론 좋은 말이기는 하지만 한편으로는 정말 생각을 바꾸면 이제까지 내가 행동하지 못했던 것들을 행동할 수 있게 될까라는 의문도 생긴다. 만약 이 말이 사실이라면 다이어트를 해야겠다고 생각을 바꾸면 실패하는 사람도 없어야 하고, 담배를 끊겠다고 생각을 바꾸면 끊지 못하는 사람도 없어야 할 것이다. 하지만 현실이 그렇지 못하다는 것을 모르는 사람은 단 한 명도 없을 것이다. 생각이 바뀐다고 행동이 꼭 바뀌는 건 아니다.

그렇다면 가망고객의 기준에 대한 생각을 '계약할 사람'에서 '전화할 수 있는 사람'으로 바꾸고 '가망고객 발굴'에 대한 생각을 '전화할 수 있는 사람을 적는 것'이라고 바꾸면 가망고객 수가 늘어날까?

생각이 바뀌면 행동이 바뀔 것이라고 생각하는 분들이 있으면 지금 책을 덮고 가망고객의 명단을 작성해 보기 바란다. 정말 '전화할 수 있는 사람'이나 '전화하면 안 되는 사람' 그리고 '다른 회사에서 한 번이라도 전화를 받아본 사람'을 모두 적을 수 있는지를….

아마도 이름을 적으면서 굉장히 많은 고민을 하게 될 것이다.

지난번 PT에서 완전히 거절당했던 사람의 이름을 적을 때 쉽게 적을 수 있을까? 아니면 친한 지인인데 보험 얘기는 다시는 하지 말라고 했던 사람의 이름은 어떨까? 또 한 10년 정도 연락하지 않던 사람은 어떨까?

생각이 바뀌었다고 이름을 적는 것은 결코 쉽지 않다는 것을 알 수 있게 될 것이다.

그럼 왜 생각을 바꾼다고 행동이 바뀌지 않는 것일까?

그 이유는 생각이 바뀌어도 그것을 행동으로 연결하는 데까지는 마음속에 생기는 행동하지 못하게 하는 장애물을 극복하기 어렵기 때문이다.

'가망고객 발굴'에 대한 생각을 바꾸는 것은 이해하기는 쉽지만 '행동'으로까지 이어지는 것은 절대 쉽지 않다. 왜냐하면 가망고객 발굴에 대한 바뀐 생각을 행동으로 바꾸기 위해서는 이름을 쓰는 과정에서 나타나는 두려움, 이름을 쓸까 말까 하는 망설임, 이름을 쓴다 해도 전화는 하지 못할 것 같은데 굳이 쓸 필요가 있을까라는 귀찮음 등의 장애물을 극복해야 하기 때문이다.

가망고객의 이름을 쓰지 못하게 버티고 있는 이런 감정들이 우리의 행동을 막아 이름을 쓰지 못할 이유가 별로 없는 사람조차도 이름 쓰기를 어렵게 하는 경우도 있다.

그렇다면 생각을 행동으로 바꾸려면 어떻게 해야 할까? 이는 행동하려는 순간 감정이 행동을 가로막지 못하게 하는 '훈련'을 통해서 가능하다. 처음에는 감정이 가망고객의 이름을 쓰는 것을 많이 방해하겠지만 계속 훈련하면 감정이 배제된 상태에서 가망고객의 이름을 쓸 수 있게 된다. 이를 위한 훈련 방법은 3부에서 자세히 다루겠다.

가망고객!
한 명의 가치

"여기 오신 FP님들에게 한 가지 제안을 드릴게요."

"뭔데요?"

"FP님이 가망고객의 명단을 작성해 주시면 한 명당 5천 원씩 제가 드릴게요. 다른 조건은 없습니다. 단지 이름만 적어서 제출하시면 됩니다."

"시간은 한 시간 드릴게요. 그럼 몇 명 정도 적을 수 있을 것 같으세요?"

"100명, 200명, 아니 최대한 많이 적어야죠."

"그렇죠. 아마도 시간이 허락하는 한 최대한 많은 사람을 적으려고 하실 겁니다. 가망고객을 작성하신 것을 확인하면 그 수만큼 돈을 지불해 드리겠습니다."

"그러면 저는 FP님이 작성하신 명단을 가지고 무엇을 할까요?"

"글쎄요?"

"저는 돈을 지불한 대가로 받은 명단의 모든 사람에게 전화를 걸어서 FP님이 소개해 주었다고 하면서 만나자고 할 겁니다."

"전화를 걸면 아마도 만나겠다는 사람도 있을 것이고 그렇지 않겠다는 사람도 있을 것입니다."

"그러면 저는 만나겠다고 하는 사람들은 만나서 보험 얘기를 한 뒤에 제안을 하겠다고 할 것입니다."

"그러면 그중에는 제안을 받아보겠다고 하는 사람도 있고 그렇지 않은 사람도 있을 것입니다."

"그러면 또 저는 제안을 해달라고 하는 사람들에게만 제안을 할 것이고 그중에는 계약을 하는 사람도 있고 그렇지 않을 사람도 있을 것입니다."
"그리고 저는 계약한 사람들 통해서 나오는 수당을 받는 것입니다."
"어떠신가요? 괜찮은 제안 아닌가요?"
"그런 제안이면 차라리 제가 영업을 하는 게 낫지 않을까요?"

"자, 그럼 제가 다시 한번 FP님에게 제안을 하겠습니다. 이번에는 둘 중 하나를 선택할 수 있는 기회를 드릴 텐데, 가망고객의 명단을 한 명씩 적을 때마다 5천 원을 받으시겠습니까? 아니면 영업 후에 나올 수당을 선택하시겠습니까?"
"저는 수당을 받을래요. 그게 더 많을 것 같은데요."

현실에서는 보기 힘든 얘기이지만 그렇다고 전혀 불가능한 얘기도 아니라고 생각된다.

처음에 제안을 했던 가망고객의 이름을 적을 때마다 돈을 지불한다고 했을 때 FP는 그렇게 많은 사람을 적을 생각이 들었을까?

단순히 이름을 적으면 돈을 지불한다는 이유에서일까? 아니면 또 다른 무언가가 있었을까?

그것은 우리의 마음 속을 잘 들여다보면 그 원인을 찾아볼 수 있다.

FP가 제안을 받고 그렇게 많은 가망고객의 명단을 작성할 수 있다고 생각했던 것은 마음 속에 단지 가망고객의 이름을 적는 것 이외의 다른 판매 프로세스는 생각하지 않았기 때문일 것이다. 이름을 적고 나서 전화했을 때 상대방이 혹시 거절하지는 않을까에 대한 걱정, 만나서 얘기할 때 보험에 대해서 부정적이면 어떻게 할까에 대한 걱정, 제안을 했을 때 받아들여지지 않으면 어떻게 할까에 대한 걱정 등 계약을 할 수 있을지 없을지의 걱정 등은 하지 않고 단순히 가망고객을 쓸 수 있느냐 없느냐만 판단했을 것이다.

하지만 우리는 실제로 영업을 할 때 가망고객 발굴이라는 판매 프로세스의 첫 단계를 진행할 때는, 그 이후의 단계인 전화할 때나 만날 때, 그리고 계약 등의 모든 프로세스를 한 번에 다 생각해서 '계약'할 수 있는 가능성이 높다고 생각되는 사람과 또 전화하기 불편하지 않은 사람만을 골라서 가망고객 발굴을 하기 때문에 그렇게 많이 적지 못하는 것이다.

만약 우리가 이름을 적은 가망고객들에게 다 전화를 할 수만 있다면, 그 이후 영업을 한 것을 통해 얻어지는 한 사람의 가치는 5천 원보다는 분명 클 것이다.

그러나 우리가 가지고 있는 마음 속의 감정 때문에 가망고객 발굴을 통해서 얻어지는 수입을 스스로가 포기하고 있지는 않은지 생각해보아야 할 것 같다.

적자생존법칙

보험영업은 누구에게나 선택할 수 있는 기회의 문이 열려 있는 직업인 것은 분명하지만, 그렇다고 보험영업을 하는 모든 사람이 성공하고 살아남지는 못하는 일인 것도 분명하다. 마치 치열한 전쟁터에 '적자생존의 법칙'이 존재하는 것처럼…

매년, 매달 아주 많은 사람들이 보험영업을 자신의 직업으로 선택한다. 하지만 안타깝게도 1년을 채우지 못하고 이 일을 그만두는 사람이 많은 것도 우리가 마주해야 하는 현실이다. 그렇게 많은 사람이 들어올 때는 저마다 성공의 꿈을 꾸고 자기 인생의 터닝 포인트가 되기를 바라는 마음으로 들어오지만, 그만둘 때는 소리 소문 없이 그만두는 경우를 우리는 너무도 자주 보아왔다.

그런데 보험영업을 하다가 그만두는 사람들을 잘 살펴보면 공통적으로 세 단계를 거치게 되는 것을 볼 수 있다.

첫 번째 단계는 '만날 사람이 없다'고 말하는 단계이다.
이 말은 만날 사람이 없다고 표면적으로 얘기는 하지만 마음 속으로는 '계약할 만한 사람'이 없다고 생각하거나 계약할 만한 사람은 아니더라도 편하게 만날 수 있는 사람이 없다고 생각하는 단계이다.
그 이유는 가망고객의 개념을 '계약할 수 있는 사람'으로 잘못 인식하여 가망고객의 이름을 두려움이나 망설임 등의 감정으로 인해 쓰지 못하게 되기 때문이다.

 두 번째 단계는 겉으로는 표현하지 않지만 속으로 자신에게 얘기하는 단계이다.
 '1년 전에만 보험영업할 줄 알았으면 평상시에 사람 좀 많이 만나 둘 걸!', '지난번 고등학교 동창모임은 꼭 갔어야 하는건데!', '누구누구 장례식장에 갔으면 아는 사람을 많이 만났을 텐데' 등 보험영업을 하기 전에 사람들을 많이 만나지 않은 것에 대한 후회 같은 것을 하게 되고 심지어는 내가 잘못 산 것은 아닐까라는 후회까지 하게 된다.
 하지만 이것은 후회하고 스스로를 질책할 문제가 아니다. 왜냐하면 하루하루 바쁘게 살아가면서 인맥관리도 철저히 한다는 것은 결코 쉽지 않기 때문이다.

 따라서 보험영업을 하기 전에 해왔던 인맥관리를 후회하고 질책하는 것이 아니라 앞으로 어떻게 할 것인지를 생각하는 것이 더 중요한데 왜냐하면 보험영업을 시작하고 나서도 인맥관리를 하지 않는 것은 분명 잘못된 일이기 때문이다.

 세 번째 단계는 '이 일은 나랑 안 맞아!'라고 말하는 단계이다.
 그럼 반대로 보험영업에 맞는 사람은 누굴까? 안 맞는 게 아니라 일을 하면서 자신에게 맞지 않은 상황으로 스스로를 만들어 놓은 것은 아닐까 생각한다.

혹시 이 글을 읽고 있는 FP 중에서 이 세 가지 중에 자신이 속해 있다고 생각된다면 다시 한번 가망고객에 대한 생각을 정리해야 할 것이다.

그렇다면 영업을 하다가 세 가지 이유 중 어느 한 가지의 경우에 속해서 그만둔 FP들은 자기가 아는 사람들의 이름들을 다 적어보고 그만두었을까? 아니면 이름조차 적어보지 못하고 그만두었을까?

아마도 거의 대부분이 이름조차 적어보지 못하고 그만두었을 것이다. 즉, 판매프로세스의 첫 단계인 가망고객 발굴도 하지 못해보고 그만둔 것일 수 있는 것이다. 이런 것이 사실이고 현실이라면 너무 안타깝게 그만둔 사람이 많은 것 아닐까? 실력이 없어서 그만둔 것도 아니고 지식이 부족해서 그만둔 것도 아니고 단지 가망고객에 대한 정확한 정의와 가망고객 발굴이라는 단순한 행동을 하지 못해서 그만두었다면 말이다.

결론적으로 가망고객 발굴은 '전화할 수 있는 사람을 적는 것' 그 이상 그 이하도 아님을 꼭 기억해야 한다.
그리고 이 말도 꼭 기억해야 한다. 가망고객 발굴은 '適者生存'이다. 즉, '적어야 생존한다' 또는 '적는 FP가 생존한다'라고 할 수 있다.

CHAPTER 4

가망고객 발굴을
위한 통찰

확증 편향

확증 편향(confirmation bias)이란 말이 있다. 자신의 신념과 일치하는 정보는 받아들이고 신념과 일치하지 않는 정보는 무시하는 경향을 말한다.

그렇다면 자신의 신념은 어디서 나올까? 주로 자신의 과거 경험과 학습의 결과가 오랜 기간 쌓여서 만들어지는 경우가 많다. 그런데 자신이 가지고 있는 신념이 잘못되어 있거나 왜곡되어 있다면 어떻게 될까? 자신은 그 신념이 잘못되거나 왜곡된 것을 모른 채 자신의 현재 행동에 영향을 미치게 될 것이다.

우리는 보험영업을 시작하기 이전에 적게는 몇 년에서 많게는 몇십 년간 보험을 경험하고 살았다. 그러던 가운데 확증편향이 생기지 않았을까?

가망고객을 생각할 때 '계약의 가능성'을 먼저 생각하게 되는 것이 가장 대표적인 확증편향의 예라고 할 수 있다. 내가 가망고객의 입장일 때 이러한 확증편향을 가지고 있다면 그냥 보험설계사를 안 만나면 그만이다. 하지만 FP로서 가망고객을 '계약가능성'으로 판단하는 확증편향을 가지고 있으면 '오늘은 누굴 만나지?'의 문제가 해결되지 않는 치명적 결과를 만들 수 있다는 것을 반드시 기억해야 한다.

총알은 총알일 뿐!

전쟁에 나가는 병사가 있다. 그런데 총과 총알을 배급받고 이런 말을 한다.

"저 총알은 좀 빼 주세요. 지난번에 안 맞았던 탄피로 만든 건데……" 라고 하거나 "저 총알도 좀 빼 주세요. 모양이 좀 안 좋아서 잘 안 맞을 것 같은데…'라고 잘 맞을 것 같은 총알만 가지고 전쟁에 나간다고 하면 그 병사는 살아 돌아올 수 있을까? 그가 꼭 맞을 거라고 생각했던 총알은 다 적군의 심장을 관통할까? 설령 맞았다고 하더라도 적군이 방탄조끼를 입고 있다면 어떻게 될까?

만약 당신이 그 병사와 함께 전쟁에 나가야 하는 병사라면 그 병사가 버린 총알을 가지고 전쟁에 나가겠는가? 아니면 그가 안 맞는다고 했으니까 당신도 버리고 전쟁에 나가겠는가?

그러면 총알은, 무엇을 할 수 있어야 총알이라고 할 수 있을까? 적군을

죽일 수 있어야? 아니면 쏠 수 있어야? 아니면 장전할 수 있으면? 답은 장전할 수 있으면 총알인 것이다. 왜냐하면 장전을 할 수 없는 총알은 발사도 명중도 될 수 없기 때문이다. 장전이 먼저인 것이다.

가망고객은 병사의 총알과 같다. 우선 전화를 할 수 있어야 가망고객이라 할 수 있다. 그래야 약속도 잡고 영업도 하여 계약을 할 수 있는 것이다. 총에 장전할 수 있는 총알을 찾아내는 것이 바로 가망고객 발굴인 것이다.

 ## 버티고(Vertigo)

"한대위! 비행기가 뒤집혔어! 그러다 추락할지도 몰라!"
"뭐라구요? 김 소령님 비행기가 뒤집힌 것 같은데요? 위험해요!"

몇 차례의 실랑이가 벌어진 뒤 내 비행기는 구름 아래로 내려왔다. "앗!" 내 비행기가 뒤집혀 있는 것 아닌가! 속리산 법주사의 커다란 불상이 바로 눈앞에 보인다. 내가 버티고에 들어간 것이다. 몇 초만 더 늦게 알았다면 난 이 세상 사람이 아니었을 것이다.

'버티고'는 조종사의 착시현상으로 비행 중 조종사가 인체 평형기관의 감각을 그대로 받아들여 하늘이 바다 같고 바다가 하늘같게 보여 이 상태를 유지하게 될 경우 자신은 하늘로 간다고 생각하지만 실제로는 바다로 향해 가게 되어 치명적 비행 사고의 원인이 될 수 있는 아주 위험한 현상이다.

'버티고'를 벗어나려면 결코 거짓말을 하지 않는 몸의 감각이 아닌 비행기 계기판을 믿어야 한다. 이때 계기판을 따라 하면 오히려 몸이 꼬여서 죽을 것 같은 느낌을 받게 된다. 그래도 계기판을 믿어야 살 수 있다.

우리도 가망고객을 발굴할 때 '버티고'에 들어갈 수 있다. 가망고객을 '계약할 사람'으로 착각하는 것이다. 이때는 조종사가 비행 계기판만을 믿어야 살 수 있듯이 가망고객을 이성적 판단 기준인 '전화할 사람'으로 믿고 행동해야 '오늘은 누굴 만나지?'를 해결할 수 있다.

이것만은 꼭 기억하세요!

Chapter 1. 가망고객! 누구라고 생각하나요?

가망고객이 누군지를 생각할 때 '계약가능성'을 가장 먼저 염두에 두고 생각하게 되면 가망고객의 절대적인 숫자를 늘릴 수 없을 뿐 아니라 지속적으로 발굴을 할 수 없게 되며 매번 쫓기면서 가망고객을 발굴하게 되어 '오늘 누굴 만나지?'의 첫 번째 단추인 가망고객이 많지 않다는 생각을 하게 되는 것을 반드시 기억해야 한다.

Chapter 2. 가망고객! 너는 진짜 누구니?

청계천을 한 번에 건너뛰려고 하는 것처럼 가망고객도 계약까지 갈 수 있는 사람을 찾으려고 하면 가망고객을 찾기 쉽지 않은 결과를 만들게 된다. 따라서 가망고객의 숫자를 늘리기 위해서는 가망고객의 결정 기준을 '계약가능성'에 국한되어 있던 것을 '전화할 수 있는 사람'으로까지 확장시켜야 한다. 이를 위해서는 가슴이 하는 말을 따르는 것이 아닌 머리가 하는 말을 반드시 따라야 한다.

Chapter 3. 가망고객 발굴은 무엇일까요?

가망고객은 '전화할 수 있는 사람'을 의미하고 '가망고객 발굴은 '전화할 수 있는 사람의 이름을 적는 것'이라는 행동으로 정의할 수 있다. 하지만 가망고객 발굴 과정에서 이후 단계인 전화할 때나 만날 때, 계약 등의 모든 과정을 한 번에 다 생각해서 계약가능성이 있는 사람만 적으려고 하는 오류를 범하게 될 수 있게 되는데 이때 가망고객 발굴은 '전화할 수 있는 사람을 적는 것' 그 이상 그 이하도 아님을 꼭 기억해야 한다.

3부 작성

> 오늘은 누굴 만나지?

CHAPTER 1 ── 가망고객! 어떻게 써야 할까요?
CHAPTER 2 ── 가망고객! 모두 똑같을까요?
CHAPTER 3 ── 가망고객! 어떻게 만날 계획을 세울까요?
CHAPTER 4 ── 가망고객! 작성을 위한 통찰

"여보세요?" (여보! 지금 응급실인데 승수가 장염이래!)
'이제 막 돌이 지난 애가 장염이라니!' 급하게 병원으로 달려갔다.
"뭘 잘못 먹었길래?" (우유를 먹였더니 애가 토하고 난리네.)
"아니~ 아무리 아이를 처음 키워도 아이한테 우유를 먹이면
 어떻게 해? 분유를 먹여야지? 생각이 있는 거야?"
 (분유가 있어야 먹이지?)
"분유가 떨어졌으면 사서 먹이면 되지? 그렇다고 우유를?"
 (돈이 있어야지?)
"돈이 없으면 카드로 사면 되지. 그렇다고 우유를?"
 (카드가 돼야 사지?)

앗! 최근에 보험영업이 안 된다는 이유로 몇 달째 생활비를 못 갖다 주었던 것이다. 소위 말하는 분유 살 돈도 없는 상황이었던 것이다. '결혼하면 내가 직접 모는 비행기 태워서 세계여행시켜 주고 싶었는데… 조종사 그만두고 보험영업한다고 나 한번 믿어 보라고 했는데…'
 너무 쪽팔린다. 그리고 정신이 번쩍 났다. 꼭지가 도는 듯했다.

서둘러 병원비를 계산하고 아이를 집에 데려다주고 나서 곧장 다시 사무실로 출근했다. 사무실로 오는 차 안에서 스스로에게 백 번도 더 다짐했다. 죽어라 보험영업해서 돈 많이 벌자고! 이런 일은 다시 없도록 하자고!

심기일전해서 영업을 하려고 보니 사람 이름을 적어야 했다. 그런데…

사람 이름이 안 써진다. 쓸 사람이 나타나지 않는다. 또, 한번 써 볼까라고 생각되는 사람이 나타나도 쓸까 말까 자꾸 망설여진다.
'미친놈아! 지금 사람 고르고 있을 때니? 그만큼 한가하니? 아이 분유 살 돈도 없는 놈이!'
그렇다! 이 상황에도 나는 사람을 고르고 있었던 거다. 나는 가망고객의 이름을 쓰지 못하고 있었던 거다. 영업은 이런 것이다.

CHAPTER **1**

가망고객!
어떻게 써야 할까요?

가망고객 이름 쓰기!

이제까지는 '오늘은 누굴 만나지?'를 해결하기 위한 '가망고객의 기준'과 '가망고객 발굴'이 무엇인지를 알아보았다. 지금까지의 내용을 잘 이해했다면 '나에게도 가망고객이 많이 있을 수 있겠구나'라고 생각의 변화가 있었을 것이다. 하지만 이렇게 생각이 달라졌다고 해도 막상 가망고객을 발굴하는 것이 생각처럼 쉽지만은 않다는 것도 알게 되었을 것이다.

또 한 가지 더 생각해 봐야 할 것은 이 책을 읽고 있는 지금 나의 가망고객 수는 이전에 비해서 한 명도 늘지 않았다는 사실이다. 왜냐하면 책을 읽고 나의 생각이 바뀌고, 해보고 싶은 마음이 들어도 가망고객 이름을 쓰지 않으면 아무 일도 일어나지 않기 때문이다.

그럼 이제부터는 자신의 가망고객의 명단을 작성해 보도록 하자.

그러기에 앞서 반드시 지켜야 할 것이 하나 있는데, 이제부터는 책 읽는 속도를 좀 늦추고 제시하는 예시들을 직접 행동으로 옮기는 것이다.

왜냐하면 앞으로 나올 내용들은 실제 가망고객 명단을 확보하기 위한 구체적 방법을 제시하는 것인데, 이를 직접 행동하지 않고 눈으로만 보게 되면 내가 원하는 가망고객의 명단은 결코 확보할 수 없기 때문이다.

'가망고객 작성'이라는 것은 가망고객 발굴 즉, '전화할 수 있는 사람의 이름을 적는 것'의 개념을 행동으로 옮기는 것으로 FP가 가지고 있는 가망고객의 이름이 존재할 수 있는 핸드폰 연락처나 카톡, 명함, 명부 등에서 가망고객의 정의에 맞는 사람의 이름을 쓰는 것을 말한다.

한편으로 생각해 보면 자신의 핸드폰에 있는 사람의 이름을 쓰는 것처럼 쉬운 일은 없다. 그 이유는 이 책을 읽는 FP 중에서 글을 쓰지 못하는 사람은 한 명도 없기 때문이다. 하지만 보험영업을 위해 가망고객의 이름을 쓰는 것은 의외로 어려울 수 있다. 왜냐하면 펜을 들고 자신의 핸드폰에서 가망고객의 이름을 쓰기 위해서는 반드시 두 개의 무게를 감당할 수 있는 힘이 필요하기 때문이다.

그중 하나는 이름을 쓰는 펜의 물리적 무게를 감당할 수 있는 힘이다.

이 힘은 누구나 있기 때문에 전혀 가망고객의 이름을 쓰는 데 문제가 되지 않을 것이다. 하지만 문제는 이름을 쓰는 펜의 감정적 무게를 감당할 수 있는 힘이다. 펜의 무게가 아무리 가벼워도 펜을 드는 FP가 이름을 쓰는 대상에 대해 쓸까 말까 망설여지는 감정을 가지고 있을 경우 펜을 들고 이름을 쓸 수 있는 힘이 생기지 않을 수 있기 때문이다.

아마도 이제부터 가망고객의 명단을 작성할 때 두 가지 사이에서 고민을 하게 될 것이다. 하나는 '전화할 수 있는 사람'을 가망고객의 기준으로 삼고 이름을 쓰려고 하는 생각과, 하나는 '계약할 가능성이 있는 사람'을 기준으로 삼고 이름을 쓰려는 것이 반드시 충돌하게 될 것이다.

'가망고객 이름을 써 봐야지!'라는 생각을 한 뒤 핸드폰을 열고 사람의 이름을 볼 때 분명 머리는 '전화할 수 있는 사람이니까 이름을 써야지!'라고 얘기하지만 마음은 '어차피 이름을 써도 계약할 것 같지도 않고 또 전화하지 못할 것 같은데 쓸 필요가 있을까?'라고 얘기를 해서 손이 이름을 쓰려고 하는 것을 방해하는 경험을 너무나도 쉽게 해봤을 것이다.

하지만 이렇게 생각과 행동이 일치하지 않을 때 무언가 내가 잘못하고 있는 것이라는 생각을 할 필요가 없다. 생각이 바뀌었는데 행동으로 연결되지 못하는 것은 잘못된 것이 아니라 아주 자연스러운 현상이라 할 수 있다. 그 이유는 감정을 가지고 있는 사람이기 때문에 생각하는 것과 행동을 따로 하게 되는 현상이 나타날 수 있기 때문이다.

따라서 사람의 이름을 쓸지 말지 고민이 되는 순간 '내가 지금 감정적 판단으로 쓸지 말지를 고민하고 있구나'라고 스스로를 객관적으로 바라보는 것이다. 그리고 이름을 적고 전화는 못하더라도 이름은 써보자라는 마음으로 가망고객의 이름을 써 보는 것이다. 왜냐하면 가망고객의 이름을 쓰는 순간이 '오늘은 누굴 만나지?'가 해결되는 순간이기 때문이다.

 ## 골라 쓰기 vs 쓰고 고르기

가망고객의 명단을 작성할 때 가장 걸림돌이 되는 감정적 판단의 방해에서 벗어나기 위해서는 어떻게 해야 할까? 그 해답은 바로 가망고객의 명단을 작성하는 방법을 변화시키는 것이다.

가망고객의 명단을 작성하는 방법은 크게 두 가지로 나누어 볼 수 있다. 한 가지 방법은 '선택 후 작성' 즉, 고른 뒤 쓰는 방법과 또 하나는 '작성 후 선택' 즉, 쓰고 고르는 방법이 있다. FP는 두 가지 방법 중에 하나를 선택하여 가망고객의 명단을 작성하게 되는데 어떤 방법을 사용하느냐에 따라서 실제 작성된 가망고객 수에는 아주 큰 차이가 난다.

먼저 '선택 후 작성'하는 방법을 살펴보면 이 방법은 자신이 가망고객의 기준에 맞는다고 생각한 사람을 먼저 선택한 후 그 사람의 이름을 쓰는 것을 말한다.

예를 들어 핸드폰의 연락처나 카톡 등 이미 명단이 있는 매개체를 통해 가망고객의 명단을 작성하는 경우를 생각해 보자.
우선 '가망고객을 한번 써 봐야지'라고 마음먹게 되었을 때 FP는 자신의 핸드폰을 펴고 연락처에 들어갈 것이다. 그리고 연락처에 있는 사람들의 이름을 한 명 한 명 읽어 가면서 보게 될 것인데 여기에는 친한 사람도 있을 것이고 자주 연락했던 사람도 있을 것이고 그 반대의 사람도 있을 것이다. 심지어는 누군지 모르는 사람도 있을 것이다.

그러면서 하나의 이름에 멈춰서 생각하게 될 것이다. 이 사람은 나와 얼마나 친한 사람인지 얼마나 자주 연락했던 사람인지에 대한 관계도 생각하고 이 사람의 지금 경제적 상황은 어떤지도 생각하고 또 이 사람의 성향도 생각하게 될 것이다.

이러한 과정을 거치게 되면 머리로 생각하는 것과 마찬가지로 가망고객의 기준을 어떻게 정했든지 상관없이 이름을 써야 할지 말지를 고민하게 될 것이다. 그렇게 되면 결국 연락처에 있는 사람 중에 골라서 가망고객의 이름을 모두 작성하게 될 가능성이 높아져서 쓸 수 있는 이름은 제한적일 수밖에 없게 되는 것이다.

결론적으로 머리에서 찾아서 가망고객의 이름을 쓰든지 아니면 핸드폰의 연락처를 보면서 이름을 쓰든지 '선택 후 작성' 즉, 사람들 중에 골라서 가망고객의 명단을 쓰는 방법을 사용하게 되면 쓰려는 사람에 대해서 FP의 감정이 개입될 가능성이 커질 수밖에 없게 되고, 그러다 보면 FP가 가지고 있는 가망고객의 기준에 맞는 모든 사람의 이름을 쓰지 못하는 결과로 이어지게 되는 것이다.

한편 '작성 후 선택'하는 방법을 살펴보면 이 방법은 가망고객의 기준에 맞는지 여부와 상관없이 먼저 연락처에 있는 이름을 쓰고 그 이후에 가망고객인지 아닌지를 판단하는 것을 말한다.

FP가 이 방법을 가망고객의 명단을 작성하는 방법으로 사용하면 누구를 쓸지를 머리로 먼저 생각하는 것이 아니라 가망고객이 있을 가능성이 있는 핸드폰 연락처나 카톡 등과 같은 다양한 매체에 있는 모든 연락처를 가망고객의 기준과 상관없이 그대로 작성하게 될 것이다. 그리고 작성된 명단에서 가망고객의 조건에 맞는 사람과 그렇지 않은 사람을 분리해서 조건에 맞지 않는 사람만을 제외시키는 것이다.

이러한 '작성 후 선택'의 방법을 사용하게 되면 가망고객의 명단을 작성할 때 나타날 수 있는 감정적인 판단에 의한 가망고객 명단을 쓸지 말지의 고민을 하지 않을 수 있게 되고 그 결과 대량의 가망고객의 명단을 확보할 수 있게 된다.

그럼 우리는 지금까지 '선택 후 작성'과 '작성 후 선택' 방법 중 어떤 방법을 사용해서 가망고객의 명단을 작성해 왔을까?
대부분의 FP는 '선택 후 작성' 즉, 골라서 쓰는 방법을 사용하였을 것이고 그 결과 가망고객의 명단 작성에 어려움을 많이 겪었을 것이다. 하지만 더 중요한 것은 어떤 방법을 사용하느냐가 아니다. 어떤 방법이 나의 가망고객 수를 더 늘릴 수 있는 방법인지가 중요하고, 어떤 방법이 지속적으로 가망고객의 명단을 작성할 수 있게 하여 '오늘은 누굴 만나지?'를 해결할 수 있는 가장 좋은 방법인지가 더 중요한 것이다.

3단계 가망고객 작성 방법

이제 '작성 후 선택' 방법이 최대한 많은 가망고객 명단을 쓸 수 있는 가장 좋은 방법이라는 것을 알게 되었을 것이다. 그런데 '작성 후 선택' 방법으로 가망고객의 명단을 작성하기 위해서는 '선택 후 작성' 방법을 사용해서 가망고객 명단을 작성할 때 나타날 수 있는 오류를 최소화하기 위해 반드시 '복사', '판별', '이유'의 3단계 과정을 거쳐야 한다. 이 과정은 결코 어려운 것은 아니지만 귀찮고 시간이 걸린다. 하지만 가망고객을 확보하기 위한 기초체력을 쌓기 위해서는 반드시 필요하다.

첫 번째 단계는 '복사'이다.

'복사'라는 것은 말 그대로 핸드폰에 있는 연락처, 카톡에 있는 연락처 등의 이름을 똑같이 옮겨 적는 것을 말한다. 복사기가 문서를 복사할 때 스스로 판단해서 필요 없을 것 같은 글씨는 빼먹고 복사하지 않는 것처럼 FP도 핸드폰의 연락처 등을 '복사'할 때 스스로의 판단에 의해서 이름을 빼먹지 않아야 한다. 핸드폰의 연락처나 카톡을 그대로 복사하는 방법을 사용하는 목적은 이제까지 써왔던 '선택 후 작성' 방법의 사용으로 인한 실제 가망고객의 명단을 빼먹고 쓰는 오류를 개선하기 위한 것이다.

그럼 실제 핸드폰의 연락처를 보면서 어떻게 '복사'하는지 살펴보자.

순번	복사	판별	이유
1	가가이드		
2	강남구청		
3	강상훈		
4	강재원		
5	권민석		
6	김밥천국		
7	김재숙 FP		
8	김포공항고객센터		
9	김흥선		
10	김화란(둘째 학교)		

위 핸드폰 연락처에는 10개의 연락처가 있다. 핸드폰에 있는 연락처를 '복사'한다는 것은 연락처를 모두 그대로 쓰는 것을 의미한다.

여기서 '복사'한다는 것의 의미는 좌측의 연락처에서 '강상훈', '강재원' 등과 같은 사람의 연락처도 쓴다는 것이고 '가가이드', '강남구청'과 같은 사람이 아닌 연락처도 쓴다는 것을 의미한다.

그렇다면 사람의 연락처를 쓰는 것은 이해가 될 텐데 사람이 아닌 연락처까지 굳이 써야 하냐는 의문점이 생길 것이다. 10개의 연락처 중에 사람이 아닌 연락처는 총 4개가 있고 이 연락처들은 영업을 하기 위해 전화를 할 수 있는 가망고객이 아니기 때문에 사실 '복사'해서 쓰지 않아도 전혀 문제가 되지는 않는 것처럼 보일 수 있다. 하지만 사람이 아닌 연락처를 빼고 작성했을 경우 핸드폰의 연락처에서 가망고객의 명단 모두를 작성하지 못하는 결정적 원인이 될 수 있게 된다. 왜냐하면 '사람이 아닌 연락처'를 빼먹고 작성하는 것은 '선택 후 작성' 방법을 사용하는 것이기 때문에 감정적 판단에 영향을 받았을 가능성이 높기 때문이다.

예를 들어 처음에는 사람이 아닌 연락처를 보면서 '어차피 이름을 적어도 전화도 할 수 없는데!'라는 마음이 들어 연락처를 적지 않게 될 것이다. 이렇게 사람이 아닌 연락처를 하나하나 적지 않고 넘어가다 보면, 이제 사람이긴 한데 누군지 잘 모르는 사람이 나타났을 때 '이 사람은 도대체 누구지? 누군지도 모르는데 어떻게 전화를 할 수 있겠어?'라는 생각이 들게 되어 이름을 적지 않게 될 것이다. 그렇게 사람이 아닌 연락처를 빼먹고 작성하다가 사람의 이름도 한 명 두 명 빼먹기 시작하게 된다.

이렇게 사람이 아닌 연락처를 빼먹고 사람의 연락처도 빼먹기 시작하면 그다음은 '오랫동안 연락 안 했던 사람'이나 '친하지 않고 이름만 아는 정도의 사람'의 이름을 쓰지 않게 될 것이다. 이렇게 이름을 쓰다 보면 '연락하기 미안한 사람', '보험한다고 얘기하기 껄끄러운 사람', '영업하기 불편한 사람', '영업으로 전화하기 싫은 사람'들의 이름도 적지 않는 빈도가 점점 늘어날 것이다. 그러다 보면 어느 순간 자신이 연락처에 있는 사람을 골라 적고 있다는 사실을 알게 될 것이다. 그러면서 '어차피 전화도 못할 것 같고, 전화하기도 어려운 사람들인데…'라고 스스로를 위로하면서 당장 영업으로 전화를 할 수 있다고 생각하는 사람만 적다가 그 수도 적어지면 결국 '굳이 이렇게 번거로운 일을 해야 하나, 계약할 사람들만 적으면 되지.'라고 생각하면서 점점 '선택 후 작성' 방법으로 되돌아가게 된다. 사람이 아닌 하나의 연락처 하나를 쓰지 않은 것뿐인데 결과는 엄청난 나비효과가 되어 가망고객 발굴 전체에 영향을 미칠 수 있게 되는 것이다.

반면에 핸드폰에 있는 연락처를 '작성 후 선택', 즉 일단 연락처 중에서 한 개도 빼먹지 않고 모두 작성하는 방법을 사용하면 어떻게 될까?

핸드폰에 있는 모든 연락처를 적었다고 당장에 크게 변하는 것은 아무것도 없을 것이다. 사람이 아닌 연락처를 적고 누군지 모르는 사람의 연락처를 적었다고 당장 전화를 할 수 있는 것도 아니고 만날 사람이 늘어나지도 않을 것이다. 아무런 변화가 없는 것이다. 하지만 작성하는 수가 점점 늘어날수록 핸드폰의 연락처를 보는 시각이 점점 달라지게 된다.

핸드폰에 있는 연락처를 볼 때 연락처 그 이상으로 생각하지 않고 연락처에 감정을 실으려고 하지 않게 되는 것을 경험하게 된다. 또 보여지는 연락처를 통해 '아~ 이 사람도 있었네. 내가 그냥 지나치고 있었던 사람이네!'라는 이제까지 기억하지 못했던 새로운 사람을 발견할 수도 있고 또 연락처를 보면서 '아~ 이 사람은 영업을 해도 될 것 같은 사람인데 잊고 있었네!'라는 생각이 드는 사람이 나타날 수도 있고, '이 사람은 당장에 전화를 해 봐야겠네'라고 생각되는 사람도 나타날 것이다.

결론적으로 이런 과정을 거치면서 한 번에는 아니지만 가망고객 수가 점점 늘고 있다는 생각이 들게 될 것이고 점점 편하게 연락처를 복사할 수 있게 되는 것이다. 가망고객의 이름을 작성하는 단계에서 '작성 후 선택'과 '선택 후 작성' 중 어느 것을 사용해도 처음에는 별 차이가 없어 보이지만 어떤 것을 사용하느냐에 따라서 '오늘은 누굴 만나지?'의 가장 첫 번째 허들을 넘을 수 있느냐 없느냐의 성패가 달려 있다고 할 수 있다.

두 번째 단계는 '판별'이다.

핸드폰의 연락처 등을 그대로 복사하여 작성된 명단은 아직은 모두 가망고객이라고 할 수는 없는데, 그 이유는 작성된 명단에는 가망고객이 아닌 명단도 있을 수 있기 때문이다. 따라서 작성된 명단은 가망고객과 그렇지 않은 사람을 '판별'하는 과정을 거쳐야 하는데 이를 통해서 작성된 명단 중에서 몇 명이 가망고객인지 그 수를 파악할 수 있게 된다.

작성된 연락처가 가망고객인지 아닌지를 판별하는 방법은 2부에서 다루었던 가망고객인지 아닌지를 묻는 4가지 질문 즉, 영업으로 전화를 했을 때 만나도, 안 만나도, 전화를 안 받아도, 전화를 못해도 중에 하나라도 해당된다면 'O' 표시를 하고 그렇지 않은 연락처에는 'X'를 하면 된다.

그럼 실제 작성된 연락처를 보면서 어떻게 '판별'을 하는지 살펴보자.

순번	복사	판별
1	가가이드	X
2	강남구청	X
3	강상훈	O
4	강재원	X
5	권민석	X
6	김밥천국	X
7	김재숙 FP	X
8	김포공항고객센터	X
9	김흥선	O
10	김화란(둘째 학교)	X

좌측에 있는 양식은 핸드폰에 있는 연락처를 한 명도 빠짐없이 그대로 작성한 후 개별 연락처에 대해 가망고객인지 아닌지를 판별한 결과이다.

우선 사람이 아닌 연락처 즉, '가가이드', '강남구청', '김밥천국', '김포공항고객센터'는 전화를 할 수 없는 연락처이기 때문에 'X' 표시를 했다는 것을 알 수 있다. 그리고 나머지 사람의 이름으로 보이는 연락처 중 '김재숙 FP'라는 연락처는 'X'로 표시했는데 그 이유는 설계사라서 'X' 표시를 한 것으로 판단된다. 하지만 주목해야 할 것은 '강재원', '권민석', '김화란(둘째 학교)와 같이 'X'표시를 한 사람이다. 분명 사람이라 판단되는데 'X'를 쳤다는 것은 가망고객이 아니라고 판단한 것인데, 가망고객이 아닌 이유가 분명하면 문제가 없겠지만 그렇지 않은 경우라면 FP의 감정이 개입되어서 'O'로 표시하지 못한 것이라 판단할 수 있다.

작성된 연락처에 'O'와 'X'를 표시하는 것은 어렵지 않은 일이지만 만약 감정적 판단에 의해서 'X' 표시를 하는 과정이 반복되면 결국에는 어떤 결과를 만들게 될까? 사례에서처럼 10명 중에 3명을 잘못 판별한다 치면, 연락처가 100개라면 그중에 30명, 500개라면 그중에 150명이라는 엄청난 차이를 보이게 된다. 이렇게 가망고객을 잘못 판별하게 되면 똑같은 연락처가 있어도 발굴되는 가망고객 수에는 큰 차이가 나게 되고, 더 중요한 것은 가망고객을 정확히 판별하지 못하는 이유가 주관적 판단과 감정의 개입 때문이라면 가망고객 발굴을 지속적으로 할 수 없게 된다는 것이다.

결론적으로 연락처를 그대로 쓰는 첫 번째 허들을 넘어도 두 번째 허들을 넘지 못하면 가망고객의 명단은 확보할 수 없게 되는 것이다. 만약 누군가에게 전화가 왔을 때 내가 영업을 절대 할 수 없는 사람을 제외하고는 모두 가망고객 즉, 'O'로 표시해야 하는 것이다.

다음은 세 번째 단계인 '이유'에 대한 설명이다.

두 번째 판별 단계에서 'X' 표시를 한 연락처에 있는 사람 중에는 가망고객이 한 명도 없을까? 실제로는 가망고객인데도 불구하고 가망고객이 아니라고 'X' 표시를 한 연락처가 있을 수 있다. 이렇게 실제로는 가망고객인데 'X' 표시를 한 사람을 끝까지 확인하지 않을 경우 점점 'X' 표시를 하는 사람이 많아지게 된다. 그러다 보면 첫 번째 '복사'하는 단계는 잘 넘어갔다 하더라도 두 번째 '판별'하는 단계에서 '선택 후 작성'을 사용하게 되어 다시 원점으로 돌아가 가망고객 수를 늘릴 수 없는 결과로 이어지게 된다. 따라서 FP는 가망고객 판별 과정에서 'X' 표시가 되어 있는 연락처를 왜 'X' 표시를 했는지에 대한 이유를 반드시 기재해야 한다. 그래야 진짜 가망고객이 아니어서 'X' 표시를 했는지 가망고객인데 잘못 판별해서 'X' 표시를 했는지를 알 수 있게 된다.

그럼 실제 작성된 연락처를 보면서 어떻게 '판별'을 하는지 살펴보자.

순번	복사	판별	이유
1	가가이드	X	
2	강남구청	X	
3	강상훈	O	
4	강재원	X	고등학교 동창인데 연락한 지 10년 이상 됨
5	권민석	X	동호회 회원인데 얼굴만 알고 지내고 있음
6	김밥천국	X	
7	김재숙 FP	X	
8	김포공항고객센터	X	
9	김흥선	O	
10	김화란(둘째 학교)	X	둘째 아이 같은 반 친구의 엄마

예를 들어 강재원이란 이름을 보면 'X' 표시가 되어 있고 그 이유를 보면 '고등학교 동창인데 연락한 지 10년 이상 됨'이라고 되어 있다. 그렇다면 FP는 강재원이라 사람을 왜 가망고객이 아니라고 판단한 것일까?

FP가 강재원이라는 사람을 가망고객이 아니라고 판별한 이유는 연락한 지 너무 오래되어서 영업한다는 것을 알리는 것도 불편하고 또 영업으로 전화하면 어떻게 생각할까에 대한 부분도 고민되고 더욱 중요한 것은 전화할 용기가 나지 않아서 'X' 표시를 했을 것이다.

그렇다면 이 FP는 연락한 지 오래된 사람에 대해서 모두 'X' 표시를 할 가능성이 높아질 것이고 이런 과정을 거치게 된다면 가망고객 수는 얼마나 줄어들까? 아마도 30% 이상 줄어들지 모른다. 하나의 이름을 잘못 판별한 결과로 가망고객 수가 급격히 줄 수도 있다는 얘기인 것이다.

핸드폰에 있는 명단을 작성할 때 아무리 감정을 배제하고 이성적인 판단으로 모든 연락처를 그대로 복사했다고 하더라도 가망고객을 판별하는 과정에서 감정적 판단이 개입되었다면 가망고객인지 아닌지를 정확히 판별해 낼 수 없게 되지만 그 이유를 쓰다 보면 왜 가망고객이 아니라고 생각하는지까지도 정확하게 알 수 있게 된다.

결론적으로 가망고객 이름 하나를 얻기 위해서는 '작성 - 판별 - 이유'까지의 3단계 허들을 넘어야만 비로소 결과를 얻을 수 있게 된다.
이 과정에서 어느 단계이든지 FP의 감정이 개입되어 '선택 후 작성'을 하려는 마음이 드는 순간 온전한 가망고객 명단을 작성하지 못하게 된다는 것을 꼭 기억해야 한다.

나의 핸드폰을 열어 보자

이제까지는 가망고객의 명단을 어떻게 확보하는지에 대한 구체적인 방법에 대해 알아보았다. 이를 통해 아직까지 가망고객은 한 명도 늘지 않았지만 마음속에 '저렇게 하면 가망고객이 늘어날 것 같은데!'라든지, '이제까지 활용하지 못했던 사람들을 많이 찾을 수 있겠는데'라는 긍정적인 소리가 들릴 수도 있다. 그러나 한편으로는 '맞아! 그런 감정 때문에 이제까지 가망고객을 쓰지 못했지만, 막상 쓴다고 뭐가 달라질까?'라는 부정적 소리도 들렸을 것이다. 하지만 중요한 것은 해보지 않고는 어떤 판단도 할 수 없는 것이고, 해보기 전까지는 내 생각이나 마음일 뿐이지 그것이 어떤 결과를 낳지는 않는다는 것이다.

　지금부터는 책을 읽는다고 생각하지 말고 가망고객을 발굴한다는 생각으로 안내하는 순서에 따라서 가망고객의 명단을 작성해 보도록 하자.

〈 준비 단계 〉
먼저 다음 장의 양식에 자신의 핸드폰을 열고 연락처나 카톡에 들어가서 등록된 연락처의 개수를 파악한 뒤 양식 위에 그 숫자를 크게 작성한다. 예를 들어 345명, 540명, 1,920명 등으로 표시하면 된다.

〈 1단계 연락처 복사하기 〉
먼저 연락처 중에서 'ㄱ'으로 시작하는 위치로 가서 'ㄱ'에 있는 연락처 20개를 그대로 복사한다. 이때 전화번호는 적지 말고 연락처 이름만 적는다. 단 연락처의 이름이 너무 길 경우 간략하게 줄여서 3~4자 정도로 적는다. 다 복사한 후 핸드폰에서 1번과 20번 연락처 사이에 몇 개의 연락처가 있는지 확인한다. 만약 1번과 20번 연락처 사이에 연락처 20개가 넘는다면 빼먹은 연락처가 있기 때문에 처음부터 다시 작성하고 한 개도 빠짐없이 쓸 때까지 반복한다.

〈 2단계 가망고객 판별하기 〉
작성된 연락처 중에서 가망고객 여부를 판별하는 단계이다. 작성된 명단을 하나하나 보면서 'O', 'X' 표시를 한다. 이때 O와 X의 구분은 앞에서 설명했던 4가지의 질문을 스스로에게 한 다음 표시하면 된다. O와 X 작업이 다 끝나고 나면 아랫부분에 O 표시를 한 사람 수와 X 표시를 한 사람 수를 기재한다. 예를 들어 O 15, X 5와 같은 식으로 표시하면 된다.

〈 3단계 이유 작성 〉

'X' 표시한 연락처에 대해서 'X' 표시한 이유를 기재하는 단계이다.

가망고객이 아니라고 판단한 이유를 보면서 전화를 못할 것 같아서 X 표시를 한 사람이나 전화를 하기 싫은 사람이나 전화를 하기 불편한 사람들은 X 표시를 O로 바꾸는 작업을 한다.

순번	복사	판별	이유
1			
2			
3			
4			
5			
6			
7			
8			
9			
10			
11			
12			
13			
14			
15			
16			
17			
18			
19			
20			

CHAPTER 2

가망고객! 모두 똑같을까요?

가망고객은 모두 똑같지 않다

이제까지 가망고객과 가망고객 발굴 개념을 이해하여 가망고객에 대한 생각을 전환하였고 실제 가망고객의 명단을 작성하는 방법을 통해서 행동의 전환을 통해 가시적으로 가망고객 수가 늘어나 '오늘은 누굴 만나지?'를 해결할 수 있는 희망도 조금 생겼을 것이다.

하지만 가망고객 명단만 작성했다고 모든 가망고객을 영업으로 바로 연결시킬 수는 없을 것이다. 왜냐하면 작성된 가망고객은 FP와 관계나 친숙정도가 모두 다르고 또 FP가 접근하려고 할 때의 심리도 너무나 다르기 때문에 똑같은 사람은 거의 없다고 할 수 있다. 하지만 가망고객에게 접근할 때마다 '그냥 바로 영업 전화를 해야 할까? 아니면 먼저 영업한다는 사실부터 알리고 그 다음에 천천히 접근해야 하나? 일단은 전화부터 해야 하나?' 등이 명확하게 정리되지 않으면 개별 가망고객에 대해 어떻게 접근해야 하는 지가 막연해질 수 있다. 또한 작성한 모든 가망고객에 대해 개별적으로 접근계획을 세우다 보면 시간도 많이 들고 기록하기도 힘들어져 많은 가망고객들에 적용시키기도 힘들어질 수 있다.

따라서 작성된 많은 가망고객의 특성에 맞는 효율적이고 체계적인 접근을 위해서는 작성된 가망고객을 분석하여 그룹화하는 것이 반드시 필요하다. 이를 통해 '오늘은 누굴 만나지?'를 해결하기 위해 필요한 중요한 목적들을 이룰 수 있다.

첫 번째는 가망고객을 위한 시간을 투자할 수 있게 된다.
작성된 가망고객 중에는 FP와 관계가 좋거나 친숙도가 높은 사람들은 분석이나 그룹화 없이도 바로 영업을 할 수 있을 것이다. 하지만 친하지 않거나 연락을 자주 하지 않았던 가망고객은 영업으로 접근하려고 하면 막연하기도 하고 선뜻 접근할 수 있다는 생각이 들지 않을 수 있다. 따라서 이러한 가망고객에 대해서는 다양한 요소를 분석하여 가망고객을 생각하는 시간을 가질 수 있게 되고 이를 통해 가망고객에 대한 구체적인 접근계획을 수립할 수 있는 기반을 만들 수 있게 된다.

두 번째는 가망고객과의 관계를 객관적으로 바라볼 수 있게 된다.
작성된 가망고객에 대한 접근계획을 세울 때 FP의 주관적인 관점은 감정적 측면이 많이 작용하게 될 가능성이 높다. 이 결과 영업으로 접근하려 할 때 '어떻게 접근하지?'에 대한 부담감이나 막연한 두려움 등의 감정이 생겨서 자신있는 접근뿐 아니라 많은 수의 가망고객에 대한 접근이 어려워질 수 있다. 하지만 가망고객 분석을 통한 그룹화 과정을 거치게 되면 가망고객의 상황이나 자신과의 관계 등을 객관적으로 볼 수 있게 되고 어떤 요인 때문에 접근하기 어렵고 부담스러운지를 구체적으로 파악하고 이에 대한 해결 방법을 찾을 수 있는 기반을 만들 수 있게 된다.

세 번째는 단기적으로 영업가능한 가망고객을 찾을 수 있게 된다.
아무리 가망고객 명단을 작성했다고 하더라도 '이 중에 누구한테 영업을 해야지?'라는 판단을 머릿속으로만 하게 되면 바로 영업할 수 있는 사람은 몇 명 찾아낼 수 있겠지만 영업가능한 가망고객의 절대적인 수를 늘리기는 쉽지 않을 수 있다. 하지만 작성된 가망고객을 한 명 한 명 분석하다 보면 이제까지 생각하지 못했던 사람이 떠오를 수도 있고 분석하는 과정에서 스스로 판단하기에 바로 영업을 해도 괜찮겠다 싶은 마음이 드는 가망고객도 나타날 수 있기 때문에 단기적으로는 영업가능한 가망고객 수를 증가시킬 수 있게 된다.

네 번째는 가망고객에 대한 체계적인 영업계획을 세울 수 있다.
작성된 가망고객은 개별적으로는 다양한 특성을 가지고 있고 상황도 다 다르지만 공통점을 지닌 부분도 있을 것이다. 그리고 한두 명의 가망고객이 아니라 수십 명, 수백 명의 가망고객에 대해 개별적으로 그것도 머리로 상상해서 접근계획을 수립하면 매우 혼란스럽기도 하고 절대적인 수 측면에서 불가능할 수도 있다. 하지만 가망고객 분석을 통한 그룹화를 하게 되면 공통점을 가지고 있는 가망고객에 대해 접근계획을 수립할 수 있게 되어 영업효율을 높일 수 있다.

결론적으로 이전까지의 과정은 절대적인 가망고객 수를 늘리는 데는 긍정적인 요소가 분명 있을 것이다. 하지만 이후 영업진입을 위한 구체적인 접근계획이 수립되지 않을 경우 영업까지 연결하는 데는 한계가 있을 수밖에 없다. 따라서 체계적이고 객관적인 가망고객의 분석을 통해 가망고객을 그룹화하는 과정은 영업으로 진입시킬 수 있는 가망고객 수를 증대시키기 위해 반드시 진행되어야 하는 것이라 할 수 있다.

가망고객 그룹화를 위해서는 무엇이 필요할까요?.

가망고객의 분석과 그룹화를 위해서는 다양한 요소가 필요한데 일반적으로 가망고객의 신상정보와 관련된 요소와 같은 불필요한 요소를 사용하는 것이 아니라 가망고객에 대한 접근계획 수립에 필요한 핵심 요소를 가지고 분류해야 하는데, 여기에는 세 가지 요소가 있다.

　첫 번째는 가망고객과의 관계와 친숙도를 판단하기 위한 객관적 요소이다.
　먼저 가망고객과의 관계를 판단하기 위한 척도는 가망고객과 얼마나 많은 접촉빈도를 가지고 있는지를 파악하면 되는데, '과거 1년간 접촉횟수'를 기준으로 삼으면 된다. 여기서 말하는 접촉횟수는 직접 얼굴을 본 적이 있다거나 전화나 문자 또는 카톡 등을 포함한 모든 요소를 말하고, 구분하는 방법은 '월 1회 이상', '분기 1회 이상', '반기, 1

회 이상', '1년에 한 번 이상', '1년 이상 연락 안 했다' 등으로 구분하면 된다.

그리고 가망고객과의 친숙도를 판단하기 위한 척도는 객관적으로 판단하기가 어려운 요소가 있지만 개인적으로 일대일로 함께 '밥 먹는 것'을 기준으로 삼으면 최대한 객관적으로 판단할 수 있다. 왜냐하면 우리나라 사회에서 일이 아닌 개인적으로 함께 식사를 하는 것은 친숙도를 평가할 수 있는 좋은 잣대이기 때문이다. 먼저 '과거에 함께 식사한 적이 있고 지금도 언제라도 식사를 함께할 수 있는 관계', '과거에는 함께 식사한 적은 없지만 현재는 언제라도 함께 식사를 할 수 있는 관계', '과거에 식사한 적이 없고 현재도 식사하기가 어려운 관계' 등으로 구분하면 된다.

두 번째는 FP가 생각하는 가망고객과의 영업적 관계를 파악하기 위한 주관적 요소이다.

이를 위한 판단 척도는 '만약 지금 당장 가망고객에게 영업을 위해 만나자고 전화를 한다고 했을 때' FP 마음속 생각 가지고 판단하면 알 수 있다. 이때 마음속에 거리낌이 전혀 없이 '편한 마음'이 드는 사람이 있을 수 있고, 그 반대로 절대 전화하지 못할 것 같은 '불편한 마음'이 드는 사람도 있을 것이다. 아니면 둘 사이에 있는 '애매한 사람'도 있을 것이다. 이러한 주관적인 요소는 오래 생각해서 되는 것이 아니라 가망고객의 이름을 보고 직관적으로 드는 생각으로 판단하는 것이 가장 좋다.

세 번째는 객관적 요소와 주관적 요소를 결합한 FP의 직관적 판단이다.

가망고객 그룹화는 앞에서 설명한 객관적 요소와 주관적 요소를 가지고 가망고객을 분석하여 최종적인 결정을 하게 되는데, 이 두 가지 요소를 결합하여 판단한다고 해도 충분치 않을 수 있다. 따라서 이 두 가지 요소를 토대로 최종 결정은 FP의 직관적 판단으로 하게 된다. 그런데 이를 위해서는 '지금 이 순간 가망고객에게 전화를 한다면 어떤 전화를 할 수 있을까?'를 생각해 본다면 가망고객에게 어떤 행동을 할 수 있는지를 판단할 수 있게 되고 그것이 그 가망고객의 최종 그룹이 되는 것이다.

이러한 분석 요소를 가지고 평가한 가망고객을 어떤 그룹으로 분류할 수 있는가가 중요한데. 총 5개 그룹으로 나누어 볼 수 있다.

첫 번째 그룹은 '지금 당장 영업전화를 할 수 있는 그룹'이고 두 번째 그룹은 '지금 당장 영업전화를 할 수는 없지만 영업을 한다는 얘기는 할 수 있는 그룹'이다. 세 번째 그룹은 '영업적으로 전화를 하지는 못할 것 같지만 안부전화는 할 수 있는 그룹'이고, 네 번째 그룹은 '영업적으로 전화도 못하고 안부전화도 못할 것 같지만 문자나 카톡 정도는 할 수 있다고 생각하는 그룹'이다. 마지막 다섯 번째 그룹은 이제까지 네 개의 그룹에 속하지 않았거나 이름만을 가지고는 누군지 잘 알지 못하는 그룹으로, 전화도 할 수 없다고 판단되는 가망고객을 말한다.

결론적으로 세 가지의 분석 요소를 기반으로 가망고객에 대한 분석을 진행하고 이를 통해 가망고객을 다섯 개 그룹으로 분류하게 되면 가망고객에 대한 접근계획을 수립할 수 있는 기초자료가 완성되는 것이다.

가망고객은 어떻게 분석해야 할까요?

지금부터는 가망고객에 대한 접근계획 수립을 위한 분석 및 그룹화 과정을 가망고객 발굴양식을 통해서 알아보도록 하자.

구분	연락처 명	판별	이유	접촉빈도	친숙도	전화심리	그룹
1	~~가가이드~~	X	친구 회사 상호				
2	가은영	O		3개월	중	보통	A
3	강영우	O		1개월	상	편한	A
4	~~남산 돈가스~~	X	한번 갔던 음식점				
5	남형훈	O		6개월	하	불편	B
6	도지용	X	친척인데 연락한지 10년 이상 지남	1년 이상	하	불편	C
7	민상훈	X	전직장 상사인데 이직 후 한번도 연락 않함	1년 이상	하	불편	D
8	박준원	O		3개월	상	보통	B
9	~~서영찬LP~~	X	같은 지점 LP				
10	이선영	X	누군지 모르겠는 사람	없음	하	불편	E

먼저 가망고객 분석을 통한 그룹화는 가망고객으로 판별된. 즉, 'O'로 표시된 사람에 대해서만 진행하고 'X' 표시를 한 연락처는 진행하지 않는다. 하지만 'X' 표시를 한 연락처에 분석과정을 진행할 수 있다면 이 연락처는 원래는 가망고객이지만 FP가 감정적인 판단으로 'X' 표시를 한 것일 가능성이 크기 때문에 판별을 'O'로 변경하고 분석과정을 진행하도록 해야 한다.

첫 번째 분석 요소인 접촉빈도는 가망고객과 얼마나 자주 연락을 하는지를 파악하기 위한 것이다. 과거 1년간의 접촉 횟수를 기준으로 하면 되는데, 예를 들어서 '월 1회', '분기 1회', '반기 1회', '연 1회' 등으로 자신이 알아볼 수 있도록 표시하면 된다.

두 번째 분석 요소인 친숙도는 가망고객과의 개인적인 친분관계를 파악하기 위한 것이다. 상, 중, 하 또는 A, B, C 등으로 표시하면 되는데 예를 들어 과거에 함께 식사한 적이 있고 지금도 언제라도 식사를 함께할 수 있는 관계는 '상'으로 표시하고 과거에는 함께 식사한 적은 없지만 언제라도 함께 식사를 할 수 있는 관계는 '중'으로 표시하고 과거에도 식사한 적이 없고 현재도 식사하기가 어려운 관계는 '하'와 같이 표시하면 된다.

세 번째 분석요소인 전화심리는 가망고객에게 지금 당장 영업을 하기 위해 전화를 한다고 가정했을 때 FP가 느끼는 심리적 감정을 파악하기 위한 것이다. 예를 들어 '아주 편한', '편한', '보통', '불편한', '매우 불편한'과 같은 형태로 표시하면 된다.

네 번째는 앞의 세 가지 분석 요소를 종합해서 FP가 가망고객의 그룹을 결정하는 것인데 앞부분에서 설명한 기준을 가지고 A, B, C, D, E 그룹으로 표시하면 된다.

그럼 이러한 분석 기준을 가지고 작성한 사례를 보면서 어떻게 가망고객을 분석하고 이를 통해서 최종적으로 어떻게 그룹화하는지를 살펴보자.

A 그룹. 바로 영업이 가능하다고 판단하는 가망고객

구분	연락처 명	판별	이유	접촉빈도	친숙도	전화심리	그룹
2	가은영	O		3개월	상	편한	A

접촉빈도
3개월에 한 번 정도 연락을 하거나 만나는 사람으로 그리 자주도, 그렇다고 연락을 안 하던 사람은 아니라고 판단해 볼 수 있다.

친숙도
과거에 개인적으로 식사한 적도 있고 언제라도 함께 식사할 수 있는 사람으로 편한 관계라고 생각하고 있다고 판단해 볼 수 있다.

전화심리
'편한'이라고 표시되어 있는데 영업으로 전화를 한다고 했을 때 아무런 불편함이 없는 상황이라고 판단해 볼 수 있다.

그룹
자주 볼 수 있기도 하고 개인적으로 친한 관계에 있는 사람으로 '학연'으로 연결된 친구나 선후배와 같은 사람으로 볼 수 있다.

'A' 그룹이라 결정한 것은 가망고객과의 관계형성이 잘 되어 있어서 바로 영업하는 데 별 어려움이 없을 것으로 판단하고 있다고 볼 수 있다.

B 그룹. 바로 영업은 힘들 것 같지만 영업한다는 얘기는 가능한 가망고객

구분	연락처 명	판별	이유	접촉빈도	친숙도	전화심리	그룹
5	남영훈	O		5개월	중	보통	B

접촉빈도

6개월에 한 번 정도 연락을 하거나 만나는 사람으로 자주 연락을 하고 사는 사람은 아니라고 판단해 볼 수 있다.

친숙도

과거에 식사한 적은 없지만 현재 개인적으로 식사하는 것은 어렵다고 생각하지 않는 사람으로 판단해 볼 수 있다.

전화심리

보통이라 표시되어 있는데 친숙도가 '중'이기 때문에 영업적 전화에 대해서 불편한 감정을 가지고 있지는 않다고 판단해 볼 수 있다.

그룹

알기는 하고 연락은 가능하지만 개인적으로 아주 친하지 않은 관계에 있는 사람으로 전 직장 거래처와 같은 사람으로 볼 수 있다.

'B' 그룹이라 결정한 것은 어느 정도 관계나 친숙도가 있지만 바로 영업은 어렵지만 영업한다는 얘기 정도는 할 수 있는 관계 정도라고 판단하고 있다고 볼 수 있다.

C 그룹. 영업한다는 얘기는 못할 것 같지만 안부전화는 가능한 가망고객

구분	연락처 명	판별	이유	접촉빈도	친숙도	전화심리	그룹
6	도지용	O		1년이상	중	불편	C

접촉빈도
1년 이상 연락을 안 했던 사람으로 연락을 거의 하지 않고 사는 사람이라고 판단해 볼 수 있다.

친숙도
과거에 식사한 적은 없지만 현재는 개인적으로 식사하는 것이 어렵지 않다고 생각하는 사람으로 판단해 볼 수 있다.

전화심리
불편이라 표시되어 있는데 친숙도가 '중'이기는 하지만 영업적 전화에 대해서 불편한 감정을 가지고 있다고 판단해 볼 수 있다.

그룹
알기는 하는 사람이지만 살면서 정기적으로 연락은 하지 않는 사람으로 전 직장 동료나 연락하고 살지 않는 친척과 같은 사람으로 볼 수 있다.

'C' 그룹이라 결정한 것은 알고 지내는 사이이긴 하지만 이제까지 관계를 고려했을 때 영업하는 얘기를 하는 것은 어렵다고 생각하고 있지만 안부전화 정도는 할 수 있는 관계라고 판단하고 있다고 볼 수 있다.

D 그룹. 안부전화는 못 할 것 같지만 안부 문자는 보낼 수 있는 가망고객

구분	연락처 명	판별	이유	접촉빈도	친숙도	전화심리	그룹
7	민상훈	O		1년이상	하	불편	D

접촉빈도

1년 이상 연락을 안 했던 사람으로 연락을 거의 하지 않고 사는 사람이라고 판단해 볼 수 있다.

친숙도

과거에 식사한 적도 없고 현재도 개인적으로 식사하는 것은 어렵다고 생각하는 사람으로 판단해 볼 수 있다.

전화심리

불편이라 표시되어 있는데 친숙도가 '하'이기 때문에 영업적 전화에 대해서 불편한 감정을 가지고 있다고 판단해 볼 수 있다.

그룹

한때 알기는 했던 사람이지만 연락을 거의 하지 않은 사람으로 사회생활 중 이름과 얼굴 정도는 알고 지낸 사람으로 볼 수 있다.

'D' 그룹이라 결정한 것은 알기는 하지만 이제까지 관계를 고려했을 때 영업하는 얘기를 하는 것뿐 아니라 전화도 힘들어하는 사람이라고 판단하고 있다고 볼 수 있다.

E 그룹. A~D 그룹에 속하지 않거나 누군지 잘 알지 못하는 가망고객

구분	연락처명	판별	이유	접촉빈도	친숙도	전화심리	그룹
10	이선영	O	누군지 모르겠는 사람	없음	하	불편	E

접촉빈도

언제 연락했는지 모르거나 연락한 기록이 없는 사람이라고 판단해 볼 수 있다.

친숙도

과거에 식사한 적도 없고 현재도 개인적으로 식사하는 것은 어렵다고 생각하는 사람으로 판단해 볼 수 있다.

전화심리

불편이라 표시되어 있는데 아예 모르거나 기억하지 못하는 사람으로 영업적 전화에 대해서 전혀 생각하지 않고 있다고 판단해 볼 수 있다.

그룹

살면서 어떤 일로 이름만을 교환하거나 한 번의 만남은 있었지만 그 이후 아무런 관계를 맺을 만한 일이 없었던 사람으로 사회생활 중에 한 번 거래를 했거나 내가 아는 사람과 한 번 같이 만났던 사람으로 볼 수 있다.

'E' 그룹이라 결정한 것은 가망고객으로 표시했을 뿐 전화하는 것 자체를 힘들어하는 사람이라고 판단하고 있다고 볼 수 있다.

나의 핸드폰을 열어 보자

구분	연락처 명	판별	이유	접촉빈도	친숙도	전화심리	그룹
1							
2							
3							
4							
5							
6							
7							
8							
9							
10							
11							
12							
13							
14							
15							
16							
17							
18							
19							
20							

　자신의 핸드폰을 열고 20개 연락처를 대상으로 명단을 작성하는 것부터 분석하여 그룹화하는 단계까지 진행해 보도록 하자.

　그리고 접촉빈도, 친숙도, 전화심리를 기록하고 최종적으로 가망고객으로 판별된 사람에 대해 A~E까지 그룹화를 진행한다.

CHAPTER **3**

가망고객! 어떻게 만날 계획을 세울까요?

준비된 FP가 가망고객을 만날 수 있다

이제까지 Chapter 1, 2에서 가망고객의 명단을 작성하고 이에 대한 분석 과정을 통해 가망고객을 5개 그룹으로 분류하는 단계까지 진행했다.

그럼 이제 '오늘은 누굴 만나지?'를 해결하기 위한 사전작업은 되었으니 다음은 준비된 가망고객에게 전화를 걸어서 영업으로 진입을 시도하는 단계로 넘어가야 한다.

하지만 작성된 모든 가망고객에게 판매과정을 진행하고 싶은 마음은 누구나 가지고 있겠지만 그렇다고 모든 가망고객을 내가 원하는 대로 영업으로 진입시킬 수는 없을 것이다. 왜냐하면 그룹화까지 끝난 가망고객 중에는 AP 약속을 바로잡을 수 있는 가망고객도 있지만 가망고객과의 관계나 친숙도 그리고 접근심리로 인해 바로 영업으로 진입시키기 쉽지 않다고 판단되는 가망고객도 있기 때문이다.

따라서 그룹화까지 끝난 가망고객을 최대한 많이 판매과정으로 진입시키기 위해서는 개별 가망고객에 대해 어떻게 접근을 할 것인지의 구체적 계획이 반드시 필요한데 그 이유는 다음과 같다.

첫 번째는 대량의 가망고객을 대상으로 영업을 위해서는 반드시 필요하다. 가망고객 수가 얼마 되지 않는 경우라면 이러한 접근계획을 세우지 않아도 FP의 머리로도 충분히 접근계획을 세우고 이를 기억할 수 있을 것이다. 하지만 가망고객 수가 많은 경우는 모든 가망고객에 대해서 몇 번의 전화를 해야 하는지, 얼마의 간격으로 해야 하는지, 어떤 내용을 말해야 하는지를 모두 기억하는 것은 불가능하기 때문에 영업으로 진입 가능한 가망고객 수를 늘리는 것에 한계가 있을 수밖에 없다.

두 번째는 개별 가망고객에 대한 최적의 접근계획 수립을 위해서는 반드시 필요하다. 같은 그룹에 있는 가망고객이라도 FP와의 관계나 친숙도 그리고 접근심리에 따라서 판매과정 진입 전 접근횟수, 간격, 내용이 다를 수 있기 때문에 이에 맞는 접근계획을 수립하지 않을 경우 개별 가망고객에 대한 최적의 접근계획을 수립하기 어렵게 된다.

세 번째는 FP의 체계적인 활동계획을 수립하기 위해서는 반드시 필요하다. 개별 가망고객에 대한 접근계획을 수립하게 된 결과는 자연스럽게 모아져서 전체 가망고객에 대한 접근계획이 되고 이는 FP의 활동계획으로 연결되게 되는데 결국 단기영업을 위한 활동계획과 더불어 장기영업을 위한 활동계획 수립까지 가능할 수 있게 된다.

가망고객을 만나기 위해 무엇을 준비해야 할까요?

가망고객에 대한 효과적인 접근계획 수립을 위해서는 어떤 것들이 필요할까?

첫 번째, 가망고객에 대한 예상 영업시기를 결정하는 것이다.

가망고객에 대한 그룹화 과정이 끝난 뒤에는 가장 먼저 예상 영업진입 시기를 결정해야 그 이후 과정에 대한 세부 계획을 세울 수 있게 된다. 예상 영업진입시기를 사전에 결정하지 않게 되면 몇 번을 전화할지, 어떤 내용으로 전화를 할지, 얼마 주기로 전화를 해야 할지에 대한 구체적인 계획을 세우기가 힘들 수 있다.

예를 들어서 'C' 그룹의 가망고객에 대한 예상 영업시기를 결정하는 것이라면 'C' 그룹은 바로 영업 얘기는 못하고 먼저 안부전화를 할 수 있는 가망고객이기 때문에 지금부터 3개월 이후에 영업을 하겠다는 계획을 세우는 것을 말한다. 하지만 결정된 영업시기는 가망고객에 대한 접근 결과에 따라서 그 시기는 달라질 수 있다는 것도 꼭 기억해야 한다.

두 번째, 결정된 예상 영업시기를 기반으로 그때까지의 전화계획을 수립하는 것이다.

정해진 영업시기까지 몇 번 전화를 할 것인지, 전화의 간격은 어떻게 할 것인지에 대한 계획을 수립하는 것이다. 만약 전화계획을 수립하지 않게 되면 개별 가망고객에 대한 적절한 전화타이밍을 놓칠 수 있게 되고 전체 가망고객에 대한 접근을 위한 활동계획을 수립하는 데 어려움을 겪을 수 있다.

예를 들어 'C' 그룹의 가망고객이라면 3개월 동안 4번의 전화를 하는 것으로 정하고 전화의 주기는 3주 간격으로 할 수 있도록 계획을 세우는 것을 말한다. 하지만 이 역시 가망고객과의 전화결과에 따라 계획은 수정될 수 있다는 것도 꼭 기억해야 한다.

세 번째, 수립된 전화계획의 단계별 전화의 목표를 설정하는 것이다.
결정된 예상 영업 진입 시기와 전화횟수 그리고 전화간격이 결정되었으면 개별전화를 통해 어느 단계까지 진행을 할 것인지를 결정하는 것이다. 만약 전화 단계별로 목표를 결정하지 않은 상태에서 전화를 하게 되면 가망고객과 어떤 전화를 해야 하는지 그 구체적인 내용을 결정하기가 힘들고 전화의 결과를 피드백하여 가망고객과의 관계가 어느 정도까지 만들어졌고 이후 접근계획은 어떻게 수정해야 하는지를 결정하는데 어려움을 겪을 수 있다.

예를 들어서 'C' 그룹의 가망고객이라면 첫 번째 전화에서는 단순하게 오랜만에 안부만을 전하는 것을 목표로 하고, 두 번째는 보험영업을 시작했다는 것을 알리는 전화를 하고, 세 번째는 가망고객과의 친숙도를 증대시키는 것을 목표로 전화를 하고, 네 번째는 영업으로 진입을 할지 말지의 결정을 하기 위한 전화를 하는 것과 같은 목표를 세우는 것이라 할 수 있다.

 하지만 이 목표는 처음 설정하는 목표이지 매번 전화를 했을 경우 다음의 목표는 이전 전화의 결과를 토대로 계속 갈지 수정해야 할지 결정해야 한다는 것도 꼭 기억해야 한다.

 네 번째, 이 모든 단계를 정확하게 기록하는 것이다.
 가망고객 발굴부터 그룹화 그리고 접근계획까지의 모든 단계를 기록으로 남기는 것을 말한다. 만약 전화접근계획을 기록으로 남기지 않는 상태에서 전화를 하게 되면 그 많은 가망고객에 대한 전화 시기를 놓칠 수 있게 되고 가망고객에 대한 체계적인 접근이 어려워져 매월 영업진입이 가능한 가망고객을 확보하기가 어렵게 될 수 있게 된다. 이럴 경우 단기적인 영업이 가능한 가망고객만을 찾게 될 수 있는데 이때는 충분히 가망고객과의 관계나 친숙도가 만들어지지 않은 상태에서 영업진입을 시도하게 될 수도 있다.

 예를 들어 가망고객 발굴부터 접근계획까지의 과정을 모두 담을 수 있는 하나의 양식을 만든다든지 모든 가망고객의 접근계획을 기록할 수 있는 자신만의 장치를 사용하면 되는데, 이때 회사의 활동일지나 달력 등 그 종류가 중요한 것이 아니라 한 가지 도구를 사용하는 것이 가장 중요하다고 할 수 있다.

어떻게 접근계획을 수립해야 할까요?

이제 실제 작성된 가망고객을 대상으로 어떻게 접근계획을 세우는지에 대해서 살펴보도록 하자.

구분	연락처명	판별	이유	접촉빈도	친숙도	전화심리	그룹	영업시기	전화 횟수	전화 간격	전화1	전화2	전화3	전화4	전화5
1	가은영	○		3개월	중	보통	A	2개월	3	3주					
2	강영우	○		1개월	상	편한	A	1개월	2	2주					
3	남형훈	○		6개월	하	불편	B	3개월	4	3주					
4	도지용	○		1년이상	하	불편	C	3개월	4	3주					
5	민상훈	○		1년이상	하	불편	D	4개월	5	4주					
6	박준원	○		3개월	중	보통	B	2개월	3	3주					
7	이선영	○		없음	하	불편	E	4개월	5	4주					

그룹 우측으로 보면 먼저 '영업시기'가 있는데 이것은 가망고객을 대상으로 언제 영업으로 진입할 것인지에 대한 예상시기를 표시하는 것이다. 또한 '전화횟수'는 목표로 정한 영업시기까지 몇 번의 전화를 할 것인지를 표시하는 것이다. 그리고 '전화간격'은 전화를 하는 주기를 표시한 것이다. 하지만 한 번 정한 접근계획은 접근 상황에 따라 항상 변할 수 있다는 것을 기억해야 한다.

그 우측에는 각각의 전화에 어떤 내용의 전화를 할 것인지를 계획하는 것인데 그 세부 내용은 다음 4부에서 구체적으로 다루도록 하자.

A 그룹. 바로 영업이 가능하다고 판단하는 가망고객

구분	연락처명	판별	이유	접촉빈도	친숙도	전화심리	그룹	영업 시기	전화 횟수	전화 간격
2	가은영	O		3개월	상	편한	A	1개월	2회	2주

'가은영'이란 가망고객은 분석에서 볼 수 있듯이 접촉빈도, 친숙도, 전화심리를 볼 때 '학연'으로 연결된 친구나 선후배와 같은 개인적으로 FP와 친한 관계에 있는 사람으로 볼 수 있다.

'A' 그룹으로 결정한 것은 이 가망고객과는 바로 영업하는 데는 어려움이 없을 것으로 판단하고 있다고 볼 수 있다.

따라서 '가은영' 고객은 바로 전화해서 보험영업으로 진입시킬 수 있도록 접근계획을 수립하면 된다고 할 수 있다.

우선 영업 시기를 1개월로 정한 것은 이번 달이 아닌 '다음달'에 영업으로 진입시키겠다는 목표를 정한 것이고 '전화횟수와 간격'은 2주 간격으로 2번 정도 전화를 하겠다고 계획을 세운 것이라 할 수 있다.

그리고 전화내용은 첫 번째 전화는 보험영업을 하고 있다는 것과 함께 영업으로 만나러 간다는 것을 알리고 두 번째 전화는 영업으로 만나자는 전화를 하는 것으로 계획을 수립하는 것이 일반적이라고 할 수 있다.

B 그룹. 바로 영업은 힘들지만 영업한다는 얘기는 할 수 있는 가망고객

구분	연락처명	판별	이유	접촉빈도	친숙도	전화심리	그룹	영업시기	전화 횟수	전화 간격
5	남형훈	○		6개월	상	보통	B	2개월	3회	3주

'남형훈'이란 가망고객은 분석에서 볼 수 있듯이 접촉빈도, 친숙도, 전화심리를 볼 때 '사회생활에서의 거래 관계'로 알게 된 사람으로, 알기는 알지만 개인적으로는 친하지는 않는 관계에 있는 사람으로 볼 수 있다.

'B' 그룹으로 결정한 것은 바로 영업을 하기에는 어렵지만 영업한다는 얘기 정도는 할 수 있는 관계 정도라고는 판단하고 있다고 볼 수 있다. 따라서 '남형훈' 고객은 바로 영업을 할 수도 있지만 한두 단계를 거쳐서 영업으로 진입하는 접근계획을 수립하는 것이 안전하다고 볼 수 있다.

우선 영업시기를 2개월로 정한 것은 시간을 가지고 영업으로 진입시키겠다는 목표를 정한 것이고, '전화횟수와 간격'은 3주 간격으로 3번 정도 전화를 하겠다고 계획을 세운 것이라 할 수 있다.

그리고 전화내용은 첫 번째 전화는 보험영업하는 것을 알리고 두 번째 전화는 관계를 좀 개선하거나 친숙도를 높이는 전화를 하고 세 번째 전화는 영업으로 만나자는 전화를 하는 것으로 계획을 수립하는 것이 일반적이라고 할 수 있다.

C 그룹. 영업 얘기는 못할 것 같지만 안부전화는 할 수 있는 가망고객

구분	연락처명	판별	이유	접촉빈도	친숙도	전화심리	그룹	영업 시기	전화 횟수	전화 간격
6	도지용	O		1년 이상	중	불편	C	3개월	4회	3주

'도지용'이란 가망고객은 분석에서 볼 수 있듯이 접촉빈도, 친숙도, 전화심리를 볼 때 전 직장에서 알고 지낸 사람이나 연락 안하고 사는 친척 등과 같이 알기는 하지만 개인적으로는 친하지는 않는 관계에 있는 사람으로 볼 수 있다.

'C' 그룹으로 결정한 것은 알고 지내긴 하지만 영업 얘기를 하는 것은 어렵고 안부전화 정도는 할 수 있는 관계 정도라고는 판단하고 있다고 볼 수 있다. 따라서 '도지용' 고객은 바로 영업보다는 충분한 시간을 가지고 접근계획을 수립하는 것이 안전하다고 볼 수 있다.

우선 영업 시기를 3개월로 정한 것은 충분한 시간을 가지고 영업으로 진입시키겠다는 목표를 정한 것이고, '전화횟수와 간격'은 3주 간격으로 4번 정도 전화를 하겠다고 계획을 세운 것이라 할 수 있다.

그리고 전화내용은 첫 번째 전화는 안부전화를 하고 두 번째 보험영업을 하고 있다는 것을 알리고 세 번째 전화는 영업을 해도 될지를 판단하는 전화를 하고 네 번째는 영업으로 만나자는 전화를 하는 것으로 계획을 수립하는 것이 일반적이라고 할 수 있다.

D 그룹. 안부전화는 힘들지만 안부 문자나 카톡은 보낼 수 있는 가망고객

구분	연락처명	판별	이유	접촉빈도	친숙도	전화심리	그룹	영업시기	전화 횟수	전화 간격
7	민상훈	O		1년 이상	하	불편	D	4개월	5회	4주

'민상훈'이란 가망고객은 분석에서 볼 수 있듯이 접촉빈도, 친숙도, 전화심리를 볼 때 서로 이름과 얼굴은 알고 있는, 사회생활을 하면서는 만난 사람같이 알기는 했던 사람이지만 연락을 거의 하지 않는 개인적으로도 친하지는 않는 관계에 있는 사람으로 볼 수 있다.

'D' 그룹으로 결정한 것은 알기는 하지만 이제까지 관계를 고려했을 때 영업하는 얘기를 하는 것뿐 아니라 전화도 힘들어하는 사람이라고 판단하고 있다고 볼 수 있다. 따라서 바로 영업을 하는 것이 아니라 충분한 시간을 가지고 접근계획을 수립하는 것이 안전하다고 볼 수 있다.

우선 영업시기를 4개월로 정한 것은 충분한 시간을 가지고 영업으로 진입시키겠다는 목표를 정한 것이고 '전화횟수와 간격'은 4주 간격으로 5번 정도 전화를 하겠다고 계획을 세운 것이라 할 수 있다.

그리고 전화내용은 첫 번째 전화는 안부문자를, 두 번째는 안부전화를 한 번하고 세 번째는 보험영업을 하고 있다는 것을 알리고 네 번째 전화는 영업을 해도 될지를 판단하는 전화를 하고 다섯 번째는 영업으로 만나자는 전화를 하는 것으로 계획을 수립하는 것이 일반적이라고 할 수 있다.

E 그룹. A~D 그룹에 속하지 않았거나 누군지 잘 알지 못하는 가망고객

구분	연락처명	판별	이유	접촉빈도	친숙도	전화심리	그룹	영업시기	전화 횟수	전화 간격
10	이선영	O		없음	하	불편	E	4개월	5회	4주

'이선영'이란 가망고객은 분석에서도 볼 수 있듯이 어떤 일로 이름만을 교환하거나 한 번의 만남은 있었지만 그 이후 아무런 관계를 맺을 만한 일이 없었던 사회생활을 하면서 한 번 거래를 한 사람이나 내가 아는 사람과 한 번 같이 만났던 사람으로 볼 수 있다.

'E' 그룹으로 결정한 것은 가망고객도 아니었던 사람을 가망고객으로 표시했을 뿐 전화하는 것 자체를 힘들어하는 사람이라고 판단하고 있다고 볼 수 있다. 따라서 영업적 접근보다는 아는 사람인지를 확인하는 것을 우선적으로 해야 하고 전화접근계획 수립능력 향상을 위한 연습 상대라고 생각하면 안전하다고 볼 수 있다.

우선 영업시기를 4개월로 정한 것은 개략적으로 결정한 것이고 '전화 횟수와 간격'은 4주 간격으로 5번 정도 전화를 하겠다고 계획을 세운 것이라 할 수 있다.

그리고 전화내용은 첫 번째 전화는 아는 사람인지를 파악하는 전화를 하고 아는 사람이라고 판단된 경우는 'D' 그룹에 준하고, 아는 사람이 아니라고 판단된 경우는 3~4회 정도 안부전화를 계획하는 것이 일반적이라고 할 수 있다.

나의 핸드폰을 열어 보자

구분	연락처 명	판별	이유	접촉빈도	친숙도	전화심리	그룹	영업 시기	전화 횟수	전화 간격
1										
2										
3										
4										
5										
6										
7										
8										
9										
10										
11										
12										
13										
14										
15										
16										
17										
18										
19										
20										

자신의 핸드폰을 열고 20개 연락처를 대상으로 명단을 작성하는 것부터 접근계획 수립 단계까지 진행해 보도록 하자. 그리고 핸드폰에 있는 모든 가망고객을 대상으로 이 과정을 거칠 수 있도록 계획을 수립해 보자.

CHAPTER 4

가망고객!
작성을 위한 통찰

기본 업무

오늘! 한 명의 고객도 만나지 못했다면 퇴근할 때 어떤 느낌이 들까? 오늘! 한 명의 고객과도 전화하지 못했다면 퇴근할 때 어떤 느낌이 들까? 이번 주! 한 건의 상품제안도 하지 못했다면 어떤 느낌이 들까?

만약 이런 일이 나에게 벌어졌다면 스스로 돈 되는 일은 하나도 하지 못했다는 사실 때문에 엄청 불안하고 찝찝했을 것이다. 그런데 오늘! 한 명의 가망고객도 발굴하지 못했을 땐 어땠는가? 한 통의 전화도 안 하고 한 명도 안 만나고 한 명도 상품제안을 안 했을 때처럼 불안하고 찝찝한 마음이 들던가? 아니면 아무런 생각없이 무감각적으로 지나갔나요?

한번 생각해보길 바란다. 보험영업의 본질은 가망고객을 발굴하고 전화하고 만나서 보험정보를 제공하고 상품을 제안하는 것이다. 이 일들을 해야 우리는 돈을 벌고 영업을 계속할 수 있는 것이다. 그래서 이것을

FP의 '기본 업무'라 부르는 것이다.

그중에서 가망고객의 이름을 쓰고 어떻게 영업을 할지 계획을 세우는 것은 무조건 해야 하는 기본 중의 '기본 업무'라 할 수 있다.

이것이 없이는 '오늘 누굴 만나지?'도 '내일 누굴 만나지?'도 '일주일 후에, 한 달 후에 누굴 만나지?'도 해결할 수 없기 때문이다.

 ## 영업은 우연이 아닌 필연

'우연'이란 말과 '필연'이란 말은 어떤 차이가 있을까?

우연은 원인없이 그 결과가 만들어지는 것이고 필연은 어떤 원인에 의해서 그 결과가 만들어진 것이다.

그럼 보험영업에서 '오늘은 누굴 만나지?'는 우연일까? 필연일까?

FP가 살면서 많은 시간을 함께 했던 얼마 되지 않는 가망고객들은 그 시간이 원인이 되어 필연적으로 만날 수 있을 것이다. 하지만 빙산의 수면 아래 얼음과 같은 대부분의 가망고객들은 이제까지 함께 했던 시간과 사연이 많지 않았기 때문에 우연히 만날 수는 있지만 필연적으로 만나기는 쉽지 않을 수 있다.

보험영업은 운 좋게 복권에 당첨되는 것 같은 우연은 없다. 즉 갑자기 생각나서 이름을 쓰고 전화를 해서 바로 만나고 한 번의 만남으로 계약을 하는 것과 같은 우연은 없다는 것이다. 만약 그런 일이 있다면 그건 실력이라기보다는 우연에 가까운 결과라고 할 수 있을 것이다.

따라서 보험영업은 우연을 필연으로 바꾸어야 '오늘은 누굴 만나지?'를 해결할 수 있게 된다. FP에게 우연을 필연으로 만들기 위해서는 필연적으로 만날 수밖에 없도록 준비를 해야 한다. 매일 가망고객 명단을 작성하고 이들을 분석하고 그룹화하여 만날 수 있도록 하기 위한 철저한 계획을 세우고 그것을 행동으로 옮길 때 우연이 필연으로 바뀌는 것이다.

넌 다 계획이 있구나!

아버지 : (면접보러 가는 아들에게) 난 네가 자랑스럽다.
아　들 : 전 이 서류가 범죄나 위조라고 생각하지 않아요.
　　　　내년에 입학할 거거든요.
아버지 : (기특하다는 듯) 넌 다 계획이 있구나!

이 대화는 영화 '기생충'에서 아버지(송강호)가 서류를 위조해서 과외 알바 면접을 보러 가는 고졸인 아들(최우식)에게 했던 말이다.

당신은 영업을 하면서 한 사람의 가망고객을 만나기 위한 계획을 다 가지고 왔는가? 보험영업은 생각이 나는 대로 사람을 만나는 직업이 아니라 생각을 해야 사람을 만날 수 있는 직업이다. 왜냐하면 생각나는 대로 사람을 만나면 하루 이틀 '오늘은 누굴 만나지?'를 해결하는 것은 가능하지만 일주일, 한 달, 일 년은 불가능하기 때문이다.

따라서 작성된 가망고객에 대해서 언제 영업을 할 것인지, 그 과정에서 몇 번의 접촉을 할 건지, 또 어떻게 진도를 나갈 것인지에 대한 계획이 있어야 '오늘은 누굴 만나지?'의 고민을 하루, 이틀, 일주일, 일 년, 일하는 동안 내내 해결할 수 있게 되는 것이다.

"FP님은 다 계획이 있으신가요?"

> 이것만은 꼭 기억하세요!

Chapter 1. 가망고객! 어떻게 써야 할까요?

'가망고객 작성이란 핸드폰 연락처나 카톡, 명함, 명부 등에서 전화할 수 있는 사람의 이름을 적는 행동을 말하는 것으로 작성 후 선택 방법을 사용하는데 작성 시 오류를 최소화 하기 위해 반드시 '복사 – 판별–이유'의 3단계 과정을 거쳐야 한다.

Chapter 2. 가망고객! 모두 같지 않습니다.

작성된 가망고객은 체계적인 접근을 위해서 분석과 그룹화하는 과정을 거쳐야 하는데 가망고객과의 접촉빈도, 친숙도, 접근심리를 통해 5개의 그룹으로 나누게 됩니다.

A 그룹 : 당장 영업적 면담을 위해 전화할 수 있는 가망고객.
B 그룹 : 영업으로 전화는 못해도 영업을 한다는 얘기는 가능한 가망고객
C 그룹 : 영업적 전화는 못해도 안부전화는 할 수 있는 가망고객
D 그룹 : 영업이나 안부전화는 못해도 문자, 카톡은 할 수 있는 가망고객
E 그룹 : 네 개의 그룹에 속하지 않거나 누군지 잘 알지 못하는 가망고객

Chapter 3. 가망고객! 어떻게 만날 계획을 세울까요?

가망고객에 대한 그룹화 이후 판매과정 진입을 위해서는 반드시 구체적 접근계획을 수립해야 한다.

가장 먼저는 예상 영업시기를 정하고 이를 기반으로 그 때까지의 전화횟수와 간격 등의 전화 계획을 수립하는데 이 때 반드시 개별 통화에 대한 단계별 전화 목표를 설정해야 하고 가망고객 발굴부터 접근계획까지의 모든 단계를 기록으로 남겨 체계적인 접근이 될 수 있도록 해야 한다.

오늘은
누굴 만나지?

4부

전화

CHAPTER 1 —— 뭐라고 얘기하지?
CHAPTER 2 —— AP 약속 콜
CHAPTER 3 —— 관계형성 콜
CHAPTER 4 —— 관계개선 콜
CHAPTER 5 —— 관계유지 콜
CHAPTER 6 —— 관계회복 콜

여보세요?
"한현주 님. 핸드폰이죠?"
"네. 그런데요."
"안녕하세요? 저 윤서영입니다. 저 기억하시죠? 몇 년 전에 동문회 체육대회에서 뵀던 고등학교 후배 윤서영입니다."
"아~ 기억하지? 잘 지냈지? 그런데 어쩐 일로 전화를 다 주시고."
"선배님. 보험영업 시작하셨다면서요."
"어! 그렇게 됐어. 벌써 6개월 됐지"
"선배님. 섭섭합니다. 그렇게 좋은 일을 시작하셨으면 저한테도 전화를 주셨어야죠. 저도 보험 많이 들고 있는데 점검 받을 수 있는 기회를 주셨어야죠. 근데 워낙 바쁘셔서 저처럼 몇 년 동안 연락 안하고 지내는 안 친한 후배한테 그런 기회를 주신다는 게 제가 좀 무리한 부탁을 드리는 것 같기는 하지만 선배님이 전화 안 주시니까 제가 먼저 전화를 드린 겁니다."

"언제 시간 내주시겠어요? 저는 이번 주 화, 목 중에 시간 괜찮은데…"

보험영업을 시작하고 하루에도 이런 전화를 몇 통이나 받는다. 어떻게 내가 보험영업 시작한 걸 알고 전화를 하는지 이제는 귀찮을 지경이다. 그동안 전화 못해서 미안하다고 하고, 자기한테 빨리 와달라고 하고. 이럴 줄 알았으면 보험영업하는 거 다시 생각해 봤을 것이다. 하지만 고객들이 전화해서 만나고 보험 제대로 해주는 것에 감사함을 느낀다.

"한현주 FP! 콜 타임이야! 그새 또 자고 있으면 어떻게 해!"
또 꿈이다. 그런데 오늘은 또 누구한테 전화를 하지?

CHAPTER **1**

뭐라고 얘기하지?

전화해서 뭐라고 얘기하지?

1부에서 3부까지는 가망고객의 개념과 발굴하는 방법, 그리고 어떻게 접근할지에 대한 계획을 세우는 방법까지 다루었다. 앞부분을 다 읽고 직접 해보았다면 실제 가망고객이 늘어난 것을 확인할 수 있었을 것이고 어떻게 영업으로 연결시켜야 하는지까지 알게 되어 '오늘은 누굴 만나지?'에 대한 고민이 일정 부분 해소될 수 있다는 생각도 들었을 것이다.

그러나 지금까지의 단계를 통해 많은 가망고객이 확보되어도 이를 영업적 성과로 연결하기 위해서는 '오늘은 누굴 만나지?'의 마지막 단계인 실제로 가망고객에게 전화를 하는 단계가 남아 있다. 하지만 아무리 이전 단계까지를 충실히 해서 많은 가망고객을 확보했어도 막상 가망고객에게 전화를 하려고 할 때 전화를 할까 말까 망설여지는 마음이 생기거나 전화기를 드는 것이 겁이 나거나 전화를 하기 싫은 마음이 들어서 등 전화를 하지 못하는 경우도 분명 생길 수 있을 것이다.

따라서 가망고객에게 전화를 하는 것이 해결되지 않으면 오늘은 누굴 만나지?의 최종단계인 대면 면담을 진행할 수 없기 때문에 가망고객에 대한 전화접근 기술 즉, 가망고객을 영업으로 진입시키기 위해 판매 프로세스의 AP 이전 단계에서 사용하게 되는 다양한 종류의 콜 스킬을 반드시 갖추고 있어야 한다.

'전화접근 기술'이 필요한 이유는 발굴된 가망고객은 정상적으로는 FP와 어떤 관계이든 상관없이 AP 약속을 위한 전화를 통해 판매과정으로 연결되어야 한다. 하지만 현실적으로는 가망고객의 이름은 작성했지만 판매과정으로 진입시키지 못하는 경우도 상당히 많기 때문에 이러한 문제를 해결하여 최대한 많은 가망고객을 대면면담으로 진행시킬 수 있는 기술적 방법이 필요하게 된다.

하지만 전화하기 편하고 쉬운 상대에게는 전화를 잘하지만 친하지 않거나 연락을 자주 하지 않았거나 불편한 관계에 있는 가망고객에 대해서는 심리적 두려움으로 인해 전화접근을 하지 못하는 경우도 많다. 또한 이러한 문제를 인식하고 '전화접근'을 하더라도 잘못된 콜 스킬을 사용한다면 오히려 가망고객에게 부담감을 주게 되어 재접근이 어려워져서 결국 판매과정에 진입시킬 수 있는 가망고객 수를 증가시킬 수 없게 되는 결과를 만들 수 있게 된다.

결론적으로 확보된 많은 가망고객을 판매과정으로 진입시키기 위해서는 가망고객의 유형과 상황에 따라 적용시킬 수 있는 '전화접근 스킬'은 반드시 필요하다고 할 수 있다.

전화접근을 위해 반드시 필요한 것은 무엇일까요?

발굴된 가망고객에 대한 효과적인 '전화접근'에 필요한 '콜 스킬' 향상을 위해서 반드시 알고 있어야 하는 핵심 요소는 다음과 같다.

첫 번째, 고객 심리를 이해하라.

가망고객에 대한 전화접근을 위해 가장 먼저 알고 있어야 하는 것은 FP의 전화를 받았을 때 가망고객의 심리를 이해하는 것이다. 가망고객은 과거 보험영업하는 사람을 통해서 얻게 된 경험과 보험에 대한 사회의 선입견을 가지고 FP의 전화를 판단하게 될 가능성이 높다. 그런데 이때 보험에 대한 부정적 생각이 높을수록 '보험 들라는 거 아닌가?' 또는 '보험하니까 연락했구나!'와 같은 생각을 하기가 쉽고 이는 마음속에 FP를 만나는 것에 대한 부담감이나 부정적인 생각을 갖게 하는 원인이 될 수 있다. 따라서 성공적 전화접근을 위해서는 FP는 이러한 고객의 심리를 잘 이해하고 전화접근을 시도해야 한다.

두 번째, 질보다는 양이 먼저다.

FP가 아무리 전화를 잘하는 스킬을 가지고 있어도 가망고객이 FP와 보험영업에 대한 부정적인 심리를 가지고 있다면 전화접근의 목표 달성은 어려울 수 있다. 따라서 많은 가망고객을 판매과정으로 진입시키기 위해서는 '콜 스킬'도 중요하지만 우선 많은 사람에 대한 접근 시도를 통해서 보험영업에 대해서 부정적이지 않거나 FP에게 좋은 감정을 가지고 있고 쉽게 거절하지 못하는 사람 수를 늘리는 것에 집중해야 한다.

세 번째, 최적의 R/P를 매칭하라.

전화접근이 질보다 양이 우선되는 것은 분명하지만 그렇다고 콜 스킬이 중요하지 않는 것은 아니다. 고객의 부정적인 생각과 선입견은 FP가 어떻게 전화를 하느냐에 따라서 바뀔 수 있는데 이를 위해서는 가망고객에게 전화를 할 때 상황에 맞는 최적의 R/P 매칭을 해야 한다. R/P 매칭은 전화접근 시 사용되는 R/P 중에 접근 단계별 목적을 달성할 수 있는 내용을 담고 있는 전화 화법을 선택하는 것을 말한다.

네 번째, 콜 스킬을 향상시켜라.

많은 전화 시도가 '전화접근'의 양적 측면의 핵심 요소라면 '콜 스킬'은 질적 측면에서 '전화접근'의 효율성을 높이기 위한 핵심 요소라 할 수 있다. 왜냐하면 가망고객을 판매과정에 진입시키기 위해서는 한 번의 전화로 가능할 수도 있지만 여러 단계를 거치고 시간도 오래 걸릴 수 있기 때문에 각 단계마다 고객에게 부담감이나 저항감을 주지 않으면서 '전화접근'의 단계별 목적을 달성하기 위한 '콜 스킬'이 반드시 필요하게 된다.

결론적으로 '전화접근'을 위한 많은 시도와 콜 스킬이 효과를 보려면 시작하는 단계부터 체계적인 계획을 수립하고 접근해야 지속적으로 많은 가망고객에게 적용시켜 '오늘은 누굴 만나지?'의 해결 방안이 될 수 있다.

전화접근에 사용되는 콜은 어떤 것이 있을까요?

여기 한 명의 가망고객이 있다고 가정해 보자.

고등학교 동창이고 연락은 1년에 한 번 정도 동창회에서 얼굴 보는 사이이며 이제까지 개인적으로는 밥을 먹어 본 적도 없고 또 앞으로도 그럴 가능성은 없어 보인다. 지난번 동창회에서 만난 이후 내가 보험영업을 시작했기 때문에 내가 보험영업하는 것을 알고 있는지는 잘 모르는 상황이다. 그래서 그룹 분류 작업에서 A 그룹은 아닌 것 같고 그렇다고 C 그룹으로 하기에는 아닌 것 같아서 B 그룹으로 표시했다.

만약 나에게 이런 가망고객이 있다면 어떻게 전화를 해서 판매과정 진행을 위한 AP 약속까지 갈 수 있을까?

'가망고객과의 관계에 상관없이 전화에서 단도직입적으로 보험영업한다고 얘기하고 영업 때문에 한번 보자고 하면 어떨까? 그런데 그랬다가 자주 연락도 안 했었는데 친구가 부담스러워서 안 만나겠다고 얘기하면 그 다음에는 어떻게 전화를 해야지?'

'처음 전화해서는 보험영업을 한다고 알리기만 하고 언제 밥 한번 먹자고 하면 어떨까? 그런데 그랬다가 다음에 영업으로 만나자고 전화했을 때 부담스러워서 안 만나겠다고 하면 어떻게 하지?'

'일단은 보험영업한다는 거 말 안하고 안부전화 정도를 하고 다음번에 만나서 보험영업한다고 하면 어떨까? 하지만 친구가 이미 내가 보험영업하는 것을 알고 있고 다음에 안 만나려고 하면 어떡하지?'

'전화하는 건 좀 그러니까 우선 문자나 카톡으로 안부 인사부터 할까? 그랬다가 친구한테 전화가 오면 그때는 어떻게 얘기하지? 또 친구가 답장을 보내지 않으면 다음번에는 어떻게 하지?'

아마도 가망고객에게 전화를 할 때 이런 고민을 한 번쯤은 해보았을 것이다. 하지만 결국 가망고객에게 전화를 해야 할 때 '전화해서 뭐라고 얘기하지?'가 명확하게 결정되지 않으면 아무리 이전 단계까지를 잘 수행했더라도 영업적으로는 아무런 변화가 없는 것이기 때문에 영업성과로 연결되는 것은 요원해진다고 볼 수 있을 것이다.

따라서 FP는 가망고객에게 전화를 할 때 전화할 당시의 가망고객과의 관계와 이전까지의 접근 빈도와 친숙도 그리고 앞으로 자신이 진행하고자 하는 계획을 반영하여 '뭐라고 말하지?'를 정확하게 결정해야 자신 있는 전화를 할 수 있게 되는 것이다.

그렇다면 가망고객의 상황에 맞게 '전화해서 어떻게 얘기하지?'를 결정하기 위해서는 무엇이 필요할까?

첫 번째는 가망고객과의 과거의 상황을 파악하는 것이다.
가망고객의 상황에 맞는 전화를 하기 위해서는 먼저 가망고객에게 처음 전화를 하는 경우는 전화를 하는 시점 이전에 가망고객과 어떤 관계

즉, 친숙도, 접촉빈도, 접근심리를 고려하여 어떤 내용의 전화를 할지를 결정해야 한다.

예를 들어 B 그룹의 가망고객에게 첫 번째 전화를 하는 경우는 가망고객에게 보험영업하는 것을 알리고 면담약속을 잡는 것까지는 조금 어렵다고 판단하여 보험영업하는 것을 알리는 단계까지만 진행하는 것이다. 이때 가망고객이 FP가 보험영업을 한다는 것을 알렸을 때 부담감을 가질 수 있다는 것을 인식하고 이를 해소하는 것에 집중해야 한다.

두 번째는 현재 가망고객에게 전화하고자 하는 목적을 정확히 하는 것이다.

가망고객에 대한 전화접근 시 또 한 가지 생각해 보아야 할 것은 가망고객 그룹화 과정에서 정한 가망고객의 전화목표를 정확하게 인식하고 어떤 내용의 전화를 할지를 결정해야 한다.

예를 들어 C 그룹의 가망고객에 대한 첫 번째 전화를 하는 경우는 FP가 가망고객에게 보험영업하는 것을 알리는 것이 부담스럽다고 판단한 것이기 때문에 그간 안부를 확인하고 가망고객의 상황에만 집중할 수 있도록 진행하는 것이다.

세 번째는 실제 전화에서는 상황에 맞는 융통성을 발휘해야 하는 것이다.

가망고객에 대한 접근 콜을 하기 전에는 이제까지 언급한 과거, 현재에 대한 상황을 고려해야 하는 것은 접근 콜을 하기 전에 생각해 보아야 하는 것이고 실제 전화에서는 고객의 반응이나 전화의 진척도에 따라서 실제 전화의 내용은 달라질 수 있다는 것도 기억해야 한다.

　예를 들어서 C 그룹에게 전화를 한 경우 가망고객과 친하지 않고 자주 연락하지 않아서 보험영업 얘기는 하지 않고 안부전화를 하는 것을 목표로 삼고 전화를 했더라도 실제 전화하는 과정에서 고객이 FP의 전화를 고마워하고 긍정적인 태도를 계속 보인다면 보험영업하는 것을 얘기하는 것도 고려해야 하는 것이다.

　따라서 접근 콜은 가망고객과의 한 번 또는 여러 번의 전화를 통해서 판매과정 중 대면면담으로 진입시킬 수 있는 여건과 관계를 만들기 위한 것이라 할 수 있는데 이 과정은 마치 옷감을 만들 때 씨줄과 날줄을 한 줄 한 줄 교차시켜 조직을 견고하게 만드는 과정과 같다고 할 수 있다. 여기서 씨줄은 고객과의 인간적 측면의 관계를 강화하는 것이라 할 수 있고 날줄은 영업적 측면의 관계를 강화하는 것이라 할 수 있다.

　FP가 작성한 가망고객 중에는 이미 FP와의 인간적 관계의 씨줄이 견고하게 만들어진 사람도 있지만 그 줄이 견고하지 않거나 심지어 끊어진 사람도 있을 것이다. 또한 영업적 관계의 날줄은 보험영업을 시작할 때는 가망고객 그 누구와도 만들어져 있지 않지만 시간이 지나면서 점점 견고하게 만들어지는 사람도 있지만 아무리 영업을 오래 한다고 해도 만들어지지 않는 사람도 있을 것이다.

　결론적으로 접근 콜은 가망고객과의 인간적 관계 측면과 영업적 관계 측면을 고려하여 부족한 부분을 채워갈 수 있도록 하기 위한 목적으로 사용되며 5가지 종류로 구분할 수 있다.

AP 약속 콜
가망고객과의 AP 약속을 잡기 위한 전화이고 대면영업으로 진입이 가능하다고 판단한 모든 가망고객에 적용 가능한 전화이다.

관계형성 콜
가망고객에게 영업하는 것을 알리는 전화로 가망고객과의 영업적 관계를 새롭게 만들기 위한 콜이고 주로 A, B 그룹에 적용 가능한 전화이다.

관계개선 콜
영업적 관계가 새롭게 형성된 가망고객과 인간적 관계 강화를 위한 전화로 관계형성 콜을 진행했던 주로 A, B 그룹에 적용 가능한 전화이다.

관계유지 콜
가망고객과의 인간적 관계를 강화하기 위한 전화로 모든 가망고객에게 적용 가능한 전화이다.

관계회복 콜
가망고객과의 인간적 관계를 강화하기 위한 전화로 가망고객과의 인간적 또는 영업적 관계가 불편한 모든 가망고객에 적용 가능한 전화이다.

전화접근은 어떻게 해야 할까요?

가망고객에 대한 전화접근은 실제로 영업에 적용하다 보면 한 사람의 가망고객에게 여러 번의 전화를 해야 하는 경우가 많기 때문에 오랜 시간이 걸릴 수도 있고 매일매일의 영업활동에서는 많은 시간을 할애하기도 어려운 부분이 있을 수 있다. 이런 이유로 전화접근은 체계적인 계획이 수반되어야 효율성과 지속성을 높일 수 있다.

따라서 전화접근은 앞에서 다루었던 5가지 종류의 접근 콜을 가망고객 그룹별로 어떻게 사용할지를 구체적으로 결정해야 실제로 가망고객에 대한 접근 콜에 대한 실행 가능성이 높아지게 되는데 이를 위해서는 5단계의 흐름에 따라 전화접근을 진행하면 된다.

| 대상자 선정 | ▶ | 접근 계획 확인 | ▶ | 접근 콜 R/P 매칭 | ▶ | 접근 콜 실행 | ▶ | 추후 계획 수립 |

1단계 : 대상자 선정

전화접근을 위해서는 가장 먼저 누구한테 전화를 할 것인지를 결정해야 한다. 여기서 대상자는 그룹화하고 접근계획을 수립한 가망고객을 말하는데 이 대상자들은 전체 가망고객 중에 주간 또는 월간 단위로 선별하여 사전에 명단이 작성되어야 실행도를 높일 수 있게 된다.

2단계 : 접근계획 확인

전화접근 대상자를 정했다면 그다음은 대상 가망고객의 접근을 위해 수립했던 접근계획을 확인해야 한다. 예상 영업시기를 언제로 정했는지 그때까지 몇 번의 전화를 얼마의 간격으로 하기로 했는지를 확인해야 한다. 그래야 현재 시점에서 대상 가망고객에게 어떤 접근 콜을 할지를 결정할 수 있게 된다.

예를 들어 C 그룹의 예상 영업시기를 3개월 후라고 결정했고 3주 간격으로 4회의 전화를 계획했다면 이를 통해 접근과정 중에서 어떤 종류의 전화를 할지를 결정할 수 있게 되는 것이다.

3단계 : 접근 콜 R/P 매칭

접근 대상자에 대한 계획을 확인한 뒤에는 각각의 전화에 어떤 접근 콜 R/P를 사용할지를 결정해야 한다. 우선은 5가지 종류의 전화에서 어떤 것을 사용할지를 결정하고 그 이후 세부 콜 R/P를 결정하는 것까지 진행하면 실제 접근 콜까지의 모든 준비가 된 것이다. 예를 들어서 앞서 얘기한 C 그룹의 경우는 ① 관계유지 콜 ② 관계형성 콜 ③ 관계개선 콜 ④ AP 약속 TA을 하는 순으로 결정하고 그 이후 세부 전화는 관계유지 콜은 보험영업을 알리지 않고 하는 안부전화를 선택하고 관계형성 콜은 보험영업하는 것을 모르는 가망고객에 대한 관계형성 콜을 하고 세 번째 전화는 교육을 명분으로 한 관계개선 콜을 하고 AP 약속 콜은 AP 약속 TA를 선택하는 것이다. 여기서 나온 구체적인 콜 내용은 이후에 나오는 접근 콜을 확인하면 된다.

4단계 : 접근 콜 실행

　접근 콜 실행은 개별 가망고객에게 실제로 전화를 하는 것인데 '오늘은 누굴 만나지?'를 해결하기 위한 실제 행동이기 때문에 가장 중요한 단계라고 할 수 있다.

　이를 위해서는 해당 콜 R/P를 반드시 대상 가망고객의 이름을 넣어서 연습하는 과정을 거쳐야 하는데 그렇지 않을 경우 실제 전화통화 시 매칭된 콜 R/P를 정확히 구사하는 데 어려움을 겪을 수 있게 된다.

5단계 : 추후 계획 수립

　접근 콜의 마지막 단계는 대상 가망고객에 대한 실제 콜이 끝난 후에는 다음번 전화하는 계획을 수립하는 것을 잊지 않는 것이다.

　대상 가망고객에게 콜을 하고 난 이후에 콜 내용을 피드백해서 콜의 목표가 잘 달성되었는지를 파악하고 이를 근거로 처음에 세웠던 접근계획을 그대로 진행할지 아니면 다음번에 전화할 콜 R/P 내용을 변경하거나 전화 간격을 변경할지를 결정해서 새로운 계획을 세울지를 결정해야 한다.

　그리고 콜 과정의 결과를 모두 기록으로 남겨야 하는데 그렇지 않을 경우 이후 단계를 진행하는 데 어려움을 겪게 될 수 있다.

A 그룹. 바로 영업이 가능하다고 판단하는 가망고객

구분	연락처명	판별	이유	접촉빈도	친숙도	전화심리	그룹	영업시기	전화횟수	전화간격	전화1	전화2	전화3	전화4	전화5
2	가은영	O		3개월	중	편한	A	1개월	2회	2주	관계형성	AP약속			

 '가은영'이란 가망고객은 A 그룹이기 때문에 영업 시기를 1개월로 정한 것은 다음 달에 영업으로 진입시키겠다는 목표를 세운 것이고 '전화횟수와 간격'은 2주 간격으로 2번 정도 전화를 계획한 것이다.

 첫 번째 전화는 보험영업하는 것을 알려서 영업적 측면의 연결 고리를 만들기 위한 '관계형성 콜'을 하고 두 번째 전화는 대면면담으로 진입하기 위한 'AP 약속 콜'을 하는 것으로 계획을 수립한 것이다.

B 그룹. 바로 영업은 힘들지만 영업한다는 얘기는 할 수 있는 가망고객

구분	연락처명	판별	이유	접촉빈도	친숙도	전화심리	그룹	영업시기	전화횟수	전화간격	전화1	전화2	전화3	전화4	전화5
5	남형훈	O		6개월	중	보통	B	2개월	3회	3주	관계형성	관계개선	AP약속		

 '남형훈'이란 가망고객은 B 그룹이기 때문에 영업시기를 2개월 후에 영업으로 진입시키겠다는 목표를 세운 것이고 3주 정도의 '전화 간격'으로 3회 정도의 전화를 하겠다고 계획을 세운 것이다.

 첫 번째 전화는 보험영업하는 것을 알려서 영업적 측면의 연결 고리를 만들기 위한 '관계형성 콜'을 하고 두 번째 전화는 가망고객과의 인간적 관계를 좀 개선하거나 친숙도를 높이기 위한 '관계개선 콜'을 하고 세 번째 전화는 대면면담으로 진입하기 위한 'AP 약속 콜'을 하는 것으로 계획을 수립한 것이다.

C 그룹. 영업 얘기는 못할 것 같지만 안부전화는 할 수 있는 가망고객

구분	연락처명	판별	이유	접촉빈도	친숙도	전화심리	그룹	영업시기	전화 횟수	전화간격	전화1	전화2	전화3	전화4	전화5
6	도지용	O		1년이상	중	불편	C	3개월	4회	3주	관계 유지	관계 형성	관계 개선	AP 약속	

'도지용'이란 가망고객은 C 그룹이기 때문에 영업시기를 3개월 후에 영업으로 진입시키겠다는 목표를 세운 것이고 3주 정도의 '전화 간격'으로 4회 정도의 전화를 하겠다고 계획을 세운 것이다.

첫 번째 전화는 오랜만에 안부전화를 하는 것으로 인간적 측면의 연결 고리를 만들기 위한 '관계유지 콜'을 하고 두 번째 전화는 가망고객과의 영업적 측면의 연결 고리를 만들기 위한 '관계형성 콜'을 하고 세 번째 전화는 인간적 관계를 개선시키기 위한 전화를 하고 네 번째 전화는 대면 면담 진입을 위한 'AP 약속 콜'을 하는 것으로 계획을 수립한 것이다.

D 그룹. 안부전화는 힘들지만 안부 문자나 카톡은 보낼 수 있는 가망고객

구분	연락처명	판별	이유	접촉빈도	친숙도	전화심리	그룹	영업시기	전화 횟수	전화간격	전화1	전화2	전화3	전화4	전화5
7	민상훈	O		1년이상	하	불편	D	4개월	5회	4주	관계 유지	관계 형성	관계 개선1	관계 개선2	AP 약속

'민상훈'이란 가망고객은 D 그룹이기 때문에 4개월 후에 영업으로 진입시키겠다는 목표를 세운 것이고 4주 정도의 '전화 간격'으로 5회 정도의 전화를 하겠다고 계획을 세운 것이다.

첫 번째 전화는 오랜 만에 안부 문자를 하는 것으로 인간적 측면의 연결 고리를 만들고 두 번째 전화는 가망고객과의 영업적 측면의 연결 고리를 만들기 위한 '관계형성 콜'을 하고 세 번째, 네 번째 콜은 인간적 관계를 개선하면서 가망고객의 FP의 방문에 대해 어떻게 생각하는지에 대한 영업적 측면의 관계도 판단하는 '관계개선 1, 2차' 콜을 하고 다섯 번째 전화는 대면 면담으로 진입하기 위한 'AP 약속 콜'을 하는 것으로 계획을 수립한 것이다.

E 그룹. A~D 그룹에 속하지 않았거나 누군지 잘 알지 못하는 가망고객

구분	연락처명	판별	이유	접촉빈도	친숙도	전화심리	그룹	영업시기	전화횟수	전화간격	전화1	전화2	전화3	전화4	전화5
10	이선영	X		없음	하	불편	E	4개월	5회	4주	관계형성	관계유지	관계개선1	관계개선2	AP 약속

'이선영'이란 가망고객은 E 그룹이기 때문에 4개월 후에 영업으로 진입시키겠다는 목표를 세운 것이고 4주 정도의 '전화 간격'으로 5회 정도의 전화를 하겠다고 계획을 세운 것이다.

첫 번째 전화는 영업을 명분으로 누군지를 확인하여 인간적, 영업적 측면의 연결 고리를 만들고 두 번째 전화는 단순한 안부전화를 통해 인간적 관계를 강화시키는 '관계유지 콜'을 하고 세 번째, 네 번째 콜은 인간적 관계를 개선시키면서 가망고객의 FP의 방문에 대해 어떻게 생각하는지에 대한 영업적 측면의 관계도 판단하는 '관계개선 1, 2차 콜'을 하고 다섯 번째 전화는 대면면담으로 진입하기 위한 'AP 약속 콜'을 하는 것으로 계획을 수립한 것이다.

그룹별 가망고객에 대한 접근 콜 R/P 매칭은 한 번 정했다고 하더라도 매번 가망고객과의 전화 통화 결과에 따라서 수정되어 그다음 접근계획 수립 시 달라질 수 있다는 것을 꼭 기억해야 한다.

CHAPTER 2

AP 약속 콜

AP 약속 콜은 어떤 전화일까요?

가망고객 명단을 모두 작성하고 분석하고 그룹화까지 했다고 하더라도 영업을 위한 면담 약속(AP)을 잡지 못한다면 '오는 누굴 만나지?'의 문제는 해결되지 않는 것이다. 따라서 AP 약속 콜은 가망고객과 실제 보험영업을 위한 면담약속을 잡기 위한 콜을 말하고 '오늘은 누굴 만나지?'의 문제를 해결하기 위한 가장 핵심이 되는 전화라 할 수 있다.

AP 약속 콜의 대상은 이론적으로는 모든 가망고객이라고 할 수 있지만 현실적으로 AP 약속을 위한 콜을 위해 전화기를 들 수 있는 사람으로 주로 A 또는 B 그룹 정도가 이에 해당한다고 볼 수 있다.

FP는 AP 약속 콜을 통해서 전화하는 모든 가망고객과 약속이 잡혔으면 하는 바람이 있겠지만 현실적으로 이는 불가능할 수 있기 때문에 AP 약속 콜은 이러한 상황을 모두 고려하여 목표를 수립하고 진행해야 한다.

첫 번째는 영업을 위한 면담약속을 잡는 것이다.

AP 약속 콜의 최우선 목표라 할 수 있는데 이를 위해서는 가망고객이 FP를 만나고 싶어하지 않는 심리적 부담감을 해소할 수 있어야 하고 가망고객이 FP를 만났을 때 자신에게 도움이 되는 것이 있다는 것을 명확하게 알 수 있도록 해야 한다.

두 번째는 약속이 안 잡혀도 다시 통화할 수 있도록 하는 것이다.

아무리 좋은 AP 약속 콜 R/P와 또 그것을 사용하는 FP가 아무리 R/P를 잘 소화한다고 하더라도 가망고객의 거절 등으로 인해 전화하는 모든 가망고객과 면담약속이 잡히지는 않을 수 있다.

이때 약속이 잡히지 않은 가망고객과 다시는 영업적으로 전화를 할 수 없는 상황이 된다면 FP 입장에서는 영업기회를 잃어버리는 것이기 때문에 AP 약속이 잡히지는 않더라도 가망고객과 다시 면담약속을 잡기 위해 통화할 수 있는 약속을 잡는 것은 AP 약속 콜의 차선의 목표라고 할 수 있다. 이를 위해서는 고객이 FP의 전화를 부담스럽게 생각하지 않도록 만들어야 하고 다시 전화할 수 있는 명분을 만들 수 있어야 한다.

세 번째는 만나지는 못해도 계속 통화할 수 있는 관계는 만드는 것이다.

AP 약속 TA를 했을 때 최우선과 차선의 목표가 달성되지 않는 상황이 될 수도 있다. 그런데 이런 상황이 되었을 때 가망고객에게 다시는 전화할 수 없는 상황이 돼 버린다면 더 이상 가망고객으로 활용할 수 없게 된다.

따라서 최소한 영업적으로 만나지는 못해도 계속 전화를 할 수 있는 관계를 만드는 것은 AP 약속 콜의 최소한의 목표라고 할 수 있다.

이를 위해서는 고객이 FP의 전화를 부담스럽게 생각하지 않도록 만들어야 할 뿐 아니라 영업적 측면이 아닌 가망고객에게 계속 전화를 할 수 있는 연결 고리를 만들 수 있어야 한다.

성공적인 AP 약속을 위해 반드시 알아야 하는 것은?

AP 약속 콜은 얼굴이 보이지 않는 상태에서 짧은 시간 안에 그것도 보험에 대한 관심이 없을 가능성이 높은 고객과 진행하는 판매과정이라 할 수 있다. 따라서 FP가 원하는 최선의 목표를 달성하기 위해서는 성공적인 TA를 위한 핵심 요소를 이해하는 것이 무엇보다 중요하다고 할 수 있다.

첫 번째는 전화를 받는 고객의 마음을 알고 있어야 한다.

어느 날 FP의 전화를 받았을 때 가망고객은 보험 가입에 관심이 없을 가능성이 높을 수 있고 또 만나면 분명 보험 가입 하라고 하는 거 아닐까 라고 생각할 가능성도 높을 수 있다. 따라서 FP의 전화에 부담을 느끼는 건 당연한데 이러한 가망고객의 심리를 이해하지 못하고 FP가 원하는 목표만을 위해 전화를 하게 된다면 약속이 잡히지 않을 가능성이 높아질 수 있게 된다.

두 번째는 전화의 내용도 중요하지만 많은 전화 시도가 우선되어야 한다.

　FP의 전화를 기다리지 않고 보험에 관심이 없을 가능성이 높은 가망고객에게 전화를 걸어 AP 약속 확률을 높일 수 있는 TA 스킬을 가지고 있는 것은 분명 중요한 요소일 것이다. 하지만 AP 약속 TA의 영업적 성과는 한 사람의 가망고객과의 면담 약속이 아니라 얼마나 많은 가망고객과의 약속을 잡을 수 있느냐이다. 따라서 한 사람에 대한 약속 확률이 좀 낮더라도 AP 약속의 절대적 수를 늘릴 수 있는 많은 가망고객에게 대한 전화시도가 무엇보다 우선되어야 한다.

세 번째는 어떤 말을 해야 할지를 명확히 결정해야 한다.

　AP 약속의 확률을 높이기 위해서는 어떤 말을 해야 할지를 명확히 결정해야 한다. 이를 위해서는 '하고 싶은 말'과 '해야 하는 말'을 반드시 구분해야 하는데 여기서 하고 싶은 말은 계약의 뉘앙스를 가진 말을 의미하는 것이고, 해야 하는 말은 만나자는 것에 집중한 말을 의미한다. 따라서 AP 약속 콜의 목적은 만남의 약속을 잡는 것이기 때문에 고객이 계약의 부담을 느낄 수 있는 뉘앙스의 말이 아닌 편하게 만날 수 있는 말에 집중해야 한다.

네 번째는 TA 화법은 정확하게 사용해야 한다.

　AP 약속 콜에서 '해야 하는 말'은 TA, R/P를 통해서 정확하게 표현되어야 하는데 어떤 방법을 사용하느냐에 따라서 AP 약속 확률은 차이가 날 수 있다. R/P를 외워서 사용하기보다는 R/P를 그대로 읽는 방법이 훨씬 효과적일 수 있다. 왜냐하면 R/P의 정확한 암기는 어렵기도 하고 또 외웠다고 해도 실제 사용 시 정확하게 표현하기 어렵기 때문이다. 하지만 R/P를 그대로 읽게 되면 항상 정확한 R/P를 구사할 수 있고 고객에게 부담을 줄 수 있는 말을 하지 않게 되어 AP 약속을 잡는데 긍정적 영향을 줄 수 있게 된다.

다섯 번째는 가망고객의 거절에 항상 대비해야 한다.

아무리 FP가 R/P를 잘한다고 해도 모든 가망고객과 약속을 잡는 것은 불가능하다. 따라서 가망고객의 거절에 대해 항상 대비해야 하는데 이때는 가망고객과 다시는 영업적인 전화를 할 수 없는 불편한 관계를 만드는 것이 아니라 다시 전화할 수 있는 편한 관계를 만들 수 있도록 거절처리 R/P나 관계회복 콜을 활용할 수 있어야 한다.

 **뭐라고 얘기를 해야 할까요?**

그럼 앞에서 설명한 AP 약속 확보를 위한 핵심요소를 반영하여 전화로 어떻게 얘기를 해야 AP 약속 콜의 목표를 달성할 수 있을까?

기본적으로 가망고객은 FP를 만나고 싶은 마음보다는 그렇지 않은 마음일 가능성이 높기 때문에 FP는 가망고객이 자신을 만나고 싶은 마음이 들도록 하는 것과 이를 가로막는 요소가 무엇인지를 정확하게 이해하고 이를 하나하나 해결할 수 있어야 한다.

마치 AP 약속 콜은 굳게 잠겨 있는 문을 여는 과정과 유사하다고 할 수 있다. 이를 위해서는 가망고객의 마음이 닫혀 있는 이유가 무엇인지를 정확하게 이해하고 이를 열 수 있는 키가 무엇인지 알아야 하는데, 이 과정이 AP 약속 콜의 구성이고 흐름이 되는 것이다.

첫 번째 문은 부담의 문이다.

첫 번째 열어야 할 문은 고객의 마음속에 있는 영업하는 사람이 전화를 한 것 자체에 대한 부담의 문이다. FP의 전화에 고객은 과거에 경험했던 보험영업의 선입견 때문에 "영업으로 만나는 건 좀 부담스러운데"라는 생각을 반드시 하게 된다. 따라서 고객의 '부담의 문'을 열기 위해서는 왜 전화를 하게 되었고 어떤 얘기를 하려고 하기 때문에 부담을 갖지 않아도 되는지를 정확하게 이해시킬 수 있게 얘기해야 한다.

두 번째 문은 의심의 문이다.

두 번째 열어야 할 문은 고객이 가지고 있는 마음속의 계약하라고 하지 않을까에 대한 의심의 문이다. 고객의 '보험 가입하라는 건 아닐까?'라는 의심은 당연한 것이고 이러한 경험을 했을 경우 더욱 의심하여 마음의 문을 닫으려 할 것이다. 따라서 '의심의 문'을 열기 위해서는 고객에게 보험 가입을 권유하지 않아도 되는 이유를 명확히 설명해서 고객이 '그렇지. 보험가입 권유 고민은 안 해도 되겠네'라는 마음을 가질 수 있게 해야 한다.

세 번째 문은 무관심의 문이다.

세 번째 열어야 할 문은 고객이 가지고 있는 보험 관련 정보 제공에 대한 무관심의 문이다. 고객은 이미 보험에 가입하고 있을 가능성이 높고 그래서 '지금은 보험에 대한 관심이 별로 없는데 꼭 만나야 하나?'라는 마음이 들 수 있다. 따라서 '무관심의 문'을 열기 위해서는 FP와 만났을 때 어떤 도움을 받게 될지를 구체적으로 얘기해서 '한번 들어 보는 건 나쁘지 않겠네!'라는 마음이 들게 해서 고객이 FP와의 면담에 관심과 흥미를 갖게 해야 한다.

네 번째 문은 불확신의 문이다.

마지막 열어야 할 문은 고객이 가지고 있는 '만나야 하나 말아야 하나' 고민하는 불확신의 문이다. 고객이 세 가지 문을 열었다고 해도 마음 한 구석에는 '막상 만났을 때 불편한 얘기를 하면 어떻게 하지?'라고 생각할 수 있다. 따라서 '불확신의 문'을 열려면 고객에게 확신을 주는 말을 통해서 '편하게 들어보고 결정하면 되겠네!' 또는 '굳이 안 만날 이유가 없네. 그렇게까지 얘기하는데 안 만나는 게 오히려 이상하네!'라는 마음이 들게 해야 한다.

AP 약속 콜

인사 및 하는 일 소개

"안녕하세요? 선영 씨? 저 김성희입니다."

"아~ 네. 안녕하세요? 잘 지내고 계시죠?"

"네. 저도 잘 지내고 있습니다. 전화 드린 건 다름이 아니라 저 보험영업하는 건 알고 계시죠? XX 보험회사에서 영업하고 있어요. 들어보셨죠?"

"네. 알고 있죠."

"일 시작한지는 (   ) 정도 됐는데 입사한 지 얼마 안 되다 보니 이래저래 교육받느라 이제서야 전화 드리네요."

전화 목적

"오늘 전화 드린 건 우리 회사는 입사를 하면 외부 교육기관으로 위탁교육 보내 주는 게 있거든요. 지금 교육과정 중에 전화 드리는 거예요."

"교육을 받다 보니까 저도 보험 많이 가입하고 있었는데 이제까지 몰랐던 내용도 알게 되고 보험영업을 떠나서 저한테 너무 많이 도움되더라고요."

"지금은 현장실습 기간인데요. 만나서 교육 중에 배웠던 얘기도 들려드리고 선영 씨 피드백도 좀 받고 교육과정 중이라 리포트도 제출해야 돼서 겸사겸사 한번 뵈러 가려고 전화드렸어요."

부담감 해소

"갑자기 전화해서 영업 때문에 뵙자고 하니까 좀 부담스럽지는 않으세요? 다들 부담스럽다고 하시던데…"

(부정) 부담된다. "충분히 그러실 수 있을 것 같네요."

(긍정) 부담되지 않는다. "그렇게 얘기해 주시니 감사하네요."

"그런데 저는 선영 씨 만나서 보험 가입하라고 권유하지는 않으니까 절대 부담 가지실 필요는 없어요. 왜냐하면 먼저 제가 선영 씨의 보험에 대한 생각이나 상황도 잘 모르는데 보험 가입하라고 하는 건 예의도 아닌 것 같구요. 게다가 아무리 아는 사람이라고 해도 오랫동안 납입하는 큰돈을 지불하는 건데 저를 한 번 만나서 쉽게 보험 가입할 수 있으시겠어요?"

면담 목적 및 클로징

"만나 뵙자고 하는 건 교육받으면서 도움받았던 내용도 말씀드리고 또 제 얘기 들으신 것에 대한 조언도 좀 듣고 싶고 해서 겸사겸사 찾아뵈려고 하는 거거든요. 그래서 편한 마음으로 뵙고 싶어서 전화 드렸고요."

"저를 만나 보시고 도움이 된다고 판단되면 한 번 더 영업할 수 있는 기회를 주시면 되고요. 그렇지 않으면 솔직히 말씀해 주시면 될 것 같은데 괜찮으시죠?"

"이렇게 얘기했는데 만나서 보험 가입하라고 하면 얼마나 불편하시겠어요. 저 그런 거 정말 싫거든요."

"이번 주 (　)요일 (　)시 괜찮으시죠? 시간은 30분 정도면 되구요."

R/P 해설

인사 및 하는 일 소개

가장 핵심적인 단어는 '전화 드린 건 다름이 아니라'이다. 이 말은 보험 얘기를 시작하는 '트리거'가 되는 말이고 이 말을 하지 않을 경우 영업 관련 얘기보다는 안부를 묻는 등의 빙빙 도는 얘기로 전화 통화가 전개될 가능성이 높아진다. 이렇게 얘기하면 고객은 마음의 문을 닫을지도 모르지만 이 말을 해서 보험영업을 시작한 것임을 고객에게 정확히 알려야 이후에 고객의 마음속에 닫혀 있는 4개의 문을 열 수 있는 시작이 된다는 것을 꼭 기억해야 한다. 그리고 일 시작한지 얼마되었다는 얘기와 교육 받는 것을 핑계로 이제서 전화하게 됐다는 것을 알려서 그간 매우 바빴다는 것을 간접적으로 고객이 인식하도록 하는 것도 중요한 부분이라 할 수 있다.

부담감 해소

부담감 해소는 AP 약속 콜 중에서 가장 핵심적인 부분으로 고객의 '부담의 문'과 '의심의 문'을 두드려서 열게 하기 위한 단계라고 할 수 있다.

'부담의 문'을 열기 위해 노크를 하는 말은 '좀 부담스러운 마음은 없으세요? 부담스럽다고 하는 분들이 많으시던데'라고 질문하는 것이고 이에 대한 고객의 대답을 통해 고객의 마음을 확인하는 것이다.

먼저 '부담된다'라는 뉘앙스의 표현은 고객이 부담으로 마음의 문이 닫혀 있다는 것을 의미하는데 이때는 고객의 생각을 무조건 받아 주는 '충분히 그럴 수 있다'라는 표현을 쓰면 된다. 반대로 '부담되지 않는다'라는 뉘앙스의 표현은 표면적으로는 고객이 부담으로 마음의 문을 닫지 않았다는 것을 의미하지만 실제 마음속 생각은 아닐 수 있다는 것도 염두에 두어야 하며, 이때는 '그렇게 얘기해 주니 고맙다'라고 표현하면 된다.

부담의 문을 열기 위해서는 부담을 느끼는 것의 핵심인 '계약 권유'에 대한 부담감을 없애 주어야 하는데 이를 위해 '보험 가입 권유는 절대하지 않는다'는 표현을 반드시 해야 한다. 하지만 이때 고객은 '부담의 문'은 열지만 이내 '의심의 문'을 닫게 되는데 이는 FP의 말을 의심하게 되기 때문이다. 따라서 이를 해결하기 위해서 '왜냐하면' 이후에 나오는 계약을 권유하지 못하는 이유 세 가지를 정확히 표현해서 'FP가 만나서 계약 권유를 하지 않겠구나'라는 것을 이해시켜 '의심의 문'을 열게 하는 것이다.

면담 목적 및 클로징

AP 약속 콜의 마지막 부분으로 고객의 '무관심의 문'과 '불확신의 문'을 열게 하기 위한 단계라고 할 수 있다.

먼저 면담 목적은 '교육받으면서 도움받았던 내용을 얘기하고 조언도 듣고 싶다'고 정확히 얘기해서 고객의 '무관심의 문'을 열게 하는 것인데 여기서 무관심의 문을 연다는 의미는 고객의 무관심의 문이 닫히지 않게 하는 정도라고 이해해야 한다. 그리고 고객이 갖게 될 수 있는 '말만 그렇게 하고 만나서는 보험 들라는 것 아닐까?'의 불확신의 문은 '이렇게 얘기했는데 만나서 보험 가입하라고 하면 얼마나 불편하시겠어요. 저 그런 거 정말 싫거든요.'라는 표현을 정확히 하여 열 수 있도록 해야 한다.

AP 약속 콜 실제로 해보기

이제부터는 실제로 AP 약속을 잡을 수 있도록 실습을 해보자.

이 부분은 그냥 읽지만 말고 시간을 내서 그대로 진행해야 실제 AP 약속을 잡을 수 있다. 그렇지 않으면 책만 열심히 읽은 것이 될 것이다.

첫 번째 단계는 TA를 하기 위한 사전 준비이다.

AP 약속 콜을 위해서는 먼저 대상자 명단을 사전에 작성해야 한다. 한 번 콜을 할 때마다 대상자는 A, B 그룹 중에서 최소 10명 이상은 작성해야 하는데 그래야 약 5명 정도의 실제 약속을 잡을 수 있고 영업성과에 유의미한 결과를 만들어 낼 수 있기 때문이다. 그리고 AP 약속 콜은 반드시 시간을 내서 해야 하기 때문에 XX일 XX시에서 XX시의 형태로 사전에 결정하고 진행해야 한다.

두 번째 단계는 실제 TA를 진행하는 것이다.

AP 약속 콜의 명단과 시간이 결정되었다면 다음은 실제로 AP 약속 콜을 진행해야 하는데 이때는 반드시 세 가지를 지켜서 진행해야 한다. 첫 번째는 '시간을 통제'해야 한다. 사전에 정해 놓은 콜 시간에는 절대로 다른 일을 하지 않고 오로지 AP 약속 콜만 할 수 있도록 해야 한다. 두 번째는 '장소를 통제'해야 한다. 반드시 가장 콜 하기 좋은 장소를 정하고 콜 하는 시간에 절대 이동하지 않을 수 있도록 해야 한다. 세 번째는 '목표를 통제'해야 한다. 한 번의 콜을 할 때 최소 5명의 목표를 설정하고 이것이 달성될 때까지 계속 전화를 해야 한다.

결론적으로 AP 약속을 위한 콜은 철저하게 목표 중심의 활동으로 진행해야 영업성과를 올릴 수 있게 된다는 것을 반드시 기억해야 한다.

세 번째 단계는 TA 결과에 따른 이후 계획을 수립하는 것이다.
AP 약속 콜을 하면 네 가지 결과가 나타나는데 각각의 결과에 따라서 이후의 계획을 수립해야 해야 지속적으로 영업으로 연결할 수 있다.

먼저 전화를 시도하지 못한 경우이다.
이 경우는 시간이 없어서 못했을 수도 있고 전화하기가 걸끄러워서일 수도 있다. 어떠한 이유에서든 전화를 하지 못한 것은 분명하기 때문에 이후에 다시 전화를 할 수 있도록 콜 날짜를 결정해 놓아야 한다. 그렇지 않을 경우 다시 전화 시도하는 것을 잊어버릴 수도 있고 또 기억하더라도 적절한 전화 타이밍을 놓칠 수도 있게 된다.

다음은 전화는 시도했지만 통화가 안된 경우이다.
이 경우는 고객이 FP가 전화한 것을 확인하지 못한 경우와 전화한 것을 알기는 했지만 전화를 받지 않은 경우라고 할 수 있다. 하지만 어떠한 원인에서든 고객은 FP가 전화한 것을 분명히 인지하고 있다고 판단되기 때문에 고객에게 '전화 드렸는데 연결이 안 돼서 문자 남깁니다. 편한 시간에 전화 주세요' 등의 문자를 통해 전화한 것을 다시 인지시키도록 해야 하고 이에 고객이 반응할 경우는 AP 약속 콜을 진행하고 그렇지 않은 경우는 다시 전화할 수 있도록 TA 날짜를 결정해 놓아야 한다.

세 번째는 전화 통화는 됐지만 약속이 잡히지 않은 경우이다.
이 경우는 콜의 최선의 목표는 달성되지 않았다고 볼 수 있기 때문에 차선 또는 최소한의 목표 달성을 위한 후속 단계를 진행해야 한다. 이를 위해서는 우선 전화한 당일에 문자나 카톡을 통해서 '제가 만나 뵙자고 했는데 혹시 불편하셨다면 죄송하다'는 메시지를 보내서 고객의 부담스러운 마음을 완화시키는 과정을 반드시 진행해야 하고 이후 다시 전화할 수 있도록 콜 날짜를 결정해 놓아야 한다.

마지막으로 전화 통화도 되고 약속도 잡힌 경우이다.
이 경우는 고객이 FP를 만나겠다고 한 것으로 볼 수 있기 때문에 AP 약속 콜의 최선의 목표가 달성되었다고 볼 수 있다. 하지만 통상적으로 AP 약속이 잡혔더라도 실제로 모두 면담으로 이어지지는 않기 때문에 약속이 깨지는 것을 항상 대비해야 한다. 이를 위해서는 약속 날짜 이틀이나 사흘 전에 반드시 확인 전화를 할 수 있도록 콜 날짜를 결정해 놓아야 한다.

결론적으로 TA 결과에 따른 다음번 계획을 수립하기 위해서는 반드시 이를 기록으로 남겨야 하는데 그렇지 않을 경우 다음번 계획을 잊어버리거나 타이밍을 놓치게 될 수 있다.

AP 약속 콜을 위한 샘플 양식

다음의 양식을 활용하여 실제 AP 약속 콜을 진행하고 결과를 기록한다.

순번	연락처 명	그룹	콜 종류	전화 결과	통화 내용	추후 계획
1	가은영	A	AP약속	시도	전화 통화 안 됨	2주 후 다시 통화 계획
2	강영우	A	AP약속	통화	AP 약속 잡음	다음 주 수요일 12시 약속
3	남형훈	B	AP약속	통화	바쁘다고 다시 통화하자고 함	2개월 후 AP 약속 TA진행
4	도지용	B	AP약속	약속	보험영업하는 것 알리고 점심 약속	다음 주 화요일 12시 약속
5	민상훈	A	AP약속	시도	전화 통화 안 됨	3주 후 다시 통화 계획
6	박준원	A	AP약속	약속	보험 얘기는 싫다고 거절	2개월 후 관계회복 전화
7	이선영	B	AP약속	미시도	전화 걸기가 아직은 껄끄러움	2주 후 다시 통화 계획
8	김준연	B	AP약속	시도	전화 통화 안 됨	문자 남김
9	윤지영	A	AP약속	미시도	너무 불편한 관계라서 전화 못 함	2주 후 다시 통화 계획
10	정학훈	A	AP약속	미시도	전화할까 망설이다 못 함	2주 후 다시 통화 계획

순번	연락처 명	그룹	콜 종류	전화 결과	통화 내용	추후 계획
1						
2						
3						
4						
5						
6						
7						
8						
9						
10						

전화의 결과는 '시도', '미시도', '통화', '약속'으로 구분하여 표시하고 그 내용과 다음번 계획을 기재한다.

CHAPTER 3

관계형성 콜

관계형성 콜은 어떤 전화일까요?

관계형성 콜은 가망고객과의 관계를 새롭게 만들기 위한 전화를 말한다. 이제까지 개인적 친분만 있었던 가망고객과의 관계를 보험영업을 하는 FP로서의 영업적 측면에서 새로운 관계를 만들기 위한 콜을 의미한다.

관계형성 콜의 대상은 자신이 보험영업을 하는 것을 아직 알리지 않은 모든 가망고객이 될 수 있고 가망고객 그룹으로 보면 A에서 E 그룹에 해당하는 모든 사람으로 볼 수 있다. 하지만 이때 가망고객이 FP가 보험영업을 하고 있는 것을 알고 있는지 모르고 있는지는 상관이 없다.

관계형성 콜을 통해서 얻고자 하는 것은 크게 세 가지이다.

첫 번째, 가망고객에게 보험영업하는 것을 정확히 알리는 것이다. 이것은 관계형성 콜의 가장 중요한 목적이고 마치 전쟁에서 상대편에게 '선전 포고'를 하는 것과 마찬가지로 이제부터 FP가 가망고객에게 보험영업을 하겠다는 의도를 정확하게 인식하도록 하는 것이다.

두 번째, FP의 영업전화에 대한 가망고객의 부담을 줄이는 것이다.
FP의 전화를 받는 가망고객은 '언젠가는 나한테도 보험영업을 하겠구나!'라고 생각할 수도 있고 '혹시 나한테 보험 가입하라는 건 아닐까?'라는 생각을 할 수도 있게 된다. 가망고객의 이런 부담감을 없애지 못하면 FP가 전화를 할 때마다 고객은 더욱 부담을 느낄 수도 있고 심지어는 FP의 전화를 받지 않고 싶은 심리도 생길 수 있다는 것을 기억해야 한다.

세 번째, 관계형성 콜 이후 지속적인 전화의 연결고리를 만드는 것이다.
관계형성 콜 이후에도 가망고객을 영업으로 연결시키기 위해서는 몇 차례의 전화가 더 필요할 수 있기 때문에 관계형성 콜 이후에도 FP의 지속적 전화에 대해 부담을 갖지 않고 전화를 받을 수 있도록 해야 한다.

네 번째, 보험영업을 알린 가망고객의 절대적 수를 늘리는 것이다.
관계형성 콜을 영업적 측면에서 보면 보험영업을 하는 것을 최대한 많은 사람에게 알려야 영업 진입이 가능한 가망고객 수를 늘릴 수 있기 때문에 이 또한 중요한 목적이라 할 수 있다.
일반적으로 FP는 자신과 친한 사람들에게는 보험영업하는 것을 알리는 것에 별다른 어려움을 느끼지 않을 수 있지만 그 수는 전체 가망고객 중에서 극히 일부분일 가능성이 높다. 하지만 FP가 가진 대부분의 많은 친하지 않거나 연락을 한 지 오래됐거나 불편한 관계에 있는 가망고객에게는 보험영업을 한다는 것을 알리는 것을 매우 힘들게 생각하거나 심지어는 전화할 생각조차 못하는 경우가 많다.

그 원인을 살펴보면 우선 FP가 자신과 충분한 인간적 관계가 형성되지 않은 사람들에게 전화를 해서 보험 얘기를 해야 하는 것에 대해 느끼는 심리적 부담감 때문이다. 친하지도 않은데, 연락도 자주하고 살지 않았는데 보험영업을 한다고 전화를 해서 친한 척하는 것이 양심에 걸리는 것 같기도 하고 또 전화를 받는 가망고객이 '평상시에 친하지도 않고 연락도 안 하다가 보험영업을 하니까 전화를 하는구나!'라는 부정적 생각을 하는 건 아닐까의 고민 때문에 심리적 부담을 느끼게 된다.

하지만 이런 생각은 잘못된 것이 아니라 자연스러운 것일 수 있다. 왜냐하면 FP도 영업하기 전에 이런 전화를 받았다면 전화를 하는 FP에게 부정적 생각을 했을 것이기 때문이다. 이런 상황을 FP 자신에게 투영해 보면, 그런 생각을 할지도 모를 고객에게 부담 없이 전화하기란 어려울 것이다.

FP의 심리적인 부담은 당연할 수 있지만 더 근본적으로는 이런 심리적 부담감을 떨치고 자신 있게 전화할 수 있는 콜 스킬이 없기 때문이다. 가망고객의 FP의 전화에 대한 부담감을 해소할 수 있는 스킬을 가지고 있어야 하는데 그렇지 못할 경우 가망고객에게 전화를 하려고 할 때 '뭐라고 얘기하지?' 또는 '어떻게 얘기하지?'라는 생각이 들었을 때 할 말이 정확하게 생각나지 않으면 막상 전화기를 들기가 힘들 수 있기 때문이다.

따라서 관계형성 콜을 잘 하기 위해서는 FP 자신과 고객의 심리를 정확하게 이해하고 고객과의 영업적 측면에서 새로운 관계도 만들면서 동시에 보험영업에 대한 부분도 명확히 알릴 수 있는 '관계형성 콜 스킬'을 가지고 있어야 한다.

관계형성 콜에서는 무엇이 중요할까요?

관계형성 콜에서 가장 중요한 것은 고객에게 바로 영업을 하려고 전화를 한 것이 아니라는 것을 명확하게 인식시켜 고객의 마음속에 '보험영업하려고 전화를 한 거 아니야?'라든지 '연락도 안 하다가 갑자기 전화해서 보험들라고 하는 거 아닐까?'와 같은 부담감을 갖지 않도록 하는 것과 그리고 FP가 앞으로 계속 전화를 하겠다는 것을 반드시 알리는 것도 부담감을 주지 않는 것만큼이나 중요하다.

이러한 두 가지 중요성을 고려하여 관계형성 콜을 통해 유의미한 영업적 결과를 만들기 위해서는 두 가지의 원리를 반드시 이해하고 전화를 해야 한다.

먼저 '양적 측면'이다.
'양적 측면'에서 보면 관계형성 콜을 하는 한 사람 한 사람의 가망고객에게 연연하는 것보다는 대상 가망고객들에 대한 많은 양의 적극적이고 지속적인 전화를 통해 계약할 확률이 높아 보이는 사람 즉, 보험에 대한 선입견이 없거나 FP에게 좋은 감정을 가지고 있는 가망고객을 찾는 것이라 할 수 있다. 왜냐하면 아무리 FP가 관계형성 콜을 잘 한다 하더라도 그것을 받아들이는 가망고객이 보험에 대해 아주 부정적인 성향을 가지고 있거나 또는 연락도 하지 않고 친하지도 않았던 사람이 어느 날 갑자기 보험영업을 시작했다고 하면서 친한 척하려는 것을 받아들이려는 마음이 없다면 쉽게 적용되지 않기 때문이다.

다음은 '질적 측면'이다.
'질적 측면'에서 보면 관계형성 콜은 정확하게 구사할 수 있어야 한다. 이를 통해 고객과의 관계를 단 한 번의 전화로 좋은 관계로 만드는 것이 목표가 아니라 가망고객이 가지고 있는 FP의 갑작스러운 보험영업 관련 전화에 대한 심리적인 부담감을 해소해서 FP의 지속적 전화에 대한 저항을 최소화시켜 재통화의 가능성을 높이는 것이라 할 수 있다.

또한 관계형성 스킬의 '양적 측면'과 '질적 측면' 중에는 '양적 측면'에 우선순위를 두어야 한다. 왜냐하면 전화접근은 FP의 콜 스킬로 가망고객을 바꾸기보다는 양을 통해 바뀔 가능성이 높은 사람을 찾는 것이 핵심이기 때문이다.

뭐라고 얘기해야 할까요?

관계형성 콜은 가망고객에 대한 첫 번째 전화로 FP나 고객 모두 부담스러울 수 있지만 FP의 측면에서는 이후에도 지속적으로 전화를 해야 하기 때문에 처음부터 명확한 전화 목적을 가지고 이에 맞는 말을 정확하게 할 수 있어야 한다. 그러기 위해서는 우선 관계형성 콜의 기본적인 흐름을 알고 있어야 하는데 크게 네 단계로 나누어 볼 수 있다.

인사 ▶ 하는 일 소개 ▶ 부담감 해소 ▶ 클로징

첫 번째 인사는 지인과의 통상적인 인사라 할 수 있다.

두 번째 하는 일 소개는 FP가 보험영업을 하게 된 것을 알리는 것으로 보험영업을 하게 된 계기나 전화할 때의 FP의 심리 등을 표현하는 단계라 할 수 있다.

세 번째 부담감 해소는 전화를 받는 고객이 느낄 수 있는 부정적인 감정을 끄집어 내서 없앨 수 있도록 하는 것을 말한다.

네 번째 클로징은 1차 콜 이후 지속적으로 전화를 하겠다는 것을 고객에게 인식시키는 것을 의미한다.

친한 지인 대상 관계형성 콜

하는 일 소개
"전화한 건 다름이 아니라 민영씨 저 어떤 일 하는지 알고 계시죠?"
"XX보험에서 보험영업하고 있어요. 영업한 지 (얼마) 정도 됐는데 주변분들에게 알린다고 알렸는데 민영씨한테는 제대로 말씀드린 적이 없더라구요. 그래서 겸사겸사 전화 드렸어요."

보험영업에 대한 부담감 해소
"갑자기 보험영업한다고 전화하니까 부담스러우신 건 아니시죠?"
 (긍정 또는 부정 반응)
 (긍정) "다행입니다." (부정) "충분히 그럴 수 있으시죠."
"다른 분들은 보험 한다고 하면 아무 얘기도 안 했는데 '보험 들 거 없다.', '못 도와줘서 미안하다.', 심지어는 '보험 얘기는 하지도 마라' 라고 하더라구요. 아마도 많이 부담되시는 거 같더라구요."
"사실 생각해보니까 저도 전에 그런 생각을 했었거든요. 그러면 되게 부담스러울 것 같은데 어떠세요?"
 (긍정) "뭐 영업하시는 건데 부담스럽기는요."
"그렇게 얘기해 주시니 감사합니다. 그래도 전화할 때 괜히 불편하게 해드리는 건 아닐까 조금 걱정도 되고 망설여지기도 하더라고요."
 (부정) "아무래도 좀 그렇죠."
"그러실 것 같아서 여쭤본 거거든요. 그래서 전화할 때 불편하게 해드리는 건 아닐까 조금 걱정도 되고 망설여지기도 하더라구요."

보험가입에 대한 부담감 해소

"그래도 영업하는 사람이니까 아는 분들한테 많이 알리고 있거든요. 다는 아니지만 도움이 됐다고 좋아하는 분들도 꽤 있으시더라고요."

"그래서 기회 되면 한번 갈게요. 그렇다고 보험 들라고는 안 하니까 절대 부담 갖지는 마시구요. 왜냐하면 민영씨의 보험에 대한 생각이나 어떤 보험 들고 계신지도 모르는데 좋은 보험 있으니 가입하라고 하면 그건 예의도 아니고 또 쉽게 가입할 수 있으시겠어요? (쉽지 않겠죠)

"그럼요. 요즘 보험 한두 개 안 드신 분들이 어디 있나요? 그래도 얘기 들어보시고 도움이 되고 정말 필요해서 가입하시는 거라면 그건 부담 주는 거 아니니까 괜찮지 않을까요?" (그건 그렇죠)

"또 이렇게 얘기하고 만나서 보험 들라고 하면 저 보기 불편하지 않으시겠어요? 그런 건 저도 부담스러워 싫고요. 그냥 영업하는 사람에게 기회 한번 주신다고 생각하시면 좋을 것 같은데 그 정도는 괜찮으시죠?" (보험 드는 거 아니면 그 정도는 해 드릴 수 있죠)

클로징

"그렇게 말씀해 주시니 감사합니다. 오늘은 보험영업하는 거 알려드리려고 전화한 건데 너무 제 얘기만 한 것 같네요. 요즘 어떻게 지내세요?" (고객 개인, 자녀 등의 공통 관심사에 대한 얘기)

"이번 달은(언제까지는) 워낙 약속도 많고 교육도 많아서 쉽지 않을 것 같고요. 그 이후에 전화 드리고 얼굴 한번 뵈러 갈게요. 괜찮으시죠?"

R/P 해설

가망고객 중 A, B 그룹의 가망고객에게 보험영업하는 것을 정확히 알리고 고객이 FP를 만나는 것에 대한 부담감을 갖지 않도록 하여 조만간 영업으로 만나자는 것을 정확히 인식시키기 위한 전화라고 할 수 있다.

'하는 일 소개'의 핵심은 '어떤 일 하는지 알고 계시죠?'라는 질문을 통해서 보험영업하는 것을 명확히 알리는 것이다. 그리고 영업한 지 얼마 됐다는 것을 통해 보험영업한다는 것을 명확히 얘기하는 것이다.

보험영업에 대한 부담감 해소의 핵심은 '보험영업한다고 하니까 부담스러운 건 아니시죠?'라는 질문을 통해 고객이 FP의 전화에 부담감이 있는지 확인하고 이를 이해한다는 말을 통해 고객의 부담감을 해소하는 것이다.

보험가입에 대한 부담감 해소의 핵심은 '보험 들라고 하지 않으니까 절대 부담갖지 마시구요'와 그 뒤의 계약권유를 하지 않는 명확한 이유 제시를 통해 고객이 가지고 있는 FP가 보험 가입하라고 하는 것 아닐까에 대한 부담감을 해소시키는 것이다.

클로징의 핵심은 오늘 전화의 목적이 보험하는 거 알리는 것이었는데 얘기가 너무 길어졌다는 표현과 함께 화제를 전환해서 고객의 상황을 듣고 이후 면담에 대한 연결고리를 만드는 것이다.

오랫 동안 연락 못했던 지인 대상 관계형성 콜

인사

"김현주 씨 핸드폰 아닌가요?" (네, 전데요)

"안녕하세요? 저 한소영이예요. 저 누군지 아시겠어요?"
(그럼요. 소영씨)

"기억하시는구나! 정말 오랜만이예요. 아마 그때 보고 안 봤으니까 거의 O년 만이네요? 요즘은 어떻게 지내세요?"
(저야 뭐 똑같죠! 소영씨는요?)

하는 일 소개

"저도 잘 지내죠! 지금은 OO보험회사에서 FP하고 있어요. FP가 뭔지는 아시죠?" (보험영업하시는 거 아닌가요?)

"맞아요. 보험영업한 지 XX개월(년) 정도 됐어요. 그런데 보험영업하다 보니까 그동안 연락 못하고 지내던 분들에게 전화하게 되더라구요. 그런데 사실은 전화할 때 좀 고민도 되고 망설이기도 했는데요. 아무 연락도 없이 지내다가 불쑥 전화해서 보험영업을 한다고 연락을 한다는 게 미안한 마음도 들기도 하구요. 또 이렇게 전화 드렸을 때 혹시나 불편하지 않으실까 하는 염려도 좀 되고 해서 아무래도 망설여지더라고요."

부담감 해소

"현주씨는 이렇게 갑자기 전화 드리니까 어떠셨어요?"

(좀 의외이긴 해요.)

"역시 그러시구나. 저도 보험영업 안 할 때는 그랬었는데 충분히 그럴 수 있다고 생각해요. 그래서 보험 얘기는 안 드리려고요. 그렇게 생각하시는데 만나서 보험 얘기하자고 하면 듣기야 들어 주시겠지만 괜히 불편함을 드릴 필요는 없을 것 같아서요."

클로징

"이렇게 전화통화된 것도 너무 좋은데요. 아무튼 연락이 되었으니 이제부터 자주 연락하고 지내요."

(그렇게 하세요.)

"너무 반가웠고요. 잘 지내세요. 그럼 이만….
"

R/P 해설

관계형성 콜로 바로 영업을 시작하는 것은 어렵다. 이는 B, C그룹에 있는 가망고객들에게 '보험영업을 한다'는 것을 정확히 알리고, 고객이 이에 대한 부담을 갖지 않도록 하는 전화라고 할 수 있다.

인사의 핵심은 인사 이후 고객보다 먼저 '요즘 어떻게 지내세요?'라는 질문을 통해 전화의 주도권을 갖도록 하는 것이다. 왜냐하면 고객이 먼저 물어봤을 때 '보험영업'을 한다고 하면 갑자기 분위기가 어색해질 수 있고 이것은 FP가 전화의 주도권을 잡기 힘들어질 수 있기 때문이다.

하는 일 소개의 핵심은 '보험영업을 하니까 연락 못하던 분들에게 전화하게 되더라고요'라는 것을 통해 하는 일을 정확히 알리고 또한 '전화할 때 고민되고 망설여졌다'라는 것을 통해 연락하지 않다가 자신이 필요해서 전화하는 것 같아 미안한 마음이 들었다는 것도 표현하는 것이다.

부담감 해소의 핵심은 '갑자기 전화 드리니까 어떠셨어요?'라는 질문과 '보험 얘기는 안 드리려구요'라는 표현을 통해 FP가 고객에게 부담을 주려고 전화한 것이 아니라는 것을 인식하도록 하는 것이다.

클로징의 핵심은 만나자는 표현은 안 쓰고 '연락되었으니 자주 연락하고 지내요'라는 표현을 통해 고객을 부담스럽게 하지 않으면서 이후에도 연락하겠다는 것을 인식시키는 것이다.

사전 안부전화 진행했던 지인 대상 관계형성 콜

인사
"민영씨 안녕하세요? 한소영이에요." (네. 안녕하세요?)
"그간 별일 없으셨죠?" (네. 별일 없었죠. 소영씨도 잘 지내시죠?)

하는 일 소개
"네. 그럼요. 그런데 오늘 전화드린 건 좀 드릴 말씀이 있어서요."
(뭔데요?)
"사실은 지난번 전화할 때 말씀 못 드렸는데 저 보험회사 들어갔어요. XX 보험에서 영업 시작했거든요. 이제 XX개월 됐어요. 그런데 지난번에는 막상 보험한다고 말씀드리려고 하니까 되게 망설여지기도 하고 어떻게 얘기할까 고민도 많이 돼서 참 쉽지 않더라고요."(그러셨구나)

부담감 해소
"왜냐하면 아무 연락도 없이 지내다가 오랜만에 전화해서 보험영업한다고 하면 '결국 보험영업하려고 전화한 거 아니야?'라고 생각하실까 하는 부담도 있고요."
"또 전에 저도 이런 전화 받을 때 부담스럽고 불편한 마음이 있었는데 제가 막상 보험 한다고 전화하려니 선뜻 입이 안 떨어지더라고요."
"어떠세요? 제가 보험영업한다고 말씀드리니까? 솔직히 얘기해 주셔도 돼요." (좀 갑작스럽기는 하네요)
"역시 그러시구나. 저도 보험영업하기 전에 그런 경험이 있었는데 민영씨가 그렇게 생각하시는 거 충분히 그럴 수 있다고 생각해요."
"그렇게 생각하시는데 제가 만나서 보험 얘기한다고 하면 들어야 주시겠지만 마음속으로는 얼마나 불편하시겠어요? 그래서 저랑 보험 얘기하는 건 나중에 민영 씨가 궁금한 게 있거나 필요한 게 있으면 언제든지 얘기할 수 있으니까 그렇게 신경 쓰지 않으셔도 될 것 같고요."

클로징
"그래도 제가 보험영업하게 돼서 다시 연락이 됐으니까 이제부터 전화는 자주 드릴게요. 괜찮으시죠?" (그렇게 하세요)
"너무 반가웠고요. 잘 지내세요."

📢 R/P 해설

사전 안부전화를 진행했던 지인에 대한 관계형성 콜은 연락을 오랜 동안 하지 않았거나 친숙도가 떨어지는 가망고객에 대해서 사전에 보험영업하는 것을 알리지 않고 안부전화나 문자만 했었던 C, D그룹을 대상으로 하는 일을 정확히 알리고 고객이 FP가 보험영업하는 것에 대한 부담감을 갖지 않도록 하기 위한 전화라고 할 수 있다.

하는 일 소개의 핵심은 '오늘 전화 드린 건'이라고 운을 떼고 난 뒤 '지난번에 말씀 못 드렸는데'라고 하면서 보험영업 시작한 것을 정확히 알리고 '망설여지고 고민도 많이 돼서'와 같은 표현을 통해 고객에게 FP가 보험한다고 얘기하는 것을 고민했구나라는 생각을 하도록 하는 것이다.

부담감 해소의 핵심은 '결국 보험영업하려고 전화한 거 아니야!'라는 고객의 속마음을 정확히 들어내어 고객에게 FP가 자신의 마음을 충분히 이해하고 있다는 것을 표현하고 이런 마음을 알고 있기 때문에 보험 얘기는 안 하겠다는 것을 명확히 알려 고객의 부담감을 해소시키는 것이다.

클로징의 핵심 개념은 '연락되었으니 자주 연락하고 지내요'라는 표현을 통해 FP가 보험영업을 하게 돼서 연락을 하게 된 것이지만 연락이 되었으니 자주 연락하겠다는 것을 고객에게 인식시키는 것이다. 또한 만나자고 하는 표현을 안 쓰고 전화하겠다는 표현을 써서 고객이 부담스러워 할 만한 것은 피할 수 있도록 하는 것이다.

누군지 모르는 사람 대상 관계형성 콜

인사
"김민영씨 핸드폰이죠?" (네, 맞는데요. 누구시죠?)
"안녕하세요? 저는 한소영이라고 합니다. 혹시 저를 아시나요?"
 (글쎄요. 누구시죠?)
"혹시 어느 학교(동문), 어느 회사(전 직장), 어느 동네(지역)에서 저를 아시는 분이 아니신가요?" (글쎄요. 잘 모르겠는데요)
"그러시구나. 제가 아는 분은 아니신 것 같네요."

하는 일 소개
"전화 드린 건 제가 보험영업하고 있는데 제 핸드폰에 이름이 있는데 잘 모르는 분들이 있어서 혹시나 아는 분인지 하고 전화드렸습니다."

부담감 해소
"혹시 불편하셨다면 죄송하단 말씀드릴게요." (아니요. 그럴 수 있죠)

클로징
"그런데 혹시 어떤 일하고 계신지 여쭤볼 수 있을까요? 혹시 지금은 생각 안 나도 나중에 아는 분이실 수 있으니까 해서요."
 (XX 관련 일을 합니다.)
"전화 받아주셔서 감사드리고요. 또 전화 통화할 수 있는 기회가 있었으면 좋겠습니다. 좋은 하루 보내세요."

R/P 해설

 누군지 모르는 사람에 대한 관계형성 콜은 핸드폰의 연락처에 있는 사람 중 누군지 기억이 나지 않는 가망고객 그룹 중 E 그룹으로 분류된 사람들을 대상으로 어떤 사람인지를 확인하고 보험하는 사람이라는 것을 알리는 전화라고 할 수 있다.

 이 전화는 아는 사람인지를 확인하는 것보다는 모르는 사람에게 용기 내서 전화를 시도하는 것과 편하지 않은 가망고객에 대한 관계형성 콜 훈련을 위한 전화라는 것에 의미를 부여하는 것이 핵심이다.

 인사의 핵심은 연락처에 있는 사람과 어떤 관계가 있는 사람인지를 확인하는 것인데, 다양한 경로의 질문을 통해 확인을 해야 한다.

 하는 일 소개의 핵심은 '제가 보험영업을 하고 있는데'라는 표현을 통해 가망고객에게 보험영업하는 사람임을 명확히 밝히는 것이다.

 부담감 해소의 핵심은 가망고객이 모르는 사람일 경우 '불편하셨다면 죄송하다'는 표현을 통해 상대가 불편한 감정을 갖지 않게 하는 것이다.
 클로징의 핵심은 어떤 일을 하고 있는지 질문하는 것을 통해 나중에 다시 전화할 수 있는 최소한의 연결 고리를 만드는 것이다.

관계형성 콜 실제로 해보기

이제까지 관계형성 콜에서 다루었던 R/P들은 가망고객을 대상으로 실제로 전화를 해봐야 의미가 있는데 지금부터는 책으로만 읽지 말고 단계별 진행 흐름에 따라서 직접 진행해 보도록 한다.

1단계 : 대상자 선정

가망고객 A~E 그룹에 있는 가망고객 중에서 현재까지 보험영업하는 것을 알리지 않은 가망고객을 선정하는 것으로 한 번 전화할 때 최소한 20명 정도의 대상자 명단을 작성할 수 있도록 한다.

2단계 : R/P 매칭

관계형성 콜 대상자를 선정한 이후에는 개별 가망고객에 적용할 R/P를 결정하는 것으로 관계형성 콜 예제에 나와 있는 R/P 중 가망고객의 그룹에 해당하는 R/P를 매칭하면 된다.

3단계 : 콜 훈련

대상자 콜을 하기 전에는 충분한 워밍업을 통해 긴장감을 풀고 자신감을 가진 상태에서 전화를 할 수 있도록 우선 R/P를 훈련해야 한다. 훈련 방법은 사용할 관계형성 콜을 3회 정도 읽어보도록 하는데 처음은 그냥 R/P를 그대로 읽는 훈련을 하고 2, 3회 훈련은 실제로 전화할 가망고객의 이름을 대입해서 실제 전화하는 것과 같이 R/P를 읽도록 하는 것이다.

4단계 : 대상자 콜

관계형성 콜을 위해서는 우선은 콜 시간을 반드시 정해야 한다. 예를 들면 수요일 오후 5시~6시로 정하고 그중 10분은 사용할 관계형성 콜 R/P를 훈련하고 40분은 실제 콜 시간으로 사용하고 나머지 10분은 통화 결과를 피드백 하는 시간으로 사용할 수 있도록 계획을 세우는 것이다. 또한 실제 TA에서 가장 중요한 것은 몇 사람과 통화하느냐보다는 몇 명에게 시도하느냐에 집중하는 것이다. 예를 들어 40분 정도를 전화한다면 최소 10명 이상에게 통화를 시도할 수 있도록 해야 한다. 그러기 위해서는 AP 약속 콜에서 언급했던 것과 마찬가지로 '시간'과 '공간'과 '숫자'를 통제하면서 전화를 할 수 있도록 해야 한다.

5단계 : 추후 계획 수립

관계형성 콜이 끝난 후에는 콜 결과를 토대로 이후 접근 시기와 방법을 결정하고 계획을 수립해야 한다. 먼저 통화가 된 경우는 접근 콜을 계속할지 판매과정으로 진입시킬지를 결정해야 한다. 또한 통화가 안 된 경우는 최소한 2주일 이후에 재통화를 위한 다음번 콜 계획을 세워야 한다. 그리고 시도를 못한 경우는 최소한 2주 정도의 시간을 두고 다시 전화할 수 있는 계획을 세우는 것이 좋다.

관계형성 콜 샘플 양식

다음은 3부에서 다루었던 가망고객 발굴 양식을 기반으로 작성된 콜 양식 샘플을 활용하여 20명의 가망고객에게 관계형성 콜을 진행해 보도록 하자.

순번	연락처 명	그룹	콜 종류	전화 결과	통화 내용	추후 계획
1	가은영	A	관계형성	시도	전화 통화 안 됨	2주 후 다시 통화 계획
2	강영우	A	관계형성	통화	보험영업하는 것 말함	1개월 후 AP 약속 TA진행
3	남형훈	B	관계형성	통화	보험영업하는 것까지 알림	1개월 후 AP 약속 TA진행
4	도지용	B	관계형성	약속	보험영업하는 것 알리고 점심 약속	다음 주 화요일 12시 약속
5	민상훈	C	관계형성	시도	전화 통화 안 됨	3주 후 다시 통화 계획
6	박준원	C	관계형성	통화	보험영업한다고 말함	1개월 후 안부전화 계획
7	이선영	C	관계형성	미시도	전화 걸기가 아직은 껄끄러움	2주 후 다시 통화 계획
8	김준연	D	관계형성	시도	전화 통화 안 됨 (번호 변경)	친구 통해 번호 확보 후 통화 계획
9	윤지영	D	관계형성	미시도	너무 불편한 관계라서 전화 못 함	2주 후 다시 통화 계획
10	정학훈	D	관계형성	미시도	전화할까 망설이다 못 함	2주 후 다시 통화 계획

순번	연락처 명	그룹	콜 종류	전화 결과	통화 내용	추후 계획
1						
2						
3						
4						
5						
6						
7						
8						
9						
10						

CHAPTER 4

관계개선 콜

관계개선 콜은 어떤 전화일까요?

관계개선 콜은 가망고객과의 관계를 증진시키기 위한 전화를 말하는데 관계형성 콜을 통해서 영업적인 연결 고리를 만든 가망고객과의 인간적 관계나 친숙도를 향상시키고 영업적 측면에서는 면담단계로 넘어갈 수 있는지의 상황 파악이나 조건을 만드는 전화라고 할 수 있다.

관계개선 콜의 대상은 관계형성 콜을 진행한 가망고객 중 대면영업으로 진입을 위한 AP 약속 TA까지는 진행하지 못하는 모든 그룹의 가망고객이라 할 수 있다.

관계개선 TA를 통해서 얻고자 하는 목표는 크게 세 가지다.

첫 번째는 정기적인 전화통화로 가망고객과의 친숙도는 높이는 것이다. 이것은 관계개선 콜의 표면적인 목표라 할 수 있는데 가망고객과의 인간적 측면의 관계를 이전보다 좀 더 나아지게 하는 것이라 할 수 있다.

가망고객과의 관계를 증진시키기 위한 가장 좋은 방법은 자주 얼굴을 보는 것이지만 관계형성 콜을 한 상황에서 가망고객과의 면담은 아직 어려울 수 있기 때문에 전화통화를 통해서 가망고객이 FP의 전화를 받을 수 있는 관계까지 만드는 것이 핵심이라 할 수 있다.

두 번째는 고객의 상황, 생각, 정보 등의 파악을 통해서 영업진행을 위한 대면면담의 기반을 만드는 것이다. 이것은 관계개선 콜의 가장 중요한 목표라 할 수 있는데 표면적으로는 가망고객에게 FP가 자신에게 영업을 하려는 의도를 가지고 있다는 뉘앙스를 느끼지 않게 하는 한편 영업 관련 애기를 통해서 대면면담으로 연결될 수 있는 명분을 만드는 것이다. 이를 위해서는 가망고객이 가망고객의 위치나 FP 방문에 대한 생각 아니면 고객의 보험 관련 정보를 파악하는 것이 핵심이라 할 수 있다.

세 번째는 전화를 하는 과정에서 가망고객의 반응이나 태도를 파악하여 판매과정 진입 등의 이후 계획을 세우는 것이다. 이것은 관계형성과 개선 콜까지 진행된 결과를 토대로 FP가 원래 수립했던 접근계획과 비교해서 이후 과정을 수정하기 위한 것이라 할 수 있다. 이를 위해서는 전화 통화의 내용도 중요하지만 가망고객이 하는 말의 뉘앙스가 긍정적인지 부정적인지를 파악하는 것이 매우 중요하다. 그 이유는 긍정적인 요소가 많을 경우는 전화 시기나 영업 진입을 위한 AP 약속 TA의 시기를 앞당길 수 있지만 부정적인 요소가 많을 경우는 섣부른 영업 진입보다는 지속적 관계유지에 집중하는 것이 훨씬 효과적일 수 있기 때문이다.

하지만 관계개선 콜은 관계형성 콜보다 어려운 점이 있는데 이를 해결하지 못할 경우 효과가 떨어질 수 있다.

첫 번째는 관계개선 콜을 한두 명의 가망고객에게 적용시킨다면 굳이 계획을 세우지 않아도 되겠지만 관계개선 콜은 판매과정으로 진입 가능성이 높은 가망고객의 절대적인 수를 증대시키는 것이 가장 중요한 목표이기 때문에 우선은 많은 양의 전화가 필수 조건이라 할 수 있다.

두 번째는 관계개선 콜은 가망고객에게 단기간 잦은 연락을 하는 것이기 때문에 전화할 때 명분을 찾지 못하거나 또 찾더라도 그것을 정확하게 전화를 통해 전해야 하는데 이를 위한 콜 스킬을 가지고 있지 못하면 쉽게 전화할 수 없게 된다.

세 번째는 관계개선 콜 시 FP는 관계형성 콜을 했기 때문에 좀더 수월하게 전화를 할 수 있다고 생각할 수 있지만 가망고객 입장에서는 처음에는 FP가 보험영업하는 것을 모르는 상태에서 전화를 받았지만 두 번째 전화부터는 FP가 영업을 한다는 것을 알고 있는 상태이기 때문에 오히려 더 부담스러울 수 있기 때문이다. 따라서 한 번 전화 통화가 되었다고 가망고객과의 관계가 좋아졌다고 판단하지 말고 고객의 심리를 이해하고 관계개선 콜의 목표를 이룰 수 있도록 R/P를 사용해야 한다.

관계개선 콜에서는 무엇이 중요할까?

관계개선 콜은 관계형성 콜과 AP 약속 TA의 중간 매개체로 가망고객과 전화를 하는 관계에서 면담으로 연결시키는 역할을 하기 때문에 관계형성 콜 이후 적절한 시기와 그에 맞는 전화 내용이 잘 전달되어야 가망고객과의 친숙도를 증대시킬 뿐 아니라 면담 가능성도 높일 수 있게 된다. 그런데 관계형성 콜 이후 FP나 너무 조급하게 관계개선 콜 시기를 너무 빠르게 당기거나, 반대로 관계개선 콜 시기를 잊어버려 너무 늦어진다면 가망고객에게 이전보다 더 부담을 줄 수도 있다.

또한 관계형성 콜 이후 적절한 시기에 관계개선 콜을 했더라도 그 내용이 고객에게 부담감을 주게 된다면 면담단계로 이어질 가능성은 낮아질 수 있게 된다.

따라서 관계개선 콜의 핵심은 관계형성 콜 이후 최적의 시기에 콜을 할 수 있는 계획을 세우는 것과 관계개선 콜의 목적에 부합할 수 있도록 정확한 R/P를 구사하는 것이라 할 수 있다.

먼저 최적의 관계개선 콜 계획을 세우는 것은 단순히 개별 가망고객에 대한 관계형성 콜을 진행한 이후에 계획을 세우게 되면 누락되는 가망고객이 생길 수도 있고 전체 가망고객에 대한 접근계획 실행을 파악할 수도 없게 될 가능성이 높아질 수 있다.

따라서 관계개선 콜 계획은 전체 가망고객에 대한 콜을 시작하는 접근계획 수립 단계부터 세워져야 한 명의 가망고객도 놓치지 않고 콜을 할 수 있게 하고 전체 접근 상황을 파악할 수 있게 된다. 이를 위해서는 구체적인 콜 날짜를 사전에 준비하여 기록으로 남기는 것이 반드시 필요하다.

그리고 관계개선 콜을 할 때 사용하게 되는 콜 내용인데 관계개선 콜은 한 번으로 끝날 수도 있지만 상황에 따라 여러 번의 콜이 필요할 수도 있기 때문에 각각의 콜 시 적용할 수 있는 스킬을 가지고 있어야 한다. 이를 위해서는 개별 콜에 대한 목표를 명확히 이해하고 이에 따른 훈련을 통해 콜 스킬을 향상시켜야 한다.

개별 콜 시의 목표는 공통적으로는 지속적 전화의 명분을 획득하는 것과 대상자의 반응이나 태도를 통해서 성향을 파악하는 것이라 할 수 있고 개별적으로는 고객의 정보를 파악하여 면담으로 연결시킬 수 있는 고리를 만드는 것이다.

결론적으로 관계개선 콜을 통해서 FP는 판매과정으로 곧장 진입시킬 수 있는 가망고객과 또 다른 관계개선 콜을 진행해야 할 가망고객과 지속적으로 관계유지만을 위해 전화할 사람을 결정할 수 있어야 한다.

관계개선 콜은 어떻게 해야 할까요?

관계개선 콜은 가망고객이 오히려 더 부담스러울 수 있는 것을 감안하여 FP의 전화에 대해 부담을 느끼게 하지 않으면서도 대면면담 가능성을 높일 수 있도록 해야 한다. 이를 위해서는 명확한 전화의 목적을 가지고 이에 맞는 말을 사용해야 하는데 관계개선 콜의 기본적인 흐름은 이를 반영하여 다음과 같이 구성되어 있다.

인사 ▶ 전화명분 ▶ 상황파악 ▶ 클로징

첫 번째 인사는 통상적인 인사를 하는 단계라 할 수 있다.

두 번째 전화명분은 고객에게 다시 전화를 하게 된 이유를 설명하는 것으로 고객이 FP의 전화에 부담을 느끼지 않게 하면서 자연스럽게 통화를 할 수 있도록 만드는 단계라 할 수 있다.

세 번째 상황파악은 고객과 관계된 상황이나 성향 등을 파악하기 위한 단계라 할 수 있다.

네 번째 클로징은 가망고객과의 면담 가능성에 대한 고객의 반응을 파악하기 위한 단계라 할 수 있다.

연락처 정리를 명분으로 한 관계개선 콜

인사

"현주씨 안녕하세요? 저 한소영이예요." (네. 안녕하세요?)
"지난번에 보험영업한다고 연락 드렸었는데 요즘 일이 바빠져서
정신없이 지내다 보니 이제서야 전화드리네요. 그간 별일 없으셨죠?"

전화 명분

"오늘 전화 드린 건 그간 연락 못했던 분들한테 전화 자주 드려야 하는데
워낙 사람이 많다 보니 정리가 안 돼서 오늘 사무실에서 연락처하고
명함 정리하다가 보니까 현주씨 한테 전화한지도 벌써 한 달이
지났더라구요. 그래서 생각나서 전화 드렸어요."

상황 파악

"그런데 현주씨는 어때요? 제가 보험영업한다고 자주 전화 드리는 거 괜
찮으시죠? 어떤 분들은 부담스럽다고 하시는 분들도 계시더라고요. 그
래서 요즘은 자주 찾아 뵙지는 못해도 전화는 자주 드리려고요.
전화드리는 건 괜찮으시죠?"

클로징

"아~ 그리고 현주씨 사무실(집)이 XXX이지 않으신가요?
그 쪽 갈 때 연락 드리고 한번 들를게요. 차 한잔 주실 거죠?"

R/P 해설

　연락처 정리를 명분으로 한 관계개선 콜은 관계형성 콜 이후 바로 영업으로 진입하기 어렵다고 판단하는 가망고객과의 친숙도 증대와 가망고객의 FP 방문에 대한 반응을 파악하기 위한 전화라고 할 수 있다.

　인사의 핵심은 관계형성 콜 이후 오랜만에 전화하게 된 것을 '정신없이 지내다보니'의 표현을 통해 FP가 열심히 하고 바쁘다는 것을 알려 자연스럽게 인사를 건네는 것이라 할 수 있다.

　전화명분의 핵심은 전화한 명분을 보험영업하는 사람이 연락을 많이 해야 하는데 정리가 안돼서 못 하고 있다가 연락처 정리를 하는 중에 고객에게 이전에 전화를 한 이후 시간이 많이 지난 것을 알게 되어 전화를 다시 하게 됐다는 표현을 통해 자연스럽게 만드는 것이라 할 수 있다.

　상황파악의 핵심은 고객이 가질 수 있는 잦은 전화에 대한 부담감이 있는지와 앞으로 자주 전화하겠다는 것에 대한 확인을 통해 면담단계로 진입할 수 있는 가능성을 타진하는 것이라 할 수 있다.

　클로징의 핵심은 가망고객이 사는 곳(사무실)이 어딘지를 확인하여 방문 가능성을 파악하여 다음번 계획을 세우기 위한 판단 기준을 만드는 것이라 할 수 있다.

교육을 명분으로 한 관계개선 콜

인사
"현주씨 안녕하세요? 그동안 별일 없으셨죠?"
(네. 잘 지내고 있습니다.)

전화 명분
"지난번에 연락 자주 드린다고 했는데 최근 들어 영업도 많이 바빠지고 또 교육도 많고 해서 이제서야 다시 전화 드리게 됐네요.
사실은 오늘도 교육 들어왔는데 실습 시간에 전화 드리는 거예요. 교육 내용이 콜 관련 교육인데 원래 영업하는 사람은 전화를 많이 해야 되잖아요. 그런데 교육 중에 아는 분들한테 전화해서 하는 일도 알리고 안부전화도 하는 실습 시간인데 문제는 하루에 100명한테 전화를 해야 하는 거예요. 그래서 지금 5시간째 전화하는 중 이예요. 오늘 다 못하면 집에 안 보내 준대요. 지난번 기수는 8시 넘어서까지 했대요. 원래 우리 회사가 교육이 빡세기로 유명하거든요."

상황 파악
"이번 달에는 다음 주 정도에 계약자 증권 전달하러 가는데 그때 미리 전화 드릴게요. 시간 되시면 얼굴 한번 뵐 수 있으시죠?"

클로징
"그럼 다음 주에 전화 드리고 찾아뵐게요".

R/P 해설

 교육을 명분으로 한 관계개선 콜은 연락처 정리를 명분으로 한 관계개선 콜과 같이 바로 영업으로 진입하기 어렵다고 판단하는 가망고객과의 친숙도 증대와 가망고객의 FP 방문에 대한 반응을 파악하기 위한 전화라고 할 수 있다.

 전화명분의 핵심은 고객에게 다시 전화한 명분을 우선은 영업과 교육으로 인해 많이 바빠져서 자주 연락을 하려 했지만 이제 연락을 하게 되었다는 것을 고객에게 인식시키는 것이다. 그리고 회사 교육을 받는 중에 실습 시간에 100명이라는 많은 사람에게 전화를 해야 하는 과제를 수행하는 중에 고객에게 전화를 했다는 것을 통해 자연스럽게 전화한 명분을 만드는 것이다. 또한 회사 교육이 빡세다는 것을 강조하여 FP가 일을 열심히 하고 있다는 것을 간접적으로 부각시키는 것도 중요한 요소라 할 수 있다.

 상황파악의 핵심은 고객이 있는 곳 근처의 계약자에게 증권전달을 하러 간다는 것을 명분으로 고객에게 방문하겠다는 의사를 타진하여 고객이 FP를 만나려는 마음이 있는지를 확인하는 것이라 할 수 있다.

 클로징의 핵심은 고객이 FP 방문에 대해 긍정적인 반응일 경우는 찾아뵙겠다는 클로징을 하고 부정적인 반응일 경우는 다시 연락하겠다는 클로징을 하면서 전화를 마무리하는 것이라 할 수 있다

방문 암시를 명분으로 한 관계개선 콜

인사
"안녕하세요? 현주씨. 잘 지내고 계시죠?"
"네. 잘 지내고 있습니다. 소영씨도 잘 지내고 계시죠?"
"네. 이제 영업 한지도 XX 개월 정도 되니까 많이 적응도 됐고요. 할 일도 많아져서 바쁘게 지내고 있습니다."

전화 명분
"오늘 전화 드린 건 지난번에 통화했을 때 사무실(집)이 XXX동이라고 하셨잖아요. 그런데 오늘 마침 계신 곳 근처에 미팅 약속이 잡혀서 가게 되었는데 끝나고 시간이 될 것 같아서 오랜만에 얼굴 한번 뵈러 가려고요."

상황 파악 및 클로징
"오후에 자리에 계신가요?"
 (YES) "그럼 미팅이 XX시에 끝나니까 그때 다시 연락드릴게요. 계신 곳 주소 좀 문자로 보내주세요."
 (NO) "그러시구나. 오랜만에 얼굴 뵐 수 있으면 좋았을 텐데, 아쉽네요. 그럼 다음번에 올 때는 미리 전화드릴게요."

R/P 해설

　방문암시를 명분으로 한 관계개선 콜은 고객에게 FP가 방문하겠다는 의사전달을 통해서 바로 영업으로 진입하기 어렵다고 판단하는 가망고객과의 친숙도 증대와 가망고객의 FP 방문에 대한 반응을 파악하기 위한 전화라고 할 수 있다.

　인사의 핵심은 고객에게 영업하는 게 많이 바빠졌다는 것을 통해 열심히 일하고 있다는 것을 간접적으로 인식시키는 것이라 할 수 있다. 이때 주의할 점은 영업이 잘 된다 안 된다의 관점에서 얘기하는 것이 아니라 바쁘다는 관점에서 얘기하는 것이다.

　전화명분의 핵심은 가망고객에게 방문한다는 의사를 정확하게 전달하는 것이라 할 수 있다. 이때 고객의 부담감을 완화시키기 위해 고객만을 만나러 가는 것이 아니라 다른 면담이 있는 것을 지렛대로 삼아 자연스럽게 면담 명분을 확보할 수 있도록 하는 것이 중요하다고 할 수 있다.

　상황파악 및 클로징의 핵심은 FP의 방문의사에 대한 고객의 반응을 파악하는 것으로 '예'의 경우는 고객이 FP와 만나는 것에 대한 부담감이 상대적으로 적다는 것을 의미하는데 이때는 구체적 시간 등을 확인하면 된다. 반대로 '아니오'의 경우는 FP를 만나는 것이 부담되거나 다른 일 등으로 시간이 허락되지 않는 것을 의미하는데 이때는 다음번에는 약속을 하고 오겠다는 표현을 통해서 재방문 의사를 명확하게 인식시켜야 한다.

관계개선 콜 실제로 해보기

이제까지 관계개선 콜에서 다루었던 R/P들은 가망고객을 대상으로 실제로 전화를 해봐야 의미가 있는데 지금부터는 책으로만 읽지 말고 단계별 진행 흐름에 따라서 직접 진행해 보도록 한다.

관계개선 콜은 관계형성 콜과 동일한 흐름을 가지고 있지만 다른 점은 관계개선 콜은 한 번의 전화가 아니라 2회 이상의 콜을 해야 하는 경우도 있기 때문에 좀 더 체계적이고 구체적인 계획하에 진행해야 한다.

1단계 : 대상자 선정

관계형성 콜을 진행했던 가망고객 중에서 아직 AP 약속 TA를 하기에 친숙도나 전화심리가 다소 불편한 사람을 그 대상자로 한다. A, B 그룹은 영업으로 진입하기에 한두 번의 전화가 필요하다고 판단한 가망고객이 이에 해당하고 C, D 그룹은 보험영업을 하는 것은 알리기는 했지만 아직은 친숙도를 더 높여야 하는 가망고객이 이에 해당한다고 볼 수 있다.

2단계 : R/P 매칭

관계개선 콜 대상자를 선정한 이후에는 개별 가망고객에 적용할 R/P를 결정하는 것으로 예제에 나와 있는 R/P 중 가망고객의 그룹에 해당하는 R/P를 매칭하면 된다. 한 번 이상의 전화가 필요하다고 판단되면 이에 해당하는 R/P를 찾아 매칭하면 된다.

3단계 : 콜 훈련

대상자 콜을 하기 전에는 충분한 워밍업을 통해 긴장감을 풀고 자신감을 가진 상태에서 전화를 하는 것이 중요하기에 우선 R/P를 훈련해야 한다. 훈련 방법은 이전 콜과 동일하게 3회를 읽어 보도록 한다.

4단계 : 대상자 콜

관계개선 콜을 위해서는 우선은 콜 시간을 반드시 정해야 한다. 예를 들면 가망고객이 가장 편하게 전화를 받을 수 있는 시간인 오후 2시~3시를 선정하고 시간 사용 방법은 이전 콜과 동일하게 진행하면 된다. 또한 실제 TA에서 가장 중요한 것은 관계형성 콜과 몇 사람과 통화하느냐보다는 몇 명에게 시도하느냐에 집중하는 것이다. 한 번의 콜 타임을 진행하면서 최소 10명 이상에게 통화를 시도할 수 있도록 해야 한다. 그러기 위해서는 '시간', '공간', '숫자'를 통제하면서 전화를 할 수 있도록 해야 한다.

5단계 : 추후 계획 수립

추후 계획 수립은 관계형성 콜 시 제시한 방법을 따르도록 한다.

관계개선 콜 샘플 양식

다음은 3부에서 다루었던 가망고객 발굴 양식을 기반으로 작성된 콜 양식 샘플을 활용하여 20명의 가망고객에게 관계개선 콜을 진행해 보도록 하자.

순번	연락처명	그룹	콜 종류	전화 결과	통화 내용	추후 계획
1	가은영	A	관계개선	통화	설문 조사 콜 진행	1주 후 방문 예정
2	강영우	A	관계개선	통화	교육 중 콜 진행	1개월 후 AP 약속 TA진행
3	남형훈	B	관계개선	시도	전화 통화 안 됨	3주 후 다시 통화 계획
4	도지용	B	관계개선	통화	연락처 정리 콜 진행	1개월 후 AP 약속 TA진행
5	민상훈	C	관계개선	시도	전화 통화 안 됨	3주 후 다시 통화 계획
6	박준원	C	관계개선	통화	오랜만에 전화 콜 진행	1개월 후 안부전화 계획
7	이선영	C	관계개선	미시도	전화 걸기 망설여졌음	2주 후 다시 통화 계획
8	김준연	D	관계개선	시도	전화 통화 안 받음	1개월 후 다시 통화 계획
9	윤지영	D	관계개선	미시도	전화하기 껄끄러움	1개월 후 다시 통화 계획
10	정학훈	D	관계개선	미시도	전화하지 말래서 못 했음	1개월 후 다시 통화 계획

순번	연락처명	그룹	콜 종류	전화 결과	통화 내용	추후 계획
1						
2						
3						
4						
5						
6						
7						
8						
9						
10						

CHAPTER 5

관계유지 콜

관계유지 콜은 어떤 전화일까요?

관계유지 콜은 가망고객과의 인간적 관계의 끈을 계속 이어 나가기 위한 전화를 말하는데 판매과정의 진행 여부와 상관없이 가망고객과의 지속적 관계나 친숙도 유지를 위한 전화라고 할 수 있다.

관계유지 콜의 대상은 모든 가망고객이라고 할 수 있는데 가망고객 그룹화에서 A에서 D그룹까지가 모두 해당한다고 할 수 있다.

관계유지 콜의 목표는 크게 세 가지로 나누어 볼 수 있다.

첫 번째는 가망고객과의 정기적인 전화를 통해 일정 수준 이상의 친숙도를 유지하기 위한 것이다.

일반적으로 FP는 판매를 위해서는 가망고객에게 자주 연락을 하지만 그렇지 않을 경우는 전화에 소홀하는 경우가 많다. 그러다 보면 오랜 기간 전화를 하지 않게 되고 가망고객과의 인간적 관계의 끈이 약화되기가 쉽다. 이는 FP 측면에서는 막상 판매를 하려 할 때 연락도 안 하다가 영업한다고 전화하려고 할 때 불편한 심리가 생겨 전화하는데 어려움을 겪을 수 있다. 또한 고객 측면에서는 연락도 안 하다가 자기가 필요할 때만 전화하는 FP에 대한 부정적 심리로 작용하게 된다. 따라서 FP는 판매 여부와 관계없이 가망고객에 대한 지속적인 안부전화 등을 통해 친숙도가 떨어지는 것을 사전에 방지할 수 있도록 해야 한다.

두 번째는 가망고객에 대한 정기적인 전화를 통해 단기적으로 판매과정 진입이 가능한 가망고객을 확보하기 위한 것이다.

가망고객에 대한 가장 좋은 영업 시기는 가망고객의 상황이 바뀔 때일 것이다. 하지만 이런 상황 변화가 생겼을 때 평상시 고객과의 관계를 지속적으로 유지하지 않을 경우 가망고객이 FP를 가장 먼저 떠올리지 않는다면 영업 기회도 사라질 수 있게 된다. 따라서 FP는 모든 가망고객에 대해서 영업의 가능성을 열어 두기 위해 최소한의 연결 고리를 만들어 놓고 있어야 영업이 가능한 가망고객을 확보할 수 있게 된다.

세 번째는 가망고객에 대한 정기적인 전화를 통해 중장기적인 영업기반을 만들기 위한 것이다.

보험영업은 매월 단위로 마감을 하는 구조이기 때문에 매월 영업할 대상을 확보해야 한다. 하지만 3개월, 6개월. 1년 후에도 사람을 만나야 하기 때문에 이를 위한 준비도 평상시에 반드시 해야 한다. 왜냐하면 가망고객 중에는 일정 기간 동안 일정 수준 이상의 친숙도를 만들어야 할 가망고객도 있기 때문이다. 이러한 과정을 거치지 않는다면 당장은 아니지만 향후 영업에 반드시 부정적 영향을 미치게 될 수 있다. 따라서 당장은 영업 가능성이 없어 보이고 오랜 시간이 걸릴 것 같은 가망고객도 지속적인 전화를 통해서 중장기적인 영업 기반도 만들어야 한다.

하지만 관계유지 콜은 안부전화의 성격이 강하기 때문에 내용적인 측면은 다른 전화에 비해서 상대적으로 어렵지는 않지만 다음의 세 가지 어려움을 해결하지 못할 경우 효과가 떨어질 수 있다.

첫 번째는 미리 계획하지 않으면 실행하기 어렵다.
기본적 안부전화는 생각날 때 부정기적으로 하는 것은 어렵지 않지만 많은 가망고객에게 정기적 전화를 위해서는 사전 계획을 세우지 않고는 잊어버리기 쉽기 때문에 반드시 전화에 대한 계획이 수립되어야 한다.

두 번째는 기록하지 않으면 실행하기 어렵다.
모든 가망고객에 대한 정기적 관계유지 콜을 위해서는 기록으로 남기지 않으면 개별적으로 차이가 있는 가망고객에 대한 적정한 전화 타이밍을 맞추기 힘들어 실행에 어려움을 겪을 수 있게 된다.

세 번째는 전화의 명분이 없으면 실행하기 어렵다.
관계유지 콜은 표면적으로는 안부전화이지만 매번 단순한 전화를 할 경우 오히려 전화의 명분도 없어지고 고객에게 심리적 부담감을 줄 수도 있기 때문에 고객의 상황에 맞는 다양한 주제로 전화를 해야 한다.

관계유지 콜에서는 무엇이 중요할까요?

관계유지 콜을 고객 입장에서는 보험영업을 하는 FP가 자신에게 안부전화를 하는 것으로 인식하게 되지만 FP 입장에서 보면 영업을 위한 하나의 연장선에서 중요한 역할을 하는 전화라고 할 수 있다.

따라서 앞에서 언급한 세 가지의 어려움을 해결할 수 있어야 관계유지 콜의 목적을 달성할 수 있게 되는데 이를 위해서 다음 요소들에 집중해야 한다.

첫 번째는 관계유지 콜의 중요성을 인식해야 한다.

관계유지 콜은 한 사람의 가망고객에게 한 번 전화를 하지 않았다고 해서 또 하루를 하지 않았다고 해서 영업에 큰 영향을 미치지도 않고 또 했다고 해도 영업성과에 가시적인 영향도 미치지 않을 수 있기 때문에 자칫 소홀할 수 있게 된다. 하지만 영업은 큰 변화를 통해서 바뀌는 것보다는 하루의 작은 행동들이 모여서 큰 변화를 만든다는 것을 꼭 기억해야 한다.

두 번째는 체계적인 계획을 수립해야 한다.

관계유지 콜은 일시적이고 1회성의 콜이 아니라 정기적이고 지속적인 콜이기 때문에 월간, 주간, 일 단위의 체계적인 전화계획이 수립되어야 한다.

이를 위해서는 먼저 관계유지 콜 대상 가망고객별로 전화 주기를 결정해야 하는데, 1개월 간격을 기준으로 하여 가망고객별 적정한 전화 주기를 결정해야 하고, 관계유지 콜은 많은 가망고객이 그 대상이 되는 특성상 FP가 이를 모두 기억할 수 없기 때문에 정해진 시기에 전화할 수 있도록 반드시 일정한 장표 등에 가망고객 명단을 작성해 놓아야 한다.

세 번째는 가망고객 상황에 맞는 전화 R/P를 사용해야 한다.
가망고객에게 단순한 안부를 묻는 전화만을 가지고 정기적으로 전화하는 것보다는 가능한 한 다양한 전화 내용을 가지고 전화를 함으로써 가망고객과의 전화에 대한 명분을 만드는 것이 중요하다. 따라서 가망고객의 상황이나 관계 그리고 친숙도에 따라 이에 적합한 전화 R/P를 사용해야 한다.

결론적으로 관계유지 콜은 FP 입장에서 보면 가시적으로 영업성과가 보이지 않는 콜이라 할 수 있다. 하지만 왜 중요한지를 살펴보려면 만약 자신이 가지고 있는 그 많은 가망고객과 인간적 관계의 끈을 이어가도록 하는 관계유지 콜을 하지 않으면 어떤 일이 벌어질까를 생각해 보면 너무나 쉽게 이해할 수 있을 것이다.

따라서 관계유지 콜은 때로는 귀찮고 미루고 싶은 마음이 들 수밖에 없지만 '오늘은 누굴 만나지?'의 고민을 해결할 수 있는 가장 근본적이고 필수 불가결한 것이라는 생각을 늘 하는 것이 중요하다.

관계유지 콜은 어떻게 해야 할까요?

관계유지 콜은 가망고객과의 통상적인 안부를 묻는 전화이기 때문에 가망고객이 FP의 전화에 대한 부담을 느끼지 않을 수 있는 가벼운 주제를 가지고 하는 것이 중요하다. 이를 위해서는 고객과 FP의 상황에 맞는 전화 주제를 선정해야 하는데 관계유지 콜의 기본적인 흐름은 이를 반영하여 구성해야 한다.

```
인사 ▶ 고객근황 ▶ FP근황 ▶ 클로징
```

첫 번째 인사는 통상적인 인사라 할 수 있다.

두 번째 고객근황은 고객에게 전화를 하게 된 이유를 설명하는 것으로 고객의 상황에 맞는 주제를 얘기하여 자연스럽게 전화한 명분을 만드는 단계라 할 수 있다.

세 번째 FP 근황은 직접적인 영업 관련 얘기는 하지 않으면서 FP의 영업 상황을 부각하여 영업 얘기를 자연스럽게 하기 위한 단계라 할 수 있다.

네 번째 클로징은 가망고객과의 면담 가능성에 대한 고객의 반응을 파악하기 위한 단계라 할 수 있다.

인사
"안녕하세요? 현주씨? 잘 지내시죠?"

고객 근황
(본인)
"벌써 11월이라 날씨도 추워지고 연말도 가까이 되고 해서 많이 바쁘실 것 같은데 어떠세요?" (고객 반응)

(자녀)
"승윤이는 어때요? 지금 중요한 시기인데 신경 많이 쓰이시죠?"

(배우자)
"영준 씨도 잘 지내고 계시죠? 하시는 일은 어떠세요?" (고객 반응)

FP 근황
"저는 일 한지도 벌써 (   )정도 되니까 고객도 많아지고 해야 할 일도 많아져서 정신이 없어요. 특히 요즘 고객님들에게 (   )상품에 대한 문의가 많아서 더 많이 바빠졌어요. 앞으로도 많이 도와주세요."^^

클로징
"바쁘실 텐데 전화 통화 너무 오래한 건 아닌지 모르겠네요. 저도 곧 미팅이 있어서 들어가봐야 돼서요. 조만간 전화 드리고 얼굴 한번 뵈러 갈게요. 괜찮으시죠?"

R/P 해설

가장 기본적인 안부 콜의 형태로 일상적인 안부전화를 해도 어색하지 않을 만큼의 관계가 있는 가망고객을 대상으로 직접적인 영업 관련 얘기는 배제하고 고객과 고객의 가족 등의 근황을 파악하는 것을 통해 가망고객과의 인간적 관계의 끈을 유지하기 위한 콜이라 할 수 있다.

고객 근황의 핵심은 본인과 가족의 안부를 통해 영업과 연결될 수 있는 새로운 정보 파악에 집중하는 것이다. 이때 전화하기 이전에 가족 중 누구의 근황을 파악할 것인지를 사전에 결정해야 하는데 예를 들어 고객의 근황만 파악할지 아니면 자녀, 배우자 등의 얘기까지 할지를 결정해야 한다.

FP 근황의 핵심은 차월 수 얘기와 함께 바쁘다는 얘기는 구체적인 내용을 언급하면서 하는 것이 좋은데 예를 들면 '간병 관련 보험'이나 '암 관련 보험'과 같이 현재 가장 핫한 상품과 같이 상품에 대한 고객 문의가 많아졌다는 얘기를 통해 간접적으로 고객이 관심을 가질 만한 이슈를 부각시키는 것이 핵심이다.

클로징

안부전화이기 때문에 통화시간을 길게 끄는 것보다는 적당한 수준에서 마무리하는 것이 좋고 얘기가 길어질 경우는 회의, 미팅 참석 등의 이유로 마무리하고 면담으로 연결시키는 것이 좋다.

인사
"안녕하세요? 현주씨. 잘 지내시죠?"

고객 근황
"네. 그런데 카톡 보니까 오늘 생일이시더라구요. 축하드려요. 요즘 세상이 좋아져서 별거 다 챙겨주는 거 같네요." (그러게요.)

FP 근황

(전화만 하는 경우)
"영업 안 할 때는 몰랐는데 영업 시작하니까 더 신경 써서 챙기게 되더라구요. 영업하는 사람이 이런 거라도 잘 챙겨야 고객님들이 열심히 하신다고 생각하시지 않을까요?" ㅎㅎ
(감사합니다. 신경 써주셔서)

(선물도 보내는 경우)
"영업 안 할 때는 몰랐는데 영업 시작하니까 더 신경 써서 챙기게 되더라고요. 영업하는 사람이 이런 거라도 잘 챙겨야 고객님들이 열심히 하신다고 생각하시지 않을까요? 그리고 그냥 있기 뭐해서 카톡으로 작은 선물 하나 보내드렸어요. 별거 아니니까 너무 기대하지 마시고요."

클로징
"아무튼 다시 한번 축하드리고 조만간 얼굴 한번 뵈러 갈게요."

R/P 해설

　가망고객의 생일을 명분으로 한 전화로 카톡의 생일 표시 서비스를 통해서 고객의 생일을 챙기는 것을 통해 FP에 대한 긍정적 감정을 가질 수 있도록 하고 이를 통해 고객과의 관계유지 및 강화를 위한 콜이다. 이를 위해서는 가장 먼저 해야 할 일은 매일 오전에 카톡을 확인하여 생일 전화를 해야 하는 고객이 누군지를 확인해야 한다. 그리고 생일 축하가 어색하지 않은 고객에게만 전화를 하는 것이 중요한데 친하지 않거나 평상시 전화도 하지 않던 고객은 오히려 어색하거나 고객이 이상하게 느낄 수 있기 때문에 대상자 선택에 신중해야 한다.

　고객근황의 핵심은 전화하게 된 이유가 고객의 생일이라는 것을 카톡을 통해 확인해서 축하전화를 했다는 것을 알림으로써 전화의 명분 및 고객의 관심사를 끌어내도록 하는 것이다.

　FP 근황의 핵심은 FP가 고객의 생일을 챙기는 것이 어색할 수 있기 때문에 영업하는 사람이라 고객에 대한 최소한의 예의 또는 서비스 차원에서 생일을 챙기는 것을 강조하여 자연스러운 전화 명분을 만드는 것이다. 그리고 선물까지 보내는 경우는 너무 크지 않은 커피 쿠폰 정도가 적당한데 이를 통해서 다음번 면담의 연결 고리를 만들기 위한 것이다.

　클로징의 핵심은 조만간에 전화드리고 찾아 뵙겠다는 인사를 통해 고객과의 자연스러운 면담으로 유도할 수 있도록 하는 것이 핵심이다.

계약 기념일 축하 콜

인사
"안녕하세요? 현주씨. 잘 지내시죠?"

고객 근황
"네. 근데 고객님 오늘이 무슨 날인지 아세요?"(무슨 날이에요?)
"아~ 모르셨구나. 오늘이 저에게 계약하신 지 1년 되는 날이에요.
계약해 주시고 잘 유지해 주셔서 감사의 말씀드리려고 전화했습니다."
(벌써 그렇게 됐나요? 시간 참 빠르네요.)
"그리고 계약할 때 드렸던 증권이랑 약관은 잘 보관하고 계시죠?"
(네. 어디 있을 거에요. 찾아 볼게요.)
"계약하실 때는 잘 아는 것 같아도 시간 지나면 잊어버리기 쉬우니까
이번 기회에 한번 다시 보시고 궁금한 거 있으면 물어보세요."

FP 근황
"저는 일한 지도 벌써 (   )정도 되니까 고객도 많아지고 해야 할 일도
많아져서 정신이 없어요. 특히 요즘 고객님들에게 (   )상품에 대한
문의가 많아서 더 많이 바빠졌어요. 열심히 해야죠. 앞으로도 많이
도와주세요."

클로징
"조만간 전화 드리고 찾아뵐게요. 수고하시고요."

R/P 해설

계약 기념일을 명분으로 감사 인사와 고객 관리를 위한 콜로 고객의 계약에 대한 정보 파악을 통한 새로운 영업기회의 가능성을 타진하기 위한 콜이라 할 수 있다.

고객근황의 핵심은 계약기념일에 대한 질문을 통해서 궁금증 및 기대감을 극대화하고 FP에 대한 긍정적 감정을 가질 수 있도록 하는 것이다. 그리고 증권을 확인해 보라는 것을 통해서 가입 보험의 증권이나 약관 등을 확인하도록 자연스럽게 유도하고 이를 통해 신규 영업기회를 확보하기 위한 면담의 명분을 만드는 것이다.

FP 근황과 클로징의 핵심은 기본 안부의 내용을 참조하면 된다.

증권, 약관 점검 확인 콜 (1주일 후)

(인사 후)
"지난번에 증권, 약관 확인해 보라고 하셨는데 보셨나요?" (아니요)
"그럴 것 같아서 전화 드렸어요. 대부분 잊어버리고 못 보시더라고요.
 그래서 제가 한번 찾아가서 설명 드릴게요. 괜찮으시죠?" (네)
"그리고 다른 가입한 보험도 같이 가지고 나오세요. 함께 봐 드릴게요"

기념일 통화 이후 일주일 정도 후 재통화를 통해 고객이 확인하지 못했을 경우에는 직접 설명하겠다는 명분을 통해 면담 약속을 잡는다.

활동을 명분으로 한 관계유지 콜

인사 및 고객 근황

"안녕하세요, 현주씨? 잘 지내시죠?"

"벌써 11월이라 날씨도 추워지고 연말도 가까이 되고 해서 많이 바쁘실 것 같은데 어떠세요?" (고객 반응)

FP 근황

"저는 일한 지도 벌써 (   )정도 되니까 고객도 많아지고 해야 할 일도 많아져서 정신이 없어요. 특히 요즘 고객님들에게 (   )상품에 대한 문의가 많아서 더 많이 바빠졌어요. 열심히 해야죠. 앞으로도 많이 도와주세요."

"전화 드린 건 오늘 활동을 계신 곳 근처에서 하거든요. 그래서 면담이 좀 일찍 끝날 수도 있을 것 같아서 시간되면 얼굴 한번 뵈러 갈까 해서요. 괜찮으시겠어요? (예, 아니오)

클로징

(예)

"이따가 일 끝나면 (   )시 정도에 전화드릴게요. 오랜만에 얼굴 뵈면 좋을 것 같네요."

(아니요)

"오랜만에 얼굴 뵈면 좋을 텐데 다음에는 미리 연락 드리고 찾아뵐게요."

R/P 해설

활동 중에 가망고객 방문을 명분으로 한 안부 콜의 형태로 고객과의 관계유지와 면담 가능성을 타진하기 위한 콜이라 할 수 있다.

이 콜에서 중요한 것은 오전 10시~11시 사이에 전화를 해야 오후 활동 중에 고객을 만날 수 있는 명분이 확보되기 때문에 최소한 3명 정도의 명단을 작성해서 콜을 하고 이를 통해 실제로 면담까지 이어질 수 있도록 하는 것이다.

고객근황의 핵심은 전화하게 된 이유를 몇 월이라든지 계절이 변했다든지를 들어서 표현하고 이와 연결해서 고객이 바쁘지 않느냐는 질문을 통해 본인 얘기를 하게 하는 것이 핵심이다.

FP 근황의 핵심은 고객 근처에 간다는 것을 명분으로 오후에 다시 전화 드리겠다는 것을 통해 시간이 날 경우 방문을 암시하는 것이다. 하지만 실제 방문여부가 중요한 것이 아니고 이를 통해 안부전화를 하는 것이고 만약 활동 후 방문을 해야 할 경우는 그 시간에 다른 약속이 없고 가까운 곳에서 활동을 하고 있다면 가능하지만 일부러 만나러 가는 것은 삼가야 한다.

클로징의 핵심은 FP의 방문에 대한 고객의 반응에 따라 오후에 전화를 하고 찾아갈지 아니면 다음에 연락을 하고 갈지를 결정하여 가망고객과의 면담을 자연스럽게 유도하는 것이다.

영업 차월을 명분으로 한 관계유지 콜

인사 및 고객 근황
"안녕하세요? 현주씨? 잘 지내시죠?
벌써 11월이라 날씨도 추워지고 연말도 가까이 되고 해서 많이 바쁘실
것 같은데 어떠세요?" (고객 반응)

FP 근황
"전화 드린 건 다름이 아니라 제가 보험영업 시작한 지 벌써 (　)개월,
년이 되었더라구요. 정신없이 지내느라 몰랐는데 본사 교육 들어와서
알았어요. 그래서 교육 중에 감사했던 분들에게 전화 드리고 있습니다."
(계약자)
"더구나 저한테 계약도 해주시고 도움 많이 주셔서 특히 더 감사드린
다는 말씀을 드리고 싶네요."
(미계약자)
"제가 잘 알지도 못할 때 말씀도 잘 들어주시고(AP), 제안할 기회도
주시고(PT) 해서 특히 더 감사드린다고 말씀드리고 싶네요.
저한테는 모든 분이 다 도움이 되셨고 이제까지 잘 다닐 수 있게 해주신
고마운 분들이더라고요. 앞으로 보험 필요하실 때 저한테도 기회
한번 주시고 주변 분들도 많이 소개 부탁드릴게요."

클로징
"조만간 연락 드리고 얼굴 한번 뵈러 갈게요. 수고하세요."

R/P 해설

고객이 FP의 영업 차월을 모르는 것에 착안하여 현재 영업 차월을 알리는 것을 명분으로 일정 수준 이상의 친숙도나 관계가 형성된 가망고객을 대상으로 한 안부 콜의 형태로 고객에게 FP의 신뢰도를 향상시키고 면담 가능성 타진과 새로운 영업기회 획득을 위한 콜이라 할 수 있다.

인사 및 고객 근황은 일반적인 안부전화에서 다루는 정도 수준으로 하면 되는데 기본 안부 콜에서 다루었던 내용을 참조하면 된다.

FP 근황의 핵심은 영업 차월을 회사 교육에 들어와서 알게 되었다는 것과 교육과정 중에 고객이 생각나서 전화를 했다는 것으로 FP의 근황과 함께 전화한 명분을 자연스럽게 만드는 것이다.

기계약자의 경우는 감사하다는 얘기를 통해 소개 부탁으로 자연스럽게 연결하고 미계약자의 경우는 영업기회를 준 것에 대해 감사 인사를 함으로써 고객이 미안함과 부담을 함께 가질 수 있도록 유도하고 이후 새로운 영업기회에 대한 연결고리를 만드는 것이 핵심이라 할 수 있다.

또한 향후 도움 부탁 부분에서의 부탁의 의미는 그냥 편하게 던지는 말이 되어야지 직접적이고 당장의 도움을 요청하는 뉘앙스로 진행하는 것은 고객의 부담감을 유발할 수 있는 계기를 제공할 수 있다

클로징의 핵심은 다른 가망고객에 대한 관계유지 콜과 마찬가지로 항상 방문에 대한 여지를 남겨 두고 하는 것이다.

관계유지 콜 실제로 해보기

이제까지 관계유지 콜에서 다루었던 R/P들은 가망고객을 대상으로 실제로 전화를 해봐야 의미가 있는데 이를 위해서는 5단계의 체계적인 흐름에 따라 진행해야 한다. 지금부터는 책으로만 읽지 말고 단계별 진행 흐름에 따라서 직접 진행해 보도록 한다.

관계유지 콜은 다양한 R/P가 있고 또 가망고객과의 관계나 상황에 따라서 적합한 R/P를 사용해야 하기 때문에 좀 더 체계적이고 구체적인 계획하에 진행해야 한다.

1단계 : 대상자 선정

관계유지 콜은 가망고객 중 누구에게도 적용할 수 있는 콜이라고 할 수 있는데 A, B 그룹 중에는 판매과정 진행과 관계없이 전화를 한 지 한 달 이상 경과한 가망고객이 이에 해당하고 C, D 그룹 중에는 관계형성 콜 및 관계개선 콜을 진행한 뒤 판매과정 진입을 하지 못하고 전화를 한 지 한 달 이상 경과한 가망고객이 이에 해당한다고 볼 수 있다.

그리고 관계유지 콜 중 생일과 계약기념일 콜의 대상자는 가망고객 그룹과 상관없이 별도로 준비해야 하는데 생일은 매일매일 확인해서 작성해야 하고 계약기념일은 한 달 간격으로 작성할 수 있도록 해야 한다.

2단계 : R/P 매칭

관계유지 콜 대상자를 선정한 후에 가장 우선 할 일은 대상자에 대해서 어떤 전화 R/P를 사용할지를 매칭하는 것이다.

앞에서 다루었던 관계유지 콜 R/P 중 기본 안부활동 중 차월 콜은 일반적으로 누구에게도 사용할 수 있기 때문에 이 중 하나를 선택하면 되고 생일자와 계약기념일 축하전화는 해당 대상자에게만 적용하면 된다.

3단계 : 콜 훈련

대상자 콜을 하기 전에는 충분한 워밍업을 통해 긴장감을 풀고 자신감을 가진 상태에서 전화를 하는 것이 중요하기에 우선 R/P를 훈련해야 한다. 훈련 방법은 앞에서 설명한 방법을 사용하여 진행하도록 한다.

4단계 : 대상자 콜

관계유지 콜도 다른 콜과 동일하게 콜 시간을 반드시 정해야 한다. 관계유지 콜을 하기에 가장 적절한 시간은 오후보다는 오전이 좋은데 예를 들면 오전 10시~11시를 선정하고 그중 10분은 사용할 관계유지 콜 R/P를 훈련하고 40분은 실제 콜 시간으로 사용하고 나머지 10분은 통화 결과를 피드백하는 시간으로 사용할 수 있도록 하는 것이다.

5단계 : 추후 계획수립

추후 계획수립은 관계형성 콜 시 제시한 방법을 따르도록 한다.

관계개선 콜 샘플 양식

다음은 3부에서 다루었던 가망고객 발굴 양식을 기반으로 작성된 콜 양식 샘플을 활용하여 20명의 가망고객에게 관계유지 콜을 진행해 보도록 하자.

순번	연락처 명	그룹	콜 종류	전화 결과	통화 내용	추후 계획
1	가은영	A	관계유지	통화	생일 축하 콜 진행	1주 후 방문 예정
2	강영우	A	관계유지	통화	계약 기념일 전화	2주 후 점심 약속
3	남형훈	B	관계유지	시도	전화 통화 안 됨	3주 후 다시 통화 계획
4	도지용	B	관계유지	통화	활동 중 콜 진행	당일 방문 예정
5	민상훈	C	관계유지	시도	전화 통화 안 됨	3주 후 다시 통화 계획
6	박준원	C	관계유지	통화	기본 안부 콜 진행	1개월 후 안부전화 계획
7	이선영	C	관계유지	시도	전화 통화 안 됨	2주 후 다시 통화 계획
8	김준연	D	관계유지	시도	전화 통화 안 받음	1개월 후 다시 통화 계획
9	윤지영	D	관계유지	통화	차월별 콜 진행	1개월 후 다시 통화 계획
10	정학훈	D	관계유지	미시도	망설임 때문에 못 했음	1개월 후 다시 통화 계획

순번	연락처 명	그룹	콜 종류	전화 결과	통화 내용	추후 계획
1						
2						
3						
4						
5						
6						
7						
8						
9						
10						

CHAPTER **6**

관계회복 콜

관계회복 콜은 어떤 전화일까요?

관계회복 콜은 가망고객과의 영업적 관계나 인간적 관계의 끈이 끊어지지 않게 하기 위한 전화를 말하는데 판매과정을 진행할 수 있는 가능성을 계속 열어 두기 위한 전화라고 할 수 있다. 관계회복 콜의 대상은 모든 가망고객 중에서 관계가 불편해졌거나 멀어진 가망고객이라 할 수 있고 가망고객 그룹화에서 A에서 D까지가 모두 해당한다고 할 수 있다.

관계회복 콜을 통해서 얻고자 하는 목표는 크게 두 가지로 나눌 수 있다.

첫 번째는 판매과정을 다시 진행할 가능성을 높이기 위한 연결고리를 만들기 위한 것이다.

판매과정을 진행하다 보면 고객의 거절 등으로 인해 더 이상 판매과정이 진전되지 않는 경우가 너무도 많다. 하지만 이때 FP의 영업적인 전화는 가망고객에게는 굉장한 부담이 될 수도 있고 그렇다고 아무런 연락을 하지 않게 되면 관계가 서먹해지거나 멀어질 수 있다. 따라서 판매과정이 중단된 가망고객을 지속적으로 관리하지 못하면 판매과정을 진행할 수 있는 가망고객 수 감소로 이어지는 원인이 될 수 있다.

따라서 판매과정이 중단된 가망고객과는 FP와의 영업적 관계에 대한 부담감을 해소하여 판매과정을 다시 진행할 수 있는 연결고리를 만들어야 한다.

두 번째는 가망고객과 단절된 인간적 관계의 새로운 연결 고리를 만들기 위한 것이다.

영업을 하다 보면 판매과정 진행여부와 상관없이 6개월 이상 아무런 연락도 하지 않고 지나가게 되는 가망고객 수가 의외로 많을 수 있다. 이렇게 가망고객에게 아무런 연락도 하지 않은 상태가 지속되면 판매과정을 진행하기에 너무 어색하거나 어렵게 되어 판매과정 진입이 가능한 가망고객 수 감소로 이어지는 원인이 될 수 있다. 따라서 인간적 관계의 끈이 희미해졌거나 끊어지려고 하는 가망고객과의 관계의 연결고리를 다시 이어 놓아야 한다.

하지만 관계회복 콜은 영업적인 콜이라기보다는 인간적 관계 측면에서의 성격이 강하기 때문에 다른 전화에 비해서 실행하는데 어려움을 겪을 수 있는 요소가 있다. 다음의 요소들을 이해하고 해소할 수 있어야 가망고객과 관계의 연결 고리를 만들 수 있게 된다.

첫 번째는 FP의 전화에 대한 심리적 부담감이다.

먼저 판매과정이 중단되어 더 이상 진전이 없는 이유는 고객의 거절 등을 적절히 극복하지 못했기 때문인데 이때 FP는 고객에게 다시 영업적인 전화를 해서 또다시 거절당하지 않을까 하는 부정적 심리가 작용하여 재접근에 대한 부담감과 두려움을 가지게 될 수 있다.

또한 오랫동안 연락을 하지 않았던 이유는 가망고객에게 판매과정을 진행할 필요성을 느끼지 못했거나 상황이 아니어서 전화를 하지 않았거나 연락하는 것을 잊고 지냈기 때문인데 이때 FP는 오랜만에 전화를 하는 것에 대한 미안한 감정이나 망설임 때문에 전화에 대한 부담감을 가질 수 있다.

두 번째는 FP의 관계회복 콜에 필요한 스킬 부족이다.

먼저 판매과정이 중단된 이후 가망고객은 FP의 전화에 대해서 항상 경계할 수밖에 없는데 이를 극복하고 고객과의 판매과정 재진입뿐 아니라 지속적인 관계유지를 위해서는 고객의 부담감을 풀어줄 수 있는 콜 스킬이 필요한데 이에 대한 준비가 되지 않을 경우 전화에 대한 어려움을 겪을 수 있게 된다.

또한 오랫동안 연락을 하지 않은 가망고객의 경우는 전화를 하게 되면 고객은 FP가 영업을 하지 않을까에 대한 부담감을 느낄 수 있고 FP는 서먹한 관계 때문에 뭐라고 얘기를 해야 할지 전화 명분을 만들기가 쉽지 않을 수 있는데 이를 자연스럽게 해결할 수 있는 준비가 되지 않을 경우 전화에 대한 어려움을 겪을 수 있게 된다.

관계회복 콜에서는 무엇이 중요할까요?

관계회복 콜은 고객 입장에서 보면 FP가 자신에게 이제까지의 상황이나 관계에 대한 미안한 감정을 표현하는 것으로 인식하게 되지만 FP 입장에서 보면 가망고객을 영업대상에서 이탈하지 않게 하기 위한 중요한 역할을 하는 전화라고 할 수 있다.

따라서 앞에서 언급한 두 가지의 어려움을 해결할 수 있어야 관계회복 콜의 목적을 달성할 수 있는데 이를 위해서는 다음의 요소들에 집중해야 한다.

첫 번째는 이전까지의 상황이나 관계에 대한 정확한 피드백을 해야 한다.

먼저 고객이 가지고 있을 영업 관련 얘기에 대한 부담감을 제거하기 위해 판매과정을 진행했을 때 FP가 고객의 입장을 배려하지 못한 것과 고객이 자신의 상황과 생각이 이해되지 못한 아쉬움에 대해 공감하고 인정하고 미안한 마음의 표현을 통해 이전보다 더이상 거절이 나오지 않게 하는 것이 핵심이다. 그리고 오랜만에 전화했을 때 갖게 될 가망고객의 부담감을 제거하기 위해 영업적인 얘기가 아니라 인간적 관계에서 전화를 하지 못한 것에 대한 미안하다는 표현을 통해 고객이 FP의 얘기를 그대로 수용할 수 있도록 하는 것이 핵심이다.

두 번째는 관계회복 콜의 명확한 목적을 이해해야 한다.

먼저 판매과정이 중단된 경우는 이전 판매과정으로 인한 가망고객의 불편한 마음을 공감하는 것은 영업적 관계의 끈이 끊어지는 것을 막기 위한 것이고 더 중요한 목적은 가망고객이 부담감 없이 FP를 만날 수 있는 연결고리를 만드는 것이다. 그리고 오랫동안 연락을 하지 않은 경우는 가망고객과의 인간적 관계의 끈을 다시 연결하는 것도 중요하지만 더 중요한 목적은 가망고객에 대한 지속적 전화를 할 수 있는 연결 고리를 만드는 것이다.

세 번째는 전화 이후 면담 가능성을 확보하는 것이다.
판매과정이 중단되었거나 연락을 오랫동안 하지 않은 가망고객에 대한 관계회복 콜을 통해 가망고객과의 불편한 관계를 해소하고 지속적인 관계의 연결고리를 만드는 것도 중요하지만 궁극적인 목적은 이를 통해 면담의 기회를 만들어 가능한 빠른 시간에 만날 수 있도록 가망고객에게 동의를 받아 내는 것이다.

관계회복 콜은 어떻게 해야 할까요?

관계회복 콜은 가망고객과의 끊어졌거나 끊어지려고 하는 인간적, 영업적인 관계를 연결시키는 전화이기 때문에 가망고객과의 감정적 공감대를 형성하는 것이 중요하다. 이를 위해서는 상황에 맞는 전화 주제를 선정해야 하는데 관계회복 콜의 흐름은 이를 반영하여 구성해야 한다.

인사 ▶ 전화 목적 ▶ 부담감 해소 ▶ 클로징

첫 번째 인사는 통상적인 인사라 할 수 있다.

두 번째 전화 목적은 전화하게 된 이유를 설명하는 것으로 교육을 다녀온 것을 주제로 자연스럽게 전화 명분을 만드는 단계라 할 수 있다.

세 번째 부담감 해소는 교육과정의 내용을 통해 이전 상황이나 관계에 대한 FP의 감정을 전달하여 가망고객의 공감을 얻어 이제까지의 관계를 다시 이전으로 돌려놓는 단계라 할 수 있다.

네 번째 클로징은 영업을 위한 목적이 아니라는 것을 강조하여 향후 방문에 대한 가망고객의 동의를 얻는 단계라 할 수 있다.

판매과정이 중단된 가망고객에 대한 관계회복 콜

인사
"안녕하세요? 현주씨. 잘 지내시죠? (안녕하세요? FP님 잘 지내시죠?)

전화 목적
"전화 드린 건 최근에 교육을 다녀왔는데 현주씨 생각이 나더라고요. 전에는 주로 판매스킬 관련 교육을 많이 받았었다면 이번 교육은 고객 마음을 잘 이해하고 고객 관점에서 영업하는 방법을 교육받게 되었습니다. 그러다 보니 현주씨 얼굴이 먼저 떠오르더라고요."

부담감 해소
"지난번에 제가 (정보, 제안)을 드렸을 때 저는 현주씨께 꼭 필요하다고 생각하고 말씀드렸던 건데 교육을 받고 생각해보니 너무 제 생각만 하고 현주씨 입장을 신경 쓰지 못한 것 같아 죄송한 마음이 들더라고요. 어떠셨나요? 많이 불편하지는 않으셨나요?" (아닙니다. 그때는 상황이 아니라서.)
"저야 현주씨 입장을 이해하려고 노력하지만 쉽지는 않더라고요! 그래서 불편하셨다면 다시 한번 죄송하단 말씀을 드릴게요." (아닙니다)

클로징
"그렇게 말씀해 주시면 제가 더 감사하죠. 다음번에는 일 얘기 말고 편하게 한번 봬요. 괜찮으시죠?"

 **R/P 해설**

　가망고객에게 이전에 진행했던 판매과정에 대해 FP가 고객을 불편하게 한 것에 대한 미안함을 전달하고 이를 고객이 받아들이게 하여 영업적으로 끊어질 수 있는 관계를 다시 연결시켜 면담 가능성을 확보하기 위한 전화라고 할 수 있다.

　전화목적의 핵심은 이전의 판매스킬 관련 교육과는 다른 고객 관점의 영업 관련 교육을 받게 되었는데 고객 생각이 나서 전화를 했다는 것으로 자연스럽게 전화한 이유를 고객이 이해할 수 있도록 하는 것이다.

　부담감 해소의 핵심은 FP는 고객에게 필요하다고 판단해서 얘기했던 보험 관련 정보(AP) 또는 제안(PT)이 잘못된 것은 아니지만 고객 입장을 배려하지 못한 FP 입장만을 얘기한 것 같아서 미안하다는 표현을 통해 고객이 더이상 거절하기 힘든 상황을 만들어서 끊어질 수 있는 가망고객과의 영업적 관계를 다시 연결시키는 것이다.

　클로징의 핵심은 다음번에 일 얘기 말고 만나자는 클로징을 통해 고객이 거절하기 힘든 상황으로 만들어 재면담의 약속을 잡을 수 있도록 하는 것이 핵심이다.

오랫동안 연락하지 않은 가망고객에 대한 관계회복 콜

인사
"안녕하세요? 현주씨. 정말 오랜만에 전화 드려요? 잘 지내시죠?"

전화 목적
"전화드린 건 최근에 교육을 다녀왔는데 고객님 생각이 나더라고요. 교육내용은 고객 서비스 관련이었는데 곰곰이 생각해 보니까 바쁘다는 핑계로 연락도 못 드리고 지낸 분들이 너무나 많더라고요. 영업하는 사람이 자주 찾아 뵙지는 못해도 연락은 자주 드려야 하는데 생각해 보니까 전화 통화 한지 6개월도 넘었더라고요."

부담감 해소
"그래서 교육 끝나고 돌아와서 그간 연락 못했던 분들에게 모두 전화 드려서 죄송하다는 말씀드리고 있습니다. 앞으로는 찾아 뵙지는 못하더라도 전화는 자주 드리도록 할게요. 괜찮으시죠?"
(바쁘실 텐데 그러지 않으셔도 돼요)

클로징
"그렇게 말씀해 주시니 제가 더 감사드립니다. 다음 주쯤에 계신 곳에 갈 일이 있을 것 같은데, 가게 되면 미리 전화드릴게요. 오랜만에 얼굴 한번 봬요. 괜찮으시죠?"
(올 때 전화 주세요)

R/P 해설

가망고객에게 오랫동안 연락하지 못한 것에 대한 미안함을 전달하고 이를 통해 인간적으로 끊어졌거나 끊어지려고 하는 관계를 다시 연결시켜 면담 가능성을 확보하기 위한 전화라고 할 수 있다. 관계회복 콜에서 가장 중요한 것은 전화를 하는 것보다는 핸드폰이나 카톡을 보고 6개월 이상 연락을 하지 않았던 가망고객의 명단을 작성하는 것이라 할 수 있다.

전화목적의 핵심은 고객 서비스 관련 교육을 다녀온 것을 계기로 가망고객에게 이제까지 연락하지 못했던 것이 생각나서 전화를 하게 되었다는 것을 고객에게 인식시켜 전화한 이유를 고객이 자연스럽게 이해할 수 있도록 하는 것이다.

부담감 해소의 핵심은 연락하지 못해 죄송하다는 표현을 통해 고객과의 인간적 관계를 다시 연결하는 것이고 자주 연락드리겠다는 것을 통해 앞으로의 인간적 관계의 연결 고리도 만드는 것이다.

클로징의 핵심은 고객의 FP와의 면담에 대한 반응을 파악하는 것으로 긍정적인 반응이 나올 경우는 면담을 추진하고 그렇지 않을 경우는 관계유지나 관계개선 콜 등을 통해 다음번 전화를 계획하는 것이다.

이것만은 꼭 기억하세요!

Chapter 1. 뭐라고 얘기하지?
오늘은 누굴 만나지?'의 최종 단계인 대면 면담을 위해서는 AP 이전 단계에서 사용되는 다양한 종류의 '접화 접근 스킬'을 갖추고 있어야 한다.

Chapter 2. AP 약속 콜
작성된 가망고객과 실제 보험영업을 위한 면담 약속을 잡기 위한 것으로 '오늘은 누굴 만나지?'를 해결하기 위한 가장 핵심이 되는 전화이다.

Chapter 3. 관계형성 콜
개인적인 친분만 있었던 가망고객과의 인간적 측면의 관계를 보험영업을 하는 FP로의 영업적 측면에서 새로운 관계를 만들기 위한 전화이다.

Chapter 4. 관계개선 콜
영업적인 연결 고리를 만든 가망고객과의 인간적 친숙도를 향상시키고 면담단계로 넘어 갈 수 있는지의 파악하거나 조건을 만드는 전화이다.

Chapter 5. 관계유지 콜
가망고객과의 인간적 관계의 끈을 계속 이어 나가기 위해 판매과정의 진행 여부와 상관없이 관계나 친숙도를 유지하기 위한 전화이다.

Chapter 6. 관계회복 콜
가망고객과의 영업적 관계나 인간적 관계의 끈이 끊어 지지않게 하여 판매과정 진행 가능성을 열어 두기 위한 전화이다.

오늘은
누굴 만나지?

5부

10콜 합시다

CHAPTER 1 ——— 10콜 하고 계신가요?
CHAPTER 2 ——— 10콜은 습관이다
CHAPTER 3 ——— 10콜 습관 만들기
CHAPTER 4 ——— 10콜 하는 사람들!

"나의 일상은 지극히 단조로운 날들의 반복이었다. 잠자고 일어나서 밥 먹고 연습, 자고 일어나서 밥 먹고 다시 연습, 어찌 보면 수행자와 같은 하루였다. 하지만 내가 알고 있는 한 어떤 분야든 정상에 오른 사람들의 삶은 공통적이게도 조금은 규칙적이고 지루한 하루의 반복이었다. 나는 경쟁하지 않는다. 단지 하루하루를 불태웠을 뿐이다. 그것도 조금 불을 붙이다 마는 것이 아니라, 재까지 한 톨 남지 않도록 태우고 또 태웠다. 그런 매일매일 지루한, 그러면서도 지독하게 치열했던 하루의 반복이 지금의 나를 만들었다."

강수진 〈나는 내일을 기다리지 않는다〉 중에서

우리가 너무나 잘 알고 있는 세계 최고 발레리나 강수진의 글이다.

하루하루를 재까지 한 톨 남지 않도록 태워서 치열하게 반복하여 정상에 오를 수 있는 나를 만들었다고 얘기하고 있다.

　그녀가 성공할 수밖에 없었던 이유는 자신의 일을 사랑하는 것은 당연하고, 성공은 무언가 하루하루 큰 성취를 이루어 가는 드라마틱한 것이 아니라 매일매일의 지루하게 반복된 하루가 성공을 만든다는 것을 알고 있었다는 것이다.

　'오늘은 누굴 만나지?'의 고민도 하루하루 우리가 아무렇지 않게 할 수 있는 작은 점들이 모여 이틀, 사흘, 일주일이 지나 가느다란 선이 되고 그것이 한 달, 두 달, 1년, 2년이 모여 면이 되는 것처럼 그런 과정에서 해결되는 것은 아닐까?

CHAPTER **1**

10콜 하고 계신가요?

10콜이란 무엇일까요?

"FP님~ 오늘 10콜 하셨어요?", "FP님~ 10콜 하고 활동 나가세요?", "FP님~ 10콜 하면 영업이 잘 됩니다."
영업하는 사람이라면 이와 같은 얘기를 아마도 한 번쯤은 들어 봤을 것이다. 어쩌면 오늘 아침에도 들은 사람도 있을 것이다.

'10콜이 뭐야?', '10명한테 전화하는 건가?', '10번 전화를 하는 건가?' 이런 저런 생각이 들겠지만 보험영업을 하는 사람이라면 누구라도 무슨 뜻인지는 대략적으로 알고 있을 것이다. 10콜이란 말을 들으면 영업을 하는 사람은 전화를 많이 하면 좋은 일이고 또 당연히 그렇게 해야 한다는 생각을 할 것이다.

하지만 사무실 안을 유심히 살펴보면 과연 어떨까?

여기저기서 전화를 하는 FP는 너무 쉽게 찾아볼 수 있고 10콜 하라는 얘기도 많이 들었지만, 실제로 매일 10콜을 하는 FP를 본 적은 별로 없을 것이다. 또한 10콜이 뭔지는 몰라도 영업을 하다 보면 가끔 한 번쯤은 마음먹고 전화를 열심히 해야지라고 생각을 하고 하루에 10명 아니 그 이상의 전화를 해본 적이 있는 FP도 있을 것이다. 하지만 10콜이란 이름으로 매일매일 전화를 하는 사람은 그렇게 많지는 않을 것이다.

그러면 우리가 매일 듣고 사는 10콜은 정확히 무엇을 말하는 것일까? 10콜 강의를 할 때 10콜이 뭐라고 생각하고 있는지 질문을 해보면 대부분이 "매일 10명한테 전화하는 거 아닌가요?"라고 대답을 한다. 그러면 더 정확하게 얘기해 보라고 하면 머뭇거리는 경우를 많이 볼 수 있다.

그럼 이번에는 "10콜을 하고 계신가요?"라는 질문을 해보면 대부분은 10콜을 하지 않고 있다고 얘기한다. 또한 "10콜을 하면 영업은 어떻게 될 것 같아요?"라는 질문을 하면 영업이 잘 될 것 같다고 대부분 막연하게나마 알고는 있다.

10콜에 대한 FP의 생각을 정리해 보면 10콜이 무엇인지, 영업에 얼마나 도움이 되는지는 알고 있지만 실제로 하지는 못한다고 할 수 있다. 10콜을 하기 위해서는 우선 10콜이 무엇인지를 정확하게 이해하는 것부터 시작해야 하는데 이를 위해서 10콜이 무엇인지를 구체적으로 살펴 보도록 하자.

첫 번째, 누구에게 하는 전화인지를 살펴보면 10콜은 가망고객에게 하는 전화라고 할 수 있다. 여기서 얘기하는 가망고객은 가망고객으로 판별된 모든 사람이라고 할 수 있다. 예를 들어 매일 보는 친한 사람도 그 대상이 되는 것이고 5년, 10년 동안 연락 안 하고 살았던 사람도, 심지어 누군지 잘 모르는 사람도 10콜의 대상이라고 할 수 있다.

두 번째, 어떤 목적으로 전화를 하는 것인지를 살펴보면 10콜은 영업 관련된 목적으로 전화를 하는 것이 아닌 통상적인 안부전화를 말한다. 이는 판매프로세스에 있는 가망고객과의 영업관련 면담약속 즉, AP 약속이나 PT 약속을 잡기 위한 콜과는 구분해야 한다.

세 번째, 10이라는 숫자의 의미는 무엇인지에 대해 살펴보면 10콜에서 10의 의미는 가망고객 10명과 실제 통화를 한 것을 의미하는데 이는 10명에게 전화를 시도한 경우와는 구분해야 한다.

결론적으로 10콜은 '매일 가망고객에게 직접적인 판매프로세스를 위한 전화 이외의 전화 통화를 하는 것'이라고 정의할 수 있다.

또한 10콜은 전화 통화에 국한되어 있지는 않고 가망고객과의 상호 의사 교환이 가능한 핸드폰 카톡이나 문자 등도 포함할 수 있고 SNS의 DM과 같은 상호 소통할 수 있는 방법도 넓은 범주에서는 10콜이라 할 수 있다.

10콜은 왜 해야 할까요?

FP가 매일 10명의 가망고객에게 영업 관련 전화가 아닌 안부전화를 하는 것은 정말 어렵고 불가능하고 힘든 일일까? 아니면 충분히 할 수 있고 할만한 일일까? 아마도 머릿속에서 개념적으로만 보면 10콜은 내가 절대 할 수 없는 일이라고 생각하는 FP는 단 한 명도 없을 것이다.

하지만 10콜이 그냥 자신이 아는 사람들에게 영업 관련으로 전화하는 것도 아니고 어쩌면 단순하게 안부전화를 하는 것인데 이렇게까지 쉽지 않은 일처럼 얘기하는 이유는 무엇일까?
10콜은 겉으로는 단순한 안부전화를 하는 것처럼 보이지만 그 안에는 어쩌면 영업의 성공과 실패를 좌우할 수도 있을 만큼의 엄청나게 중요한 의미들을 내포하고 있기 때문이다.

보험이 가망고객과의 관계와 상관없이 누구에게나 바로 전화를 해서 영업을 할 수 있는 것이라면 10콜을 할 필요도 없고, 하고 안 하고의 문제도 그렇게 중요하지 않을 수 있다. 하지만 우리나라에서의 보험영업은 가망고객과의 인간적 관계가 영업에서 큰 영향을 주는 요소가 될 수 있기 때문에 친하지 않은 사람, 연락도 자주 하지 않았던 사람, 감정적으로 불편한 사람, 영업하기 껄끄러운 사람, 물리적으로 너무 멀리 있는 사람 등은 바로 영업을 하기 힘들 수밖에 없다. 따라서 이렇게 바로 영업하기 어려운 조건을 가지고 있는 가망고객을 점진적으로 영업이 가능한 상황으로 만들어 '오늘은 누굴 만나지?'의 근본적인 문제를 해결할 수 있는 가장 좋은 방안 중에 하나가 10콜이라 할 수 있다.

그럼 이렇게 영업에서 중요한 10콜을 안 하면 어떤 문제가 있을까? 물론 하루 10콜을 하지 않고 일주일을 하지 않는다고 바로 영업성과에 직접적인 영향을 미치지는 않지만, 어느 순간 자신도 모르게 10콜을 하지 않고 영업을 하게 되면 다음과 같은 문제가 생기게 될 것이다.

첫 번째는 제한된 가망고객을 가지고 영업을 하게 될 가능성이 높아질 수 있다.

지속적으로 10콜을 하려면 가까운 지인들에게만 전화를 걸어서는 불가능하기 때문에 가망고객과의 관계와 상관없이 엄청나게 많은 가망고객에게 전화를 해야 한다. 하지만 10콜을 하지 않고 영업을 하게 되면 굉장히 제한된 가망고객에게만 전화를 하게 될 것이고 이로 인해 만날 수 있는 사람의 폭이 필연적으로 좁아지는 결과를 만들게 된다. 따라서 자신이 가지고 있는 가망고객 특히, 지인의 활용도가 감소할 수밖에 없게 된다.

두 번째는 10콜을 하지 않고 영업을 하게 되면 활동량이 감소하게 된다.

보험영업에서 전화라는 것은 비대면 영업에서 대면 영업으로의 전환을 할 수 있도록 하는 가장 중요한 매개체이다. 그런데 10콜을 하지 않는다는 것은 가망고객과의 전화 수가 감소한다는 것이고 이것이 지속될 경우 대면 영업으로 전환되는 가망고객 수가 적어지게 될 수밖에 없게 된다. 이는 결국 활동량의 감소로 이어지게 된다.

세 번째는 10콜을 하지 않고 영업을 하게 되면 신규로 영업 가능한 대상자를 발굴하기 어렵게 된다.

어떤 이유로든 바로 영업으로 진입시키기가 힘든 가망고객에게 평상시 10콜을 통한 안부전화를 하지 않으면 가망고객과 잦은 접촉이 되지 않은 상황에서 막상 영업으로 만나자고 전화를 할 때, 망설임이 생겨서 전화를 하지 못하게 되는 심리적 문제가 생길 수 있다. 또한 친하지 않은 사람들은 안부전화를 통해서 고객의 상황을 파악한다든지 FP를 대하는 성향 같은 것을 파악하여 영업으로 진입할 수 있는 시기나 관계 등을 만들어 갈 수 있는데 10콜을 하지 않을 경우 이러한 것들을 파악할 수 없게 된다. 이는 결국 새롭게 진입시킬 수 있는 가망고객 확보가 어려워지게 되는 것이다.

결론적으로 10콜을 하지 않고 영업을 한다는 것은 영업의 본질인 많은 사람을 만나는 것과 판매스킬을 통한 계약 확률 증대라는 두 개의 큰 축 중 하나인 활동량의 축이 무너지는 것과 같다고 할 수 있다. 왜냐하면 10콜을 안 하면 비대면 활동량이 감소하게 되어 결국 대면 영업 활동량에 영향을 미치게 되고, 결국 영업성과에도 영향을 미치게 되는 것이다.

10콜을 하면 영업에 정말 도움이 될까요?

10콜은 표면적으로는 가망고객에 대한 직접적인 영업을 위한 전화는 아니지만 엄연한 영업적 목적을 가지고 있는 전화라고 할 수 있다. 그 이유는 영업을 하는 우리가 하는 행동은 아무리 겉으로는 영업이라고 보이지 않아도 분명한 영업적 목적이 있어야 하고 그렇지 않은 경우는 그냥 한낱 아무런 의미 없는 시간 낭비에 불과하다고 할 수 있기 때문이다.

따라서 10콜을 하게 되면 '오늘은 누굴 만나지?'를 해결할 수 있는 다음의 네 가지 직접적인 해답을 받을 수 있다.

첫 번째는 가망고객 수가 증가하게 된다.

10콜을 하기 위해서는 필연적으로 전화를 할 대상이 필요하게 되는데 하루에 10명과 통화를 하기 위해서는 이름을 쓴 사람에게 모두 전화를 건다는 가정하에 전화를 받지 않는 경우까지 고려해 본다면 적어도 15명의 가망고객 명단이 필요하고 일주일에는 75명, 한 달이면 약 300명 정도의 가망고객이 필요하다는 계산이 나온다.

여기서 중복되어 전화를 하는 경우를 감안하더라도 최소한 200명의 전화할 사람이 필요하게 되는데 10콜을 할 수 있게 된다는 것은 매월 200명 이상의 가망고객을 확보할 수 있게 된다는 것이다.

두 번째는 가망고객과의 관계가 증진된다.

FP의 속마음은 가망고객과의 관계나 친분 정도와 관계없이 누구에게

나 바로 영업을 하고 싶은 마음이 있을 것이다.

하지만 막상 영업을 하려고 하면 '이 사람은 전화도 자주 하지 않고 친분도 없는데 갑자기 영업을 해도 괜찮을까?'라든지 '잘 알지도 못하고 친하지도 않은데 갑자기 전화해서 보험 때문에 만나자면 나를 어떻게 생각할까?'라든지 등 수많은 생각이 들기 시작할 것이다.

따라서 아무리 가망고객이라고 해도 모두 바로 판매과정을 진행할 수 있는 것은 아니기 때문에 영업을 하기 위해서는 일정 수준 이상의 관계 증진이 필요한데, 10콜을 통해서 가망고객과의 관계를 증진시킬 수 있게 되는 것이다.

물론 10콜을 한다고 모든 가망고객이 영업으로 연결되지는 않겠지만 10콜을 통해서 점진적으로 관계가 증진되다 보면 시간과 정도의 차이는 있겠지만 그중에서 분명 영업으로 진입시킬 수 있는 가망고객을 만들 수 있을 것이다.

이렇게 10콜을 하다 보면 10콜을 하기 전에는 가망고객이라 생각조차 하지 않았던 사람을 가망고객으로 여길 수 있게 되고 전화할 생각도 하지 못했던 사람에게도 전화를 하게 된다. 그러다 보면 만날 수 있다고 판단되는 가망고객 수가 늘어나게 돼 이제까지 사용하지 못했거나 하지 않았던 가망고객에 대한 활용을 점차 늘려 나갈 수 있다.

세 번째는 가망고객의 영업 진입 가능성을 파악할 수 있게 된다.
10콜을 하게 되면 FP는 고객과의 대화를 통해서 안부도 묻고 고객의 상황도 파악하게 된다. 이를 고객 입장에서 보면 FP의 전화를 단순한 안부전화라고 생각할 수도 있지만 언젠가는 자신에게 영업을 하지 않을까 하는 마음속의 생각을 하게 될 수도 있는 것이다.

따라서 FP의 전화에 대해서 불편하게 생각하는 고객도 있을 수 있고 그렇지 않은 반응이 나올 수도 있기 때문에 10콜을 통해서 모든 가망고객과 관계가 증진되고 영업을 할 수 있는 대상이 된다고 할 수는 없다.
하지만 이러한 과정을 통해 FP의 전화에 대한 가망고객의 반응을 파악할 수 있게 되고 자연스럽게 가망고객의 영업 가능성을 파악할 수 있게 되는 것이다.

네 번째는 영업 진입 가망고객 수가 늘어나게 된다.

10콜을 한다고 처음부터 영업 진입 가능성이 높은 가망고객의 절대적인 수를 많이 만들 수는 없겠지만 10콜을 하면 할수록 관계가 좋아지는 가망고객 수도 늘어나고 고객의 상황을 자연스럽게 많이 알게 된다.

이런 과정을 통해서 영업을 해도 될 것 같은 판단이 드는 가망고객 수가 점점 늘어나게 되는데 이를 통해 결국 '오늘 누굴 만나지'의 문제가 자연스럽게 해결되는 것이다.

10콜을 하려면 무엇이 필요할까요?

10콜은 단순히 생각하면 전화를 하는 것이라 생각할 수 있지만 10콜에 숨겨진 하나의 중요한 단어는 '매일'을 의미하는 지속성에 있다.

   하루에 10명에게 전화하는 것은 누구나 마음만 먹으면 할 수 있다. 누구나 한 번쯤은 '10콜을 해야지'는 생각을 하지 않더라도 '영업을 한번 새롭게 시작해 봐야지!'라든지 하루 종일 약속이 미루어지거나 깨졌을 때 '사무실에서 전화라도 해야지!'라든지 아니면 기분이 우울하거나 영업이 힘들고 지칠 때 뭐라도 해야 할 것 같은 생각이 들 때 10콜보다 더 많은 전화를 한 경험이 있을 것이다. 하지만 하루에 10명에게 전화하는 것은 이틀 정도도 누구나 마음만 먹으면 할 수 있는 것이다. 하지만 3일, 4일, 일주일, 한 달, 1년, 2년은 어떨까? 이렇게 계속해서 매일 10콜을 하기는 누구나 마음만 먹는다고 할 수 있는 일은 아니다.

   결국 10콜의 가장 큰 특성이자 어려운 이유인 지속성을 유지하기 위해서는 '한번 해 봐야지!'라든지 '열심히 하면 되지 않겠어?'와 같은 정도의 마음만 가지고 되는 것이 아니라 10콜을 하기 위해서 어떤 마음을 가져야 하고 어떤 것이 필요한지를 정확히 알고 있어야 하고, 이를 실행할 수 있는 실행력 또한 반드시 갖추고 있어야 한다.

   그럼 10콜을 하기 위해 필요한 것은 무엇일까?

첫 번째는 10콜을 대하는 올바른 마음가짐이 필요하다.

우선은 10콜을 일로 생각하면 안 된다.

10콜은 매일 해야 하는 것이기 때문에 자칫 숙제처럼 반드시 해야 하는 일로 생각하면 할수록 10콜에 대한 부담감은 커지게 될 수 있다. 그러다 보면 10콜을 하는 것이 스트레스로 작용할 수 있는데 이렇게 되면 10콜은 결코 오래 지속할 수 없게 된다. 따라서 10콜을 일이 아니라 사람에 대한 관심과 궁금증을 가지고 사람에 대해서 조금씩 알아 가는 과정이라 생각하는 마음가짐을 가져야 한다.

그리고 10콜에 대한 기대감을 없애야 한다.

10콜을 하면서 FP는 내심 10콜을 통해 영업과 직접적인 연관이 있는 변화가 있기를 바란다. 이러다 보면 자신도 모르게 은연중에 영업에 대한 얘기를 할 수 있게 되고 이것이 고객에게 부담감을 주는 요소로 작용할 수 있게 되어 영업에 부정적인 요인으로 작동할 수 있게 된다. 따라서 10콜을 할 때는 무언가를 얻어내겠다와 같은 유의미한 결과를 만들겠다는 등의 기대감을 없애야 한다. 그래야 편하게 전화를 할 수 있게 되어 어쩔 수 없이 해야 하는 일이 아니라 하고 싶은 마음이 들 수 있게 된다.

마지막으로 10콜은 과정에서 성취감을 느껴야 한다.

10콜은 전화의 내용 자체가 영업과 직접적인 연관이 있는 얘기를 하는 것이 아니기 때문에 전화통화 자체로는 영업에 직접적인 영향을 줄 수 있는 결과가 나타나지 않을 수 있다. 따라서 매일 10콜을 한다고 하더라도 결과로부터는 성취감을 얻기에는 다소 부족한 면이 있을 수밖에 없다. 계약을 기대하면서 10콜을 하게 되면 지치기 쉽기 때문에 10콜은 결과보다는 과정 자체에서 성취감을 느낄 수 있어야 한다. 그래야 하고 싶은 마음이 들 수 있다.

두 번째는 10콜을 하는 데 필요한 요소를 갖추고 있어야 한다.

10콜을 달리기에 비유한다면 순간 가속도를 내서 전력 질주를 해야 하는 100미터 달리기라기보다는 엄청난 지구력을 필요로 하는 마라톤과 유사하다고 할 수 있다. 마라톤을 완주하기 위해서는 이를 위한 에너지도 필요하고 이에 맞는 주법도 필요하고 코스 매니지먼트를 하는 능력도 필요하다. 10콜도 마찬가지이다. 마음먹는다고 해서 10콜을 할 수 있는 것이 아니라 오랜 기간 지속적으로 하기 위해서 필요한 요소들을 만들 수 있고 실행할 수 있는 능력을 갖추고 있어야 한다.

우선은 사람이 필요하다.
마라톤을 완주하려면 이를 위해 필요한 에너지 즉 체력을 가지고 있어야 하듯이 10콜도 오랫동안 지속하기 위해서는 에너지가 필요한데 그것은 바로 10콜 할 사람이 필요한 것이다.
10콜을 하려면 반드시 많은 사람이 필요한데 일반적으로 사람들이 안부전화를 할 때 통상적으로 전화하는 주기인 한 달에 한 번 정도 통화하는 것을 고려한다면 한 달에 200명 이상의 가망고객이 있어야 하기 때문에 10콜을 하기 위해서는 지속적으로 전화할 사람을 만들 수 있는 능력을 갖추고 있어야 한다.

그리고 말이 필요하다.

마라톤은 단거리를 달리는 것과 같은 주법으로는 안 되고 이에 맞는 방법이 필요한 것처럼 10콜은 한 번의 전화를 영업에 진입시키는 것과는 다른 방법이 필요한데 그것은 바로 10콜에서 어떤 말을 할 것인가이다.

10콜이 아무리 안부전화를 하는 전화라고 해도 마음속에 영업이란 것을 염두에 두고 전화를 하기 마련이다. 따라서 전화할 때의 상황이나 가망고객과의 관계 등을 고려해서 가장 적절한 말을 사용해야 한다. 하지만 이때, '뭐라고 얘기하지?'가 해결되지 않으면 한두 번은 전화를 할 수는 있겠지만 지속적으로 전화를 하기에는 어려움을 겪을 수밖에 없다.

마지막은 계획이다.

마라톤을 완주하기 위해서는 에너지와 주법 말고도 하나 더 필요한 것이 코스 운영일 것이다. 자신의 체력을 고려하여 구간마다 페이스를 어떻게 운영할 것인가를 계획하여 움직여야지 그렇지 않을 경우 오버 페이스를 할 수 있고 너무 천천히 가게 되어 기록을 단축할 수 없을 것이다.

10콜도 전화 대상에게 궁극적으로 영업 진입을 목적으로 하는 것이기 때문에 이에 대한 계획이 필요한 것이다.

10콜은 매일 하는 것도 중요하지만 한 사람에게 지속적인 전화를 하는 것도 이에 못지않게 중요하기 때문에 한 사람에 대한 전화 계획을 반드시 수립해야 한다. 또한 10콜은 매달 수백 명의 가망고객을 대상으로 진행되기 때문에 계획을 세우지 않고 진행하면 기억하기도 힘들 뿐만 아니라 가장 적절한 타이밍에 전화를 하지 못하게 되면 영업으로 연결시키는 것에 어려움을 겪게 되어 10콜을 한 효과를 얻지 못하게 된다.

세 번째는 10콜을 실행에 옮기는 힘이 필요하다.

실제 몸을 움직여서 10콜을 하는 힘을 말하는데 세 가지 요소가 갖추어져 있더라도 실행하지 못한다면 아무런 소용이 없기 때문이다.
그렇다면 10콜 실행력은 어떻게 만들어질까? 또는 어떻게 만들어야 할까? 분명한 건 처음부터 실행력이 만들어지지는 않는다는 것이다. 처음에는 10콜 할 사람을 선정할 수도 없을 수 있고 능수능란하게 말할 수 있지도 않을 것이며 치밀하게 계획을 세울 수도 없을 것이다.

실행력은 훈련을 통해서 만들어지는데 10콜을 위한 하루하루의 작은 행동들이 모여서 영업 전반에 큰 영향을 미치는 나비 효과로 되돌아오게 되는 결과를 만들게 되는 것이다. 아주 지루하고 작은 훈련의 반복이 성공적인 10콜의 밑바탕이 되어 주는 것인데 이렇게 되기 위해서는 어떻게 해야 할까?

결론적으로 10콜은 습관이 되어야 가능하다고 할 수 있는데 어떻게 10콜을 나의 습관으로 만들 수 있느냐가 성공적 10콜의 핵심 키워드라고 할 수 있다.

CHAPTER 2

10콜은 습관이다

10콜은 습관이다

'생각이 바뀌면 행동이 바뀌고 행동이 바뀌면 습관이 바뀌고 습관이 바뀌면 인격이 바뀌고 인격이 바뀌면 운명이 바뀐다.'
- 윌리엄 제임스 -

'처음에는 우리가 습관을 만들지만 나중에는 습관이 우리를 만든다.'
- 존 드라이든 -

'성공은 능력과 노력이 아닌 좋은 습관에서 태어난다.'
- 나카이 다카요시 -

'인간은 반복적으로 행하는 것에 의해 판명되는 존재다. 따라서 탁월함은 단일 행동이 아닌 습관에서 온다.'
- 아리스토텔레스 -

우리는 살면서 습관이란 말을 참 많이 하기도 하고 듣기도 하면서 살아가는데 이때 습관이란 좋은 의미에서 쓰이기도 하고 나쁜 의미로 쓰이기도 하지만 사람의 삶에 중요한 영향을 미치는 것은 분명한 것 같다.

그럼 이렇게 자주 접하고 얘기하는 습관이란 과연 무엇일까?
습관이란 한자를 풀어 보면 익힐 습(習)과 버릇 관(慣)으로 구성된 단어로 어린 새가 날갯짓을 연습하듯이 매일 반복하여 마음에 꿰인 듯 익숙해진 것으로 어떤 행위를 오랫동안 되풀이하는 과정에서 저절로 익혀진 행동 방식으로 풀이할 수 있다.

습관은 한 번 만들어지면 아주 견고하게 우리 머릿속에 의식 체계를 만들어서 쉽게 없어지지 않게 되어 우리의 삶에 긍정적인 영향이든지 부정적인 영향을 미치게 되는데 결국 습관이 만들어진다는 것은 우리의 삶에 오랫 동안의 큰 변화가 생기는 계기가 된다고 말할 수 있다.

그럼 성공적인 보험영업을 위해서도 반드시 갖추고 있어야 하는 습관이 있지 않을까?

보험영업은 근로자 형태의 직업이 아니라 자영업의 형태이기 때문에 스스로 시간 활용의 자율권이 어느 정도 있기는 하지만 일정한 시간에 출근하고 업무 시간을 철저히 지키는 등의 올바른 영업 습관을 가지고 있는 것도 중요하다. 또한 보험은 항상 새로운 상품이 계속 출시되고 새롭게 업그레이드되는 많은 지식을 꾸준히 공부해야 하는 학습 습관도 중요하다. 그리고 자신의 판매 스킬을 향상하기 위해 훈련하는 습관도 반드시 필요할 것이다. 마치 프로야구나 프로골프 선수들이 자신만의 루틴을 가지고 있는 것처럼 말이다. 이러한 습관들을 갖추고 있다면 성공적 보험영업에 한발 다가설 수 있는 영업 활동에 큰 변화를 만들고 영향을 주게 될 것이 분명하다.

그럼 10콜은 어떨까?
영업성과를 내기 위해서는 앞에서 다루었던 많은 요소도 중요하지만 이에 못지 않게 중요한 것 중 하나는 '오늘 누굴 만나지'의 해결책인 갈 곳을 지속적으로 만들기 위해 10콜 하는 습관을 갖는 것이다.

10콜의 정의에서도 얘기했듯이 '매일 가망고객에게 직접적인 판매프로세스를 위한 전화 이외의 전화 통화를 하는 것'에서 '매일'이라는 단어가 습관을 의미한다고 할 수 있다.

결국 10콜은 가망고객에게 전화를 하는 것을 매일 반복하여 몸에 익히는 행동 방식이라 할 수 있는 것이다.

10콜은 왜 습관이 되어야 할까요?

10콜이 오늘은 누굴 만나지?를 해결하는데 필요한 것이라면 10콜이 습관이 된다는 것은 10콜을 구성하는 요소를 오래 되풀이 하는 과정에서 익숙해진 행동 방식이 되는 것으로 해석해 볼 수 있다.

그러면 10콜은 왜 습관이 되어야 하는 것일까?
습관 관련해서 우리에게 너무 잘 알려진 책 〈성공하는 사람의 7가지 습관〉에서 저자인 스티븐 코비는 시간 관리를 네 개로 구분해서 설명하고 있는데 보험영업도 이 네 가지 매트릭스로 구분해 보면 다음과 같다.

첫 번째, 긴급하고 중요한 일
바로 처리하지 않으면 안 되고 영업 활동에서도 중요한 일이라 할 수 있다. 예를 들어 고객과의 면담 약속이라든지 고객과의 당일이나 다음 날 면담을 위한 자료 준비라던지 아니면 계약 관련 업무와 같은 일이라 할 수 있다. 이 영역의 일들은 반드시 해야 하고 당장 처리하지 않으면 영업성과에 직접적인 영향을 줄 수 있는 일이라 할 수 있다.

두 번째, 긴급하지는 않지만 중요한 일
바로 처리하지 않아도 큰 문제는 생기지 않지만 영업 활동에는 중요한 일이라 할 수 있다. 예를 들어 신상품에 대한 학습이라든지 면담스킬 향상을 위한 R/P 훈련이라든지 고객관리를 위한 활동과 같은 일이라 할 수 있다. 이 영역의 일들은 당장 처리하지 않아도 되지만 하지 않을 경우 장기적으로는 영업성과에 영향을 줄 수 있는 일이라 할 수 있다.

세 번째, 긴급하지만 중요하지 않은 일

바로 처리를 해야 하지만 영업활동에는 중요하지 않은 일이라 할 수 있다. 예를 들어 업무와 관련 없는 미팅이라든지 불필요한 회사보고서 작성이라든지 동료 FP의 자료 부탁과 같은 일이라 할 수 있다. 이런 종류의 일은 당장 처리해야 할 것처럼 보이지만 영업성과에는 직접적인 영향을 주지 않기 때문에 속지 않도록 주의해야 하는 일이다.

네 번째, 긴급하지 않고 중요하지 않은 일

바로 처리하지 않아도 큰 문제가 생기지도 않고 중요하지도 않은 일이라 할 수 있다. 예들 들어 사무실에서 인터넷을 검색한다든지 동료 FP와 잡담을 나눈다든지 웹서핑을 하는 것이라 할 수 있다. 이러한 종류의 일은 굳이 하지 않아도 영업에 영향을 미치지 않는 일이기 때문에 항상 정신 차리고 하면 안되는 일이라 할 수 있다.

우리는 영업 활동 중에 이 네 가지 분면에 있는 일들 중 스스로 우선 순위를 결정하면서 일을 하게 되는데 본능적으로는 급하고 중요한 일들은 습관이 되지 않아도 무조건 하게 될 것이다.

하지만 10콜은 어떨까?

10콜은 '긴급하지는 않지만 중요한 일'에 속한다고 할 수 있다. 10콜을 하루 하지 않는다고 영업성과에 큰 지장을 주지도 않고 반대로 10콜을 한다고 해도 즉각적으로 영업에 큰 변화가 오지 않기 때문이다.

10콜의 이러한 특성으로 인해 10콜은 영업활동의 우선순위에서 밀려날 가능성이 높게 되고 신경 쓰지 않는다면 실행하기가 쉽지 않다. 왜냐하면 FP는 영업활동 과정에서 긴급하고 중요한 일들이 많고 이러한 일들에 에너지를 써야 할 경우가 많은데 10콜은 당장 급하거나 중요하지 않기 때문에 에너지를 쏟기가 쉽지 않은 것이다.

따라서 10콜은 급하고 중요한 일과 같이 에너지를 많이 쓰면서 하기가 힘들 수 있기 때문에 의식하지 않고 자동적으로 할 수 있도록 만들어야 한다. 이런 이유로 10콜은 습관이 되어야 하는 것이다.

10콜 습관 만들기는 왜 어려울까?

보험영업뿐 아니라 일반적으로 우리가 살아가면서 자신에게 이제까지 습관이 되어 있지 않은 일을 새롭게 습관으로 만드는 것은 결코 쉽지 않다는 것을 누구나 안다.

예를 들어 운동을 하지 않다가 하루에 한 시간씩 달리기를 하는 습관을 만든다든지 하루에 한 시간씩 책을 읽는 습관을 만든다든지 아니면 매일 일기를 쓴다든지 하는 습관을 만든다고 생각해 보라. 하루 이틀은 어찌어찌 할 수 있을 것 같지만 일주일, 한 달, 3개월, 6개월, 1년을 매일 한다는 것은 쉽게 엄두가 나지 않는 일이라는 것을 금방 알 수 있다.

10콜을 습관으로 만드는 것도 쉽지는 않지만 이를 구성하는 하나 하나의 요소는 이미 우리가 매일 하는 일이 합쳐져 있는 형태이기 때문에 그 구성 요소 하나 하나를 행동하기는 결코 어렵지 않다. 그런 점에서 10콜을 습관으로 만드는 것이 그리 어렵지 않을 수도 있다.

만약 10콜을 습관으로 만드는 게 그렇게 어려운 일이 아니라면 이미 많은 FP들이 10콜을 하고 있어야 하는데 실제로 영업현장에서 10콜을 습관으로 만들어 지속하는 하고 있는 FP의 비율은 지극히 낮아 100명 중에 한 명 정도밖에 되지 않은 것을 볼 수 있다.

그렇다면 10콜을 습관으로 만드는 것이 왜 어려울까?

첫 번째는 미루고 싶은 마음 때문이다.

당장의 영업 결과에 집중하게 되는 FP에게 10콜을 하는 것이 영업성과에 즉각적으로 영향을 주게 되는 '급하고 중요한 일'이라면 10콜을 습관으로 만들지 말라고 해도 어떻게 해서든 만들려고 노력할 것이다.

하지만 영업의 성과로 연결되기까지는 일정 시간이 필요한 10콜을 당장 하지 않아도 영업에 큰 문제가 생기지 않는 '중요하지만 급하지는 않은 일'로 생각하게 될 경우 10콜을 해야 하는 순간 미루고 싶은 마음이 생겨 습관으로 자리잡히기 어렵게 되는 것이다.

두 번째는 초기에 집중되는 에너지 사용의 어려움이다.

10콜이 습관이 된다는 것은 10콜을 구성하는 각각의 요소를 습관으로 만든다는 것인데 평상시 10콜을 하지 않았던 FP가 10콜을 습관으로 만들기 위해 초기에는 굉장히 많은 인위적인 에너지가 필요하게 된다.

마치 비행기가 이륙할 때 가장 많은 에너지를 쓰는 것처럼 10콜도 안정적인 궤도에 진입하기까지는 평상시에 사용하지 않던 에너지를 의식적으로 사용해야 하기 때문에 어려움이 따를 수밖에 없는 것이다.

세 번째는 귀찮은 마음이다.

10콜을 하지 않으면 영업적으로 엄청난 불이익이 있는 등의 심각성을 띠고 있다면 반강제적으로도 행동하게 되고 그로 인해 습관으로 자리잡을 가능성이 높을 것이다. 하지만 10콜은 강제적으로 할 수도 없고 또 절대 할 수 있는 어려운 일은 아니지만 반드시 하루의 일과 중 작은 시간을 몇 번씩 내야하기 때문에 자꾸 행동하기 귀찮은 마음이 들게 되는 것이다.

마치 하루에 30분씩 걷는 것만으로도 건강은 엄청나게 좋아질 수 있는 가능성이 있는데 누구나 하루에 30분 정도는 낼 시간이 있음에도 그렇게 하지 못하는 것처럼 10콜도 귀찮은 마음 때문에 습관으로 만들지 못하는 경우가 너무도 많다.

네 번째 망설여지는 마음이다.
10콜이 습관이 된다는 것은 이를 구성하는 요소의 행동들이 정확하게 결합되고 지속성을 갖는다는 것을 의미한다. 10콜을 구성하는 요소들을 행동할 때 아무런 거리낌 없이 행동할 수 있어야 자연스럽게 몸에 밸 수 있는데 10콜을 구성하는 요소 중에서 행동할 때마다 할까 말까 하는 망설임이 작동하는 것들이 있는데 이런 문제를 해결하지 못할 경우 결코 10콜은 습관으로 자리잡기가 어렵게 된다.

예를 들어 10콜 할 대상의 명단을 쓸 때 평상시 한 번도 전화할 생각도 하지 않았었고 또 연락한 지도 오래되고 친하지도 않은 가망고객을 써야 한다면 FP는 이 가망고객의 이름을 쓸까 말까 하는 망설임이 생길 것이고 또한 전화를 걸 때도 걸까 말까 하는 망설임이 생길 것일 것이다.
그런데 10콜을 하게 되면 이러한 망설임이 생기는 가망고객들이 그렇지 않은 가망고객보다 훨씬 많게 되는데 이를 해결하지 못하면 10콜을 습관으로 만들기는 결코 쉬운 일이 아닐 수 있다.

어떻게 해야 10콜 습관을 만들 수 있을까요?

10콜 습관을 만들기 위해서는 먼저 습관이 어떻게 만들어지는지를 파악하고 이를 10콜에 적용할 수 있는 방법을 찾는 것이 중요하다.

미국의 기자인 '찰스 두히그'가 지은 〈습관의 힘〉이라는 책에서는 습관이 3단계의 습관 고리를 통해서 만들어진다고 설명하고 있다.

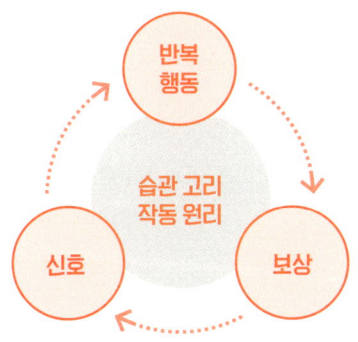

습관을 만들기 위해서 습관의 고리를 만드는 것이 중요한 이유는 습관이 어떻게 작동하는지 이해하고 습관의 고리의 구조를 이해하면 습관을 쉽게 변화시킬 수 있기 때문이다.

습관 고리의 첫 번째는 '신호'이다.
신호는 우리 뇌에게 자동 모드로 들어가 어떤 습관을 사용하라고 명령하는 자극으로 일종의 방아쇠 역할을 하는 것이다. 습관이 되어 있지 않았던 행동은 자연스럽게 나타나지 않는 특성이 있기 때문에 이를 자각하게 하기 위한 인위적인 자극이 필요한데 이를 '신호'라고 한다.

예를 들어 매일 아침 달리기를 하는 습관을 만들고 싶다면 아침 식사를 하기 전에 운동화 끈을 묶거나 침대 옆에 운동복을 놓아 두는 것처럼 단순한 신호를 만드는 것이다.

습관 고리의 두 번째는 '반복 행동'이다.

습관을 만들려는 행동에 대한 자극이 왔을 경우 그 행동을 반복적으로 하는 것으로 습관을 만들고자 하는 구체적 목표를 달성하는 것을 의미하는데 이 반복 행동이 습관의 실체라고 할 수 있다.

예를 들어 아침에 일어나서 침대 옆의 운동복을 보았을 때 우선은 운동복을 입는 반복 행동부터 하는 것이다. 이것이 매일 익숙해지면 운동복을 입고 문밖까지 나가는 반복 행동을 하는 것이다. 이런 식으로 반복 행동을 높여 가는 것이다.

습관 고리의 세 번째는 '보상'이다.

보상은 습관의 결과로 나타나는 것으로 자신에게 이익, 도움이 되는 습관의 행동에 대한 물질적, 정신적 보상이라 할 수 있다. 이 보상을 통해서 사람을 반복 행동에 더 많이 동기부여가 되고 습관의 행동에 대한 만족도와 성취감을 느낄 수 있게 되는 것이다.

예를 들어 습관으로 만들고자 하는 반복 행동을 했을 때 그로 인한 즐거움, 실제로 달리기를 했을 때의 성취감, 달리기 후에 얻게 되는 엔도르핀과 같은 것을 얻게 되는 것이다.

그리고 마지막은 '열망'이다

새로운 습관을 지속하기 위해서는 신호와 반복 행동, 보상만으로는 부족하다. 우리의 뇌가 보상을 기대하기 시작할 때, 이를 통한 열망을 원하기 시작할 때에 신호는 반복 행동을 유발하는 자극제를 넘어서 '보상'을 열망하는 마음까지 끌어낼 수 있게 되는 것이다.

예를 들어 다이어트를 위해 시작한 걷기 운동이 습관이 되어 점점 체력이 좋아지면서 뛰게 되고 이를 반복하면서 단순히 다이어트를 위한 운동에서 마라톤까지 도전하고 싶은 열망으로 바뀌게 되는 것이다.

10콜 습관도 습관 형성 고리와 동일한 구조를 가지고 있다.

10콜을 평상시 잘 생각하고 있지 않은 상태에서 활동하는 FP에게 10콜을 기억나게 하는 신호가 주입되고 이때 FP는 10콜을 위해 필요한 행동을 반복하게 되고 이를 통해서 가망고객이 증가되고 고객 면담 수가 증가되고 활동량이 증가되어 실제 계약까지 이루어질 수 있는 보상까지 얻게 된다면 FP에게 10콜을 지속하고 싶은 열정(열망)이 생길 수 있다.

다음 장에는 습관의 고리를 10콜에 적용하여 어떻게 해야 10콜을 습관으로 만들 수 있는지에 대해서 살펴보자.

CHAPTER **3**

10콜 습관 만들기

STEP 1
잊지 않는 습관 만들기

매일 10콜만 하면 판매과정을 진행할 수 있는 고객과의 면담 약속이 자동적으로 잡히고, 매일 10콜만 하면 자동적으로 계약이 나오고, 매일 10콜만 하면 한 달의 수입이 지금보다 몇 백만 원이 더 나온다면 과연 매일 10콜 하는 것을 기억하지 못하는 FP가 있을까?

하지만 매일 10콜을 한다고 하더라도 이러한 당장의 보상이 따르지는 않기 때문에 10콜을 하면 좋은 것은 누구나 알고 있지만 10콜 하는 습관이 만들어지기 전까지는 매일 10콜을 기억할 가능성은 그렇게 높지 않을 것이다.

한번 어제의 일과를 잘 생각해 보기 바란다.

사무실에 출근했을 때! 아침 조회가 끝나고 본격적으로 영업을 시작할 때! 고객을 만나러 갈 때! 고객과의 면담이 끝나고 사무실에 귀소했을 때! 아니면 집에 돌아갈 때! 집에 돌아가서! 또 자기 전에!
하루를 살면서 몇 번이나 10콜을 하라는 신호가 나에게 있었는지?

또 영업하느라 정신없이 바쁜 하루를 보내고 있어서 10콜 하는 것을 깜빡 잊거나 생각해내지 못했을 때 내가 영업을 하고 싶은 가망고객 10명이 먼저 전화를 해서 안부를 묻는 경우가 과연 몇 번이나 있었는지? 또 나와 함께 일하는 팀장이나 지점장이 나에게 전화를 해서 10콜 하는 것을 잊지 말라고 해준 적이 과연 몇 번이나 있었는지?
결국 10콜은 스스로 생각하지 않으면 절대 습관으로 만들 수 없기 때문에 이를 위해 가장 먼저 해야 할 것은 영업 활동 중에 10콜 하는 것을 항상 기억할 수 있도록 '잊지 않는 습관'을 만드는 것인데 이를 위해서는 10콜을 항상 기억할 수 있도록 하는 '신호'를 만드는 것이다.

10콜 '신호'를 만드는 가장 좋은 방법은 10콜을 생각하기 싫어도 생각날 수 있게 하는 '자동적인 신호'를 자기 주변에 만들어 놓는 것이다. 왜냐하면 이제까지 익숙지 않았던 10콜이 마음만 먹는다고 자연스럽게 생각해 내는 것이 힘들 수 있기 때문이다.

그러기 위해서는 두 가지의 방법을 사용해야 하는데 첫 번째는 보기 싫거나 잊고 있어도 10콜이 생각날 수 있도록 하는 '시각적 신호'와 두 번째는 듣기 싫거나 잊어버려도 들리게 하는 '청각적 신호'를 만드는 것이다. 그리고 만들어진 신호들을 자신의 주변에 최대한 노출시키는 것이다.

시각적 신호 첫 번째 | 핸드폰 바탕 화면을 바꿔라.

한번 생각해 보라! 우리는 하루에 핸드폰을 아마도 수십 번 수백 번을 볼 것이다. 그렇다면 핸드폰 바탕화면에 10콜을 생각나게 할 수 있는 '시각적 신호'가 있다면 하루에 수십 번 수백 번 10콜을 자동적으로 생각나게 하는 신호가 생기게 될 것이다. 그러면 핸드폰을 볼 때마다 10콜 신호를 보기 싫어도 보게 될 것이고 생각하기 싫어도 생각하게 되어 결국 10콜을 잊지 않게 될 것이다.

다음의 예제는 10콜을 기억하게 하는 바탕화면의 10콜 신호의 샘플이다.

그리고 잊지 말아야 할 것은 바탕화면을 바꾸더라도 처음에는 반드시 1주일에 한 번은 바꿔주어야 하는데 그 이유는 1주일 동안 같은 바탕 화면을 보면 그것조차 익숙해져서 신호의 역할을 감소시킬 수 있기 때문이다.

시각적 신호 두 번째 | 포스트잇을 활용하라.

자신의 사무실 책상 위나 집을 한번 생각해 보라. 10콜을 기억할 수 있도록 하는 신호들이 얼마나 있는지를? 만약 없다면? 사무실이나 차 그리고 집 등 자신이 가장 많이 머무는 곳 등에 10콜을 자동적으로 생각나게 하는 '시각적 신호'들이 있다면 이 또한 하루에 수십 번 이상 10콜을 자동적으로 생각나게 하는 신호가 될 것이다.

예를 들어 포스트잇에 다음과 같은 문구를 써서 사무실 책상이나 자기가 가장 많이 가는 곳에 부착하고 집에도 여러 군데 붙여 놓는다. 그러면 자기가 가는 곳마다 10콜을 기억할 수 있는 신호가 만들어지는 것이다.

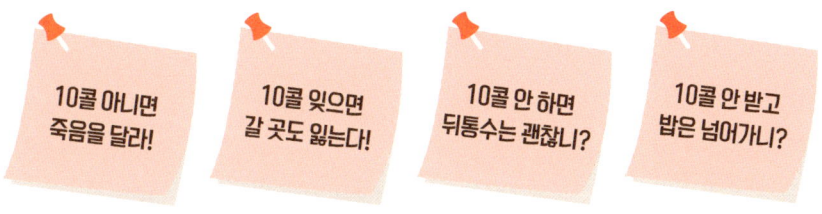

하지만 포스트잇을 사용한 10콜 문구도 한번 부착하고 일주일에 한 번씩은 그 내용이나 위치 등을 바꾸어서 배치해야 신호에 익숙해지는 것을 방지할 수 있다.

청각적 신호 첫 번째 | 알람을 맞춰라.

 만약 하루에 3번, 일주일에 15번, 한 달에 60번을 누군가가 일정한 시간에 나에게 10콜을 하라고 알려 준다면 10콜이 자연스럽게 생각나지 않을까?

 10콜을 잊지 않게 하는 청각적인 신호를 만드는 것 중에 가장 좋은 방법은 핸드폰에 알람을 맞추는 방법이다. 핸드폰 알람을 오전에 활동 나가는 시간 전에 한 번, 오후에 활동 중간에 한 번, 퇴근하기 전에 한 번 알람을 미리 맞추어 놓는 것이다.

 예를 들어 오전 11시, 오후 2시, 오후 5시에 알람을 세 번 맞추어 놓았다고 가정해 보면 매일 그 시간만 되면 알람은 여지없이 울리게 될 것이고 처음에는 무슨 소리인가 하고 의아해할 수도 있지만 하루 이틀 지나면서 알람 소리가 울림과 동시에 머릿속에는 10콜이라는 신호가 자연스럽게 생각나게 될 것이다. 하지만 알람을 맞추는 것도 시각적 신호와 마찬가지로 알람 시간을 처음에는 적어도 1주일에 한 번은 바꿔줘야 하는데 그 이유는 매번 같은 시간에 울리는 알람도 익숙해져서 신호의 역할을 감소시킬 수 있기 때문이다.

청각적 신호 두 번째 | 주변 사람을 활용하라

　10콜을 잊지 않게 하는 청각적 신호 중 또 하나는 나의 주변의 사람들을 활용하여 10콜 신호를 만드는 것이다.

　예를 들어서 팀장이나 매니저에게 10콜을 기억할 수 있는 신호를 보내 달라고 부탁하는 것이다. 매일 가장 10콜을 잊기 쉬운 시간에 전화나 카톡이나 문자로 하든지 10콜을 기억할 수 있도록 얘기해 달라고 하는 것이다. 또한 동료 FP와 서로 매일 몇 번씩 10콜 하라고 직접 얘기를 하든지 아니면 문자나 카톡을 활용하든지의 신호를 계속 주는 방법이 있을 수 있다.

　그리고 10콜을 잊지 않도록 하기 위한 신호를 만드는 데서 가장 중요한 것은 어떤 신호를 만드냐도 중요하지만 자기 주변에 10콜을 기억할 수 있도록 하는 신호를 얼마나 많이 '노출'시켜 놓느냐이다.

　지금까지 설명한 것들을 실행한다면 아마도 절대 10콜을 잊어버리지 않게 될 것이다. 하지만 이런 과정들이 때로는 유치한 것 같고 남들에게 보여주는 것이 쑥스러울 수 있고 또 주변에서 이상하게 볼 수도 있다. 하지만 10콜을 자연스럽게 생각나게 하는 방법은 이것밖에 없다고 생각되는데 10콜은 큰 결심을 가지고 무언가 인생의 큰 결정을 하는 행동이 아닌 아주 사소하고 작은 행동의 변화에서부터 시작되기 때문이다.

STEP 2
쓰는 습관 만들기

10콜 습관을 만들기 위한 두 번째 단계는 10콜 할 사람의 이름을 쓰는 습관을 만드는 것으로, 10콜의 대상이 되는 가망고객 명단을 작성하는 것을 말하며 습관 형성 고리 중 '반복 행동'을 만드는 것에 해당하는 것이다.

아무리 10콜 하라는 신호가 자동적으로 오더라도 이때 전화를 할 수 있는 대상이 준비되어 있지 않다면 전화할 대상들을 그때부터 찾게 될 것이다. 이렇게 전화할 사람을 머릿속으로 생각하면 한두 번은 억지로라도 떠올릴 수 있지만 매일 사람을 머릿속으로 찾는 것에는 분명한 한계가 있을 수밖에 없고 지속적으로 10콜을 하는 것에도 어려움을 겪을 수밖에 없게 된다. 따라서 10콜을 하라는 신호가 왔을 때 바로 전화를 할 수 있는 가망고객의 명단이 작성되어 있어야 하는 것이다.

그러면 어떻게 해야 10콜 할 사람의 이름을 쓰는 습관을 만들 수 있을까?
여기서 가장 중요한 것은 10콜 할 사람의 이름을 쓴다는 것은 '생각의 변화'가 아닌 '행동의 변화'를 통해서 가능해지는 것이기 때문에 어떻게 '행동의 변화'를 만들 것인가에 집중해야 하는 것이다.

10콜 할 대상의 이름을 쓰는 것은 자세히 살펴보면 네 가지 구성 요소가 결합되어 있다. 네 가지 구성 요소를 단계별로 잘 실행해야만 10콜의 대상명단을 확보할 있게 되고 쓰는 습관을 만들 수 있게 된다.

첫 번째, 어디서 쓸 것인가?

10콜 할 대상의 명단을 어디에서 찾아서 쓸 것인가를 말한다. 10콜 대상의 명단을 쓸 때는 FP는 머리에서 찾아서 쓸 것인지? 아니면 핸드폰에서 찾아서 쓸 것인지의 두 가지 방법 중 하나를 선택하게 된다.

먼저 10콜 신호가 왔을 때 머릿속으로 누구한테 전화를 할까라는 생각을 하게 된다면 10콜 할 대상을 충분히 적을 수 없게 된다. 왜냐하면 처음 몇칠 동안은 많은 사람이 떠오를 수 있지만 하루하루 지나면서 계속 머리로만 생각해내는 것은 점차 어려워지고 그 수도 점점 줄어들어 아마도 일주일이 채 못 가서 더 이상 머릿속에 떠오르는 사람이 없게 될 가능성이 높다. 또한 머릿속에 사람이 떠 올랐다고 해도 전화를 하기 힘들다고 판단되면 역시 그 사람의 이름은 쉽게 적지 못하게 된다.

하지만 머리에서 찾아서 10콜 명단을 쓰는 방법이 틀린 것은 아니다. 그러나 쓸 수 있는 절대적인 수에 한계가 있고 또한 감정적 판단이 개입되어 쓰지 못하는 사람이 생길 수밖에 없기 때문에 머리에서 찾아서 쓰면 10콜 대상 명단을 확보할 수 없고 쓰는 습관을 만들기 힘들게 되는 것이다.

반대로 10콜 할 대상의 명단을 핸드폰에서 찾아 쓰면 10콜 할 사람을 충분히 적을 수 있다. 왜냐하면 10콜 신호가 왔을 때 핸드폰의 연락처에서 이성적인 판단으로 사람을 작성하게 되면 이제까지 전화할 생각을 하지 못했던 사람들이 나타날 수도 있고 전화할 자신감이 없었던 사람도 한 번 전화를 해 봐야지라는 생각으로 바뀌는 경우도 있을 것이다. 또한 전화를 할 수 있는데 잊고 지냈던 사람들도 떠오르는 등 머리로 생각해서 쓰는 것보다는 훨씬 많은 대상을 쓰게 될 가능성이 높아지게 된다. 그리고 이 방법을 사용해야 지속적으로 쓸 가능성이 높게 되어 습관으로 만들어질 가능성이 높아진다.

하지만 핸드폰에 있는 명단에서 이름을 적는다고 해도 FP가 감정적인 판단을 한다면 머리로 생각하는 것과 마찬가지로 연락처에 있는 이름을 쓰는 것이 힘들 수 있다는 것을 꼭 기억해야 한다.

두 번째, 누구를 쓸 것인가?

10콜 할 대상의 명단을 작성할 때 핸드폰에 있는 사람 중 누구를 쓸 것인가를 말한다. 10콜 명단을 작성할 때의 기준을 '계약 가능성'을 가지고 판단할 것인지 아니면 '전화할 사람'을 쓸 것인지의 두 가지 중 어느 것을 사용할지를 말하는데 반드시 이성적 개념에서 접근한 가망고객의 개념인 '전화할 수 있는 사람'을 써야 한다.

먼저 핸드폰을 열어서 10콜 대상을 작성하려 할 때 '이 사람이 계약을 할 수 있을까?'라는 생각을 가지고 있다면 10콜 할 대상을 충분히 적을 수 없게 된다. 왜냐하면 처음에는 '계약의 가능성'이 있는 사람이나 아니면 이미 계약을 한 사람이거나 그것도 아니면 자신과 친한 사람의 이름은 쓸 수 있겠지만 이런 기준을 가지고 있다면 사람의 이름이 나타날 때마다 이 사람을 '쓸까 말까'를 생각하는 데 시간이 많이 걸리고 그 수도 점점 줄어 들어 결코 오래가지 못하게 될 것이다.

하지만 '계약의 가능성'이 있다고 판단되는 사람을 적는다 해도 10콜 대상의 이름을 쓸 수 있고 틀린 것은 아니다. 그러나 '계약 가능성'을 기준으로 판단하게 되면 쓸 수 있는 절대적인 수에 한계가 반드시 나타나게 되어 있기 때문에 10콜 대상 명단을 확보할 수가 없고 쓰는 습관이 만들어질 수 없게 된다.

반대로 10콜 할 대상의 명단을 이성적인 판단을 해서 '전화할 수 있는 사람'으로만 적게 되면 이제까지 전화할 생각을 하지 못했던 사람들의 이름을 적을 수도 있게 된다. 왜냐하면 이제까지는 전화할 자신감이 없었던 사람도 한번 이름이라도 써 봐야지 하는 생각으로 바뀔 수도 있고 전화하기가 겁나거나 껄끄러워서 이름조차 쓰지 못했던 사람들의 이름을 쓰게 될 가능성도 생기기 때문이다. 즉, 이 방법을 사용하게 되면 10콜 대상의 이름을 지속적으로 쓸 가능성이 높게 되어 쓰는 습관으로 만들어질 가능성이 높다.

하지만 '전화할 수 있는 사람'이란 기준을 가지고 이름을 적는다 해도 FP가 감정적인 판단을 하게 된다면 '계약할 사람'을 찾는 것과 마찬가지로 연락처에 있는 이름을 쓰는 것이 힘들 수 있다는 것을 꼭 기억해야 한다.

세 번째, 어떻게 쓸 것인가?

10콜 할 대상의 명단을 작성할 때 '전화할 수 있는 사람'을 어떻게 쓸 것인가를 말한다. 여기에는 '선택 후 작성' 방법을 사용할지? 아니면 '작성 후 선택' 방법을 사용할지 두 가지 중 어느 것을 사용할지를 말하는데 10

콜 대상을 쓸 때는 반드시 '작성 후 선택' 방법을 가지고 써야 한다.

먼저 10콜 할 대상의 명단을 '선택 후 작성' 방법으로 쓰게 되면 많은 사람을 적을 수 없게 된다. 왜냐하면 '전화할 수 있는 사람'을 작성하려고 했더라도 막상 이름을 쓸지 말지 결정을 할 때 실제로 자신이 전화를 할 수 있을지를 판단하거나 또 전화를 해서 무슨 얘기를 해야 할지가 생각이 나지 않으면 이름을 쓰는 것이 힘들어지기 때문이다.

하지만 핸드폰의 연락처 중에서 가망고객에게 전화를 걸 수 있다고 판단되는 사람만을 적는다고 해도 틀린 것은 아니다. 그러나 이 방식으로 10콜 대상자를 쓰게 되면 절대적인 사람 수에 한계가 나타나게 되어 10콜 대상 명단을 확보할 수 없고 쓰는 습관이 만들어질 수 없게 되는 것이다.

반대로 10콜 할 대상의 명단을 먼저 쓰고 그 뒤의 일은 나중에 판단하는 '작성 후 선택' 방법을 쓰면 많은 사람을 쓸 수 있게 된다. 왜냐하면 일단 이름을 작성한 뒤의 일은 생각하지 않고 이름을 적게 되어 이제까지 전화할 생각을 하지 못했던 사람들이나 전화할 자신감이 없었던 사람들의 이름까지 적게 되고, 이렇게 지속적으로 이름을 쓸 수 있는 사람이 생기면 10콜이 습관으로 만들어질 가능성이 높아진다.

하지만 '전화할 수 있는 사람'의 이름을 우선 쓰고 나중의 일은 그 이후에 생각한다고 해도 감정적 판단이 개입되면 이름을 적는다 해도 10콜 할 사람의 이름을 모두 다 쓰지는 못할 수 있다는 것을 꼭 기억해야 한다.

네 번째, 언제 쓸 것인가?

10콜 할 대상의 명단을 작성할 때 언제 쓸 것인가에 대한 시기를 말한다.

FP는 10콜 명단을 작성하는 것을 일정한 시간을 정해 놓고 쓸 것인가 아닌가를 결정해야 하는데 10콜 대상을 쓸 때는 반드시 일정한 시간을 정해 놓고 작성해야 한다.

먼저 FP가 10콜 할 대상의 명단을 매일 다른 시간에 작성한다고 가정해 보면 이를 위해서 바쁜 영업 활동 중에 매일 이름 쓰는 것이 생각나야 하는데 실제로 그렇게 될 가능성은 그렇게 높지 않다고 할 수 있다.

아무리 10콜 신호를 잘 만들고 신호가 왔을 때 이름을 쓴다고 하더라도 그 시기에 명단을 작성할 수 있는 절대적인 시간과 쓸 수 있는 마음의 준비가 되어 있지 않을 경우 이를 지속하기가 힘들어질 수밖에 없고 그 결과 쓰는 습관을 만들기 어려워질 수 있다.

따라서 10콜 명단을 작성하는 시간을 매일의 일과 중에 정확하게 정해 놓아야 절대적인 시간과 쓸 수 있는 마음의 준비를 한 상태에서 10콜 명단을 작성할 수 있게 된다. 이때 가장 좋은 시간은 매일 아침 조회 후 FP 자신의 일과가 시작되는 시점이라 할 수 있다.

이렇게 10콜 명단을 작성하는 시간이 일정해야 매일 쓸 가능성이 높아지고 습관으로 만들어질 가능성이 높아질 수 있다.

STEP 3
전화하는 습관 만들기

이제까지의 내용을 이해하고 잘 실행했다면 10콜을 '잊지 않는 습관'도 만들어졌고 매일 할 10콜 대상을 작성하는 '쓰는 습관'도 만들어졌을 것이다.

하지만 그렇다고 하루도 빠짐없이 '매일 10콜을 할 수 있을까?', 또는 '처음부터 매일 10콜을 할 수 있을까?'에 하는 의문이 생길 것이다. 이는 현실에서 반드시 나타나는 문제이다.

10콜을 한다는 것의 정확한 정의는 '매일 10명의 가망고객과 통화'를 하는 것이라 했다. 하지만 매일 10명의 가망고객과 통화를 하기 위해서는 전화를 하는 모든 가망고객이 전화를 받지는 않기 때문에 10명이 아니라 적어도 15명 이상의 전화 시도가 필요할 것이다. 또한 15명의 가망고객의 명단이 있다고 하더라도 전화 시도를 하지 못하는 사람도 있기 때문에 약 20명 정도의 가망고객의 명단이 필요할 것이다.

이렇게 본다면 10콜을 하기 위해서는 약 20명 정도의 가망고객의 명단이 필요하기 때문에 매일 10명의 가망고객과 통화하는 것을 목표로 시작하면 달성하는 날보다 그렇지 못한 날이 많게 될 것이다. 이렇게 10콜 목표를 달성하지 못하게 되면 10콜에 대한 성취감이나 보상이 따라오지 않는다는 생각을 하게 되어 지속적으로 10콜을 하지 못하게 되고 그 결과 10콜에 대한 열망을 만들기 어렵게 될 수 있다.

따라서 '전화하는 습관'은 매일 10명의 가망고객과 통화를 하는 것을 의미하기보다는 매일 '자신에게 맞는 목표 10콜 수'를 정하고 이 목표를 달성할 수 있도록 반복 행동을 해야 하는 습관이라고 생각을 바꿔야 한다.

나에게 맞는 10콜 목표를 정하기 위해서는 세 가지를 반드시 기억하고 순차적으로 해 나가야 한다. 왜냐하면 마음만 먹으면 하루 10콜을 할 수 있지만 지속적인 10콜을 위해서는 그 방법이 달라져야 하기 때문이다.

첫 번째, 나만의 목표 정하기

모든 FP의 영업 상황은 개인적으로 많은 차이가 있을 것이다. 그런데 이러한 개인적 상황을 고려하지 않고 모든 FP가 동일하게 10콜을 목표로 한다면 그 결과 또한 매우 다르게 나타날 수 있다. 10콜에서 가장 중요한 것은 매일 10콜을 하면 좋겠지만 나의 현재 상황에 맞게 목표를 정하고 끝까지 이루어내는 것이라 할 수 있다.

따라서 10콜은 모든 FP가 매일 10명과 통화를 해야 한다는 일률적인 목표를 가지고 시작하는 것이 아니라 개인의 상황에 맞는 목표를 정하는 목표 수립의 변화에서 시작해야 한다.

왜냐하면 나의 영업 상황을 고려하지 않은 일률적 목표는 자신이 10콜을 할 수 있는 역량을 아직 갖추지 못했을 경우 10콜 목표 달성을 해야 한다는 부담감이 커져서 10콜 하는 과정보다는 결과에만 신경을 쓰게 되어 오히려 달성하는 것도 힘들고 무엇보다 지속하기 힘들 결과를 만들 가능성이 높다. 하지만 나의 상황에 맞는 목표를 정하고 10콜을 하게 되면 스스로가 충분히 달성할 수 있는 목표를 정하고 하는 만큼 목표 달성 의지도 높아지게 될 수 있어 실제로 달성할 가능성도 높아지고 무엇보다 지속적인 10콜을 할 수 있는 가능성이 높아진다.

그럼 나만의 10콜 목표는 어떻게 수립해야 하는 것일까?
여기에는 정해진 답은 없다. 자신이 평상시에 전화했던 횟수나 가망고객 수 등을 파악하여 정하면 되는데 여기서 주의할 점은 한 번 정한 목표를 끝까지 유지하는 것이 아니라 10콜을 진행하는 상황을 지켜보면서 목표를 변경할 수 있어야 한다. 따라서 10콜을 시작할 때는 반드시 100% 달성 가능한 목표를 정하고 시작하는 것이 무엇보다 중요하다. 따라서 처음에는 2콜이나 3콜도 상관없다. 하지만 10콜을 시작할 때 가장 평균적이고 10콜을 통해 영업에 기여를 할 수 있는 목표 콜 수는 5콜 정도가 적당하다고 할 수 있다. 이렇게 매일매일 스스로 정한 작은 목표라도 달성해 나가다 보면 자연스럽게 자신의 목표를 상향하게 될 것이기 때문이다.

두 번째, 점진적 목표 정하기

또한 나만의 목표를 정했다고 하더라도 그것을 처음부터 달성하기가 쉽지 않을 수 있는데 그 이유는 처음 10콜을 시작할 때 나만의 목표를 정하는 것이 정확한 나의 능력을 기반으로 설정한 목표라기보다는 추상적인 느낌이나 기대를 바탕으로 설정될 가능성이 높기 때문이다.

따라서 나만의 목표로 설정된 목표 콜 수를 처음부터 달성하려고 노력하는 것이 아니라 점진적으로 달성할 수 있는 목표를 가지고 시작하는 것이 중요하다. 이를 위해서는 무엇보다 자신의 10콜 목표와 관계없이 절대 하루에 한 명과도 통화를 하지 않는 날이 없어야 하는 것이다. 즉, 절대 10콜을 펑크내지 말아야 한다는 목표는 반드시 세워야 한다. 왜냐하면 영업 활동에 한참 집중해야 하는 마감 때나, 심리적으로 안 좋은 기분이 들 때나 특히 몸이 안 좋은 날 등에 10콜이 펑크가 나기 쉬운데 이 작은 구멍 하나가 나의 10콜 습관을 만드는 것에 아킬레스건이 될 수 있기 때문이다.

세 번째, 시도 목표 달성하기

10콜을 하는 중에 펑크 내는 일이 없도록 한 다음 달성해야 하는 목표는 바로 시도 목표를 달성하는 것인데 전화하는 습관을 만드는 것의 가장 핵심적인 부분이라 할 수 있다.

시도 목표는 가망고객과 통화를 하는 것이 아니라 10콜 대상자와 통화를 하기 위해서 '전화기의 통화 버튼'을 누르는 것을 말한다. 통화 횟수는 가망고객이 전화를 받지 않으면 달성할 수 없는 내가 통제할 수 없는 수이지만 시도 횟수는 나의 의지로 언제라도 달성할 수 있는 것이기 때문에 10콜을 시작할 때 먼저 달성해야 하는 목표는 통화 목표가 아니라 시도 목표이다.

예를 들어 하루에 5명과의 통화를 목표로 정했다면 5명과 통화가 되기 위한 최소한의 시도 목표는 5명이 되어야 하는데 그 이유는 시도 목표는 10콜의 결과의 목표가 아니라 과정의 목표 중에 하나인데 과정의 목표 달성 없이는 결과의 목표 달성이 불가능하기 때문이다. 따라서 오늘 이름을 적은 모든 가망고객에 대해서는 통화는 못하더라도 전화는 걸어 보겠다는 스스로 통제 가능한 목표를 달성하는 데 집중해야 한다.

네 번째, 통화 목표 달성하기

10콜의 최종적인 목표는 매일 10명의 가망고객과 통화를 하는 것이지만 처음부터 그 목표를 달성하기 힘들다면 점진적으로 목표를 달성할 수 있도록 하는 것이 중요하다.

10콜은 통화 이전 단계인 시도 목표를 정하고 전화를 하다 보면 매일매일 통화되는 횟수는 내가 정한 10콜 목표와 다를 수 있을 것이다.

예를 들어 5명을 통화하기로 목표를 정했는데 매일 10명의 시도를 했고 시도 목표를 달성했다고 하더라도 통화 목표가 달성되는 수는 매일 상황에 따라 다를 것이다. 어느 날은 5명이 통화 되겠지만 어느 날은 3명밖에 안될 수 있고 또 어느 날은 7명이나 될 수 있을 것이다. 따라서 매일매일 통화 목표를 채우는 것에 연연하지 말고 주간 단위의 통화 목표 달성에 집중하는 것이 좋다.

매일매일의 목표에 집중해서 통화 목표 수를 달성하는 것도 의미 있는 일이지만 목표 달성 때문에 스트레스 받지 말고 잘되는 날은 잘되는 대로 안 되는 날은 안되는 대로 콜을 하여 주간 단위 목표를 달성하는 것에 집중해야 한다.

예를 들어서 하루에 5명과 통화하는 것을 목표로 잡았다면 주간에 25명과 통화하는 것에 집중하는 것인데 월요일에 3명 했다고 가정하면 월요일부터 목표를 달성하지 못했으니 내일은 꼭 8명과 통화를 해야지라는 목표를 세운다든지 아니면 월요일부터 목표 달성을 못 했으니 이번 주도 힘들겠네라는 실망도 하지 말고 나머지 4일 동안 22명과 통화를 할 수 있도록 목표와 계획을 수정하는 것이 중요하다고 할 수 있다.

또한 통화 목표를 달성하기 위해서 한 가지 중요한 목표를 세울 것이 있는데 10콜 통화 목표를 어떻게 정했든 상관없이 1주일에 하루는 10콜을 통화 목표로 하는 날 즉, 나만의 10콜 DAY를 만드는 것이 반드시 필요하다. 어떤 요일을 선정하는 것은 본인이 가장 좋은 날을 선택하면 되지만 이 날은 10명과 통화가 될 때까지 전화를 하겠다는 마음으로 10콜을 하는 것이다. 그러기 위해서는 충분한 명단을 확보하고 전화를 시작해야 하는데 최소한 20명 정도의 명단을 준비하고 10콜을 시작해야 한다. 한 주에 한 번 10명과 통화를 하는 날을 정하면 10콜을 통한 성취감도 느낄 수 있고 10콜을 위해 준비하는 과정을 제대로 준비하는 훈련도 할 수 있다. 또한 본인의 수준을 향상시킬 수 있는 좋은 기회가 될 수 있을 것이다.

STEP 4
계획하는 습관 만들기

10콜 4단계 습관 만들기 중 세 번째 습관인 '전화하는 습관'까지 만들게 된다면 이제 10콜을 습관으로 만들 수 있는 모든 준비는 끝났다고 할 수 있다. 하지만 10콜이라는 것은 앞에 붙은 '매일'이란 것이 가장 중요하고 이것이 이루어지지 않을 경우 그냥 전화하는 것에 그치고 이후 영업으로의 연계성을 갖기 힘들 수 있다.

따라서 지속적인 10콜을 위해서는 10콜의 네 번째 습관인 '계획하는 습관'이 필요한데 이 습관은 지속적 10콜을 위한 다음번 콜 계획을 세우는 '반복 행동'을 하는 습관을 말한다.

계획하는 습관이 필요한 이유는 10콜을 매일매일 늘 새로운 사람에게만 하는 것은 절대적 수의 한계를 가지고 있기 때문에 전화를 했던 사람에게 지속적인 전화를 하는 것이 필수적이라 할 수 있다.
하지만 전화를 하고 다음번 계획을 세우지 않게 되면 가망고객에게 한 번은 전화를 하지만 다시 통화하는 것을 잊을 수 있게 되어 10콜 수를 점진적으로 늘리는데 어려움을 야기할 수 있다.
그 결과 콜 수가 늘어나지 않고 때로는 오히려 줄어드는 요소가 되어 지속적인 10콜을 통해 영업으로 연결시킬 수 있는 보상이 따르지 않은 것으로 인해 계속해서 10콜을 하고 싶어지는 열망이 생기지 않을 수도 있다.

그러면 어떻게 해야 하루 이틀이 아니라 지속적으로 10콜을 할 수 있을지에 대한 방법을 살펴보기로 하자.

지속적인 10콜을 위해서는 반드시 체계적인 10콜 계획을 수립해야 하는데 이를 위해서는 가망고객과의 통화도 중요하지만 다음번 전화할 계획에 집중하는 것이라 할 수 있다. 왜냐하면 전화를 한다는 것은 이름을 썼다는 것이고 시도하든 그렇지 않든 간에 전화할 마음은 가지고 있었다는 것이다. 또한 가망고객과 통화가 되었다면 무언가 고객과의 관계개선이나 정보 등을 파악했다는 얘기일 것이다. 하지만 다음번에 전화할 계획을 수립하지 않으면 지속성을 떨어뜨릴 수 있기 때문에 현재에 집중하는 것이 아니라 미래에 집중하는 것이 중요하다고 할 수 있다.

이를 위해서는 크게 세 가지 방법을 통해서 계획하는 습관을 만들 수 있는데 이 세 가지 방법은 하루아침에 되는 것이 아니라 지속적인 훈련이 반드시 병행되어야 그 효과를 볼 수 있다.

첫 번째, 일일 콜 계획 수립하기

10콜을 계획하는 습관을 만드는 것의 첫 번째는 하루의 10콜 계획을 어떻게 세우는가에 대한 부분이다. 10콜을 하루의 일과 중에 시간이 났을 때 하겠다고 생각하면 실천 가능성이 매우 낮아지기 때문에 반드시 하루의 일과 중에 자신이 해야 하는 일로 정하고 이를 사전에 준비하고 행동하는 것이 무엇보다 중요하다고 할 수 있다. 그 방법은 살펴보면 다음과 같다.

먼저 오늘 10콜을 할 대상자의 명단을 작성한다.

아침에 출근하면 3부에서 다루었던 가망고객 발굴 훈련을 통해서 작성된 20개 연락처 중 'O' 즉, 가망고객이라고 판별된 사람을 당일 10콜 할 대상으로 작성하고 또한 이전 10콜에서 넘어온 가망고객의 명단도 함께 정리하는 것을 통해 당일에 10콜 할 사람의 명단을 확보한다.

또한 작성된 10콜 대상자에 대한 전화 내용을 결정한다.

오늘 10콜 할 사람의 명단을 작성했어도 어떤 내용의 전화를 할지 결정하지 않고 전화를 하려면 막상 뭐라고 얘기할지 망설임이 생기게 될 수도 있다. 따라서 가망고객의 특성과 이전 콜의 결과 등을 고려하여 전화할 당시의 가장 적절한 콜 R/P를 결정하는 것도 굉장히 중요한 부분이다. 어떤 내용의 전화를 할지 결정하는 것은 4부에서 다루었던 다섯 가지 전화의 종류 중에서 선택하면 된다.

그리고 당일 10콜을 할 시간을 결정하는 것이다.

영업을 하다 보면 하루의 일과 중에 한 시간 두 시간 단위의 시간을 빼기는 어려울 수 있다. 하지만 10분, 15분 정도의 자투리 시간을 빼는 것은 어려운 것이 아니라 의지와 계획으로 충분히 가능하다. 따라서 10콜은 이런 자투리 시간을 활용하여 한다. 또한 이 시간에 한 번에 모든 사람에게 전화를 하는 것이 아니라 2~3명의 사람에게 콜을 할 수 있도록 한다.

예를 들어서 오전 시간은 아침 조회가 끝나고 당일 활동계획을 살펴보고 11시에서 12시 사이에 15분 내외의 시간을 확보하는 것이고 오후 시간은 활동 중간에 이동시간이라든지 빈 시간대를 확보하는 것이고 퇴근하기 전에는 당일 마지막 활동으로 당일 하지 못했던 콜을 하기 위해 시간을 확보할 수 있도록 한다.

마지막은 10콜 시간을 기억할 수 있는 신호를 만드는 것이다.
아무리 10콜을 하기 위한 사전 준비를 하더라도 10콜을 짧은 시간에 해야 하기 때문에 순간 타이밍을 놓치게 되면 지나쳐 버리기 쉬울 수 있다. 따라서 당일 10콜 할 시간을 사전에 정했다고 하더라도 이것이 기억이 날 수 있도록 하기 위한 장치를 마련하는 것이 중요하다.
예를 들어서 오늘 10콜 할 계획을 세워 놓은 시간에 맞추어서 알람을 맞추어 놓는다든지 아니면 핸드폰에 포스트잇으로 10콜 시간을 기재해서 간다든지 하는 장치를 마련하는 것이 중요하다.

하루의 계획을 수립하는 습관을 만들지 못하면 이틀을 이어 할 수가 없고 10콜을 습관으로 만들 수 없다. 매일 오전 하루 10콜 계획을 수립하는 것은 가게의 문을 여는 것과 같다고 할 수 있다.

두 번째, 1콜 정확히 실행하기

10콜을 계획하는 습관을 만들기 위한 두번째는 1콜의 개념을 정확히 이해하고 실행하는 것이다.
1콜이라고 하는 것은 단순하게 한 사람의 가망고객에게 전화를 하는 것만을 의미하는 것뿐 아니라 전화의 결과에 상관없이 전화 이후에 '다음 번 계획을 수립'하는 것까지를 말한다. 하지만 일반적인 경우는 가망고객에게 전화를 한 이후에 다음번 계획을 수립하지 않고 전화의 결과에만 집중하는 경우가 많다. 이럴 경우 한두 사람은 기억을 할 수도 있겠지만 많은 사람에 대한 다음번 전화 계획을 수립하지 않게 되면 가망고객의 상황에 맞는 다음번 전화의 최적의 타이밍을 잡기가 어렵고, 더 안 좋은 경우는 다음번 전화할 타이밍을 놓치게 되는 상황이 벌어질 수 있다.

이런 과정을 거치게 되면 전화를 할 수 있는 가망고객이 쌓이지 않게 되고 매일 전화할 사람을 찾아야 하는 어려움을 야기할 수 있게 된다. 또한 전화의 지속성을 이어가기가 힘들게 되는 어려움도 겪을 수 있게 되고 10콜을 통해 영업으로 연결되는 가망고객 수를 확보할 수 없게 되어 10콜을 통한 보상을 얻을 수 없게 되는 문제에까지 이를 수 있다.

[11월 14일 10콜 달력]
14
김소영 (○)
전은성 (X)
민성진 (△)
이상우 (○)

[12월 14일 10콜 달력]
14
김소영 (11/14. ○)
전은성 (11/14. X)
민성진 (11/14. △)
이상우 (11/14. ○)

구분	내용	내용
△	시도하지 못한 경우	전화를 안한 경우는 다음 날 다시 계획, 못한 경우는 최소 1주일 후 다시 계획
X	통화가 안 된 경우	다음 날 바로 다시 전화하지 말고 최소한 2주일 이상의 시간을 두고 다시 계획
○	통화가 된 경우	고객의 관계나 반응에 따라서 2~4주 이상의 시간을 두고 다시 계획

따라서 전화 이후에 반드시 다음번 계획을 수립해야 하는데 그러기 위해서는 다음과 같이 10콜의 전화 결과에 따라 구분하여 다음번 계획을 수립해야 한다.

첫 번째는 전화 통화가 된 경우이다.

좌측의 11월 14일 달력에 김소영(O)으로 표시된 것으로 우측에 한 달 후인 12월 14일에 김소영 (11월 14일, O)으로 표시하는 것이다. 이는 11월 14일에 통화를 했다는 것으로 전화 통화를 한 날을 이렇게 기록을 해 놓고 지나가면 한 달 동안은 김소영이란 고객과 전화한 것을 잊고 지내다가 12월 14일이 되어서 이 기록을 보게 되면 한 달 전 김소영 고객과 통화한 내용들이 기억이 나게 되고 다시 전화를 할 수 있게 되는 것이다.

여기서 중요한 것은 다시 전화를 하는 주기를 결정하는 것인데 이 부분은 정확하게 정해진 답은 없지만 최소한 2주 이상의 간격을 두는 것을 추천하고 일반적으로는 한 달에 한 번 정도의 전화가 가장 적당하다.

두 번째는 전화를 시도했지만 통화가 되지 않는 경우이다.

좌측의 11월 14일 달력에 전은성(X)으로 표시된 것으로 우측에 한 달 후인 12월 14일에 전은성(11월 14일, X)로 표시하는 것이다. 이는 11월 14일에 전화 시도는 했지만 통화가 안 된 것으로 전화 시도를 한 날을 이렇게 기록을 해 놓고 지나가면 한 달 동안은 전은성이란 고객에게 전화한 것을 잊고 지내다가 12월 14일이 되어서 이 기록을 보게 되면 한 달 전 전은성 고객에게 전화 시도를 한 것이 기억이 나게 되고 다시 전화를 할 수 있게 되는 것이다.

하지만 여기서 중요한 것은 다시 전화를 하는 주기를 결정하는 것인데 이때 먼저 생각해야 하는 것은 가망고객이 왜 전화를 받지 않았는지는 생각하지 않고 통화가 되었던 고객과 마찬가지로 최소한 2주에서 한 달 정도의 간격을 두고 다음번 전화 계획을 수립하는 것이다. 그 이유는 이 정도의 간격을 두어야 고객은 내가 전화했던 사실을 기억하지 못하게 되고 다시 전화를 받을 수 있는 가능성이 높아질 수 있기 때문이다.

세 번째는 고객에게 전화를 하지 못한 경우이다.

좌측의 민성진(△)으로 표시된 것으로 우측의 한 달 후인 12월 14일에 민성진(11월 14일, △)으로 표시하는 것이다. 이는 11월 14일에 전화 시도를 하지 못한 것으로 전화 시도를 하지 못한 날을 기록을 해 놓고 지나가면 한 달 동안은 민성진이란 고객에게 전화하지 않은 것을 잊고 지내다가 12월 14일이 되어서 이 기록을 보게 되면 한 달 전 민성진 고객에게 전화 시도를 하지 않은 기억이 나게 되고 다시 전화를 할 수 있게 되는 것이다. FP가 전화 시도를 하지 못하는 것은 아마도 둘 중에 하나일 것이다. 하나는 시간이 없어서거나 아니면 전화를 하고 싶었지만 막상 전화를 하려고 할 때 망설임이 생겨서 전화기를 들지 못하는 경우일 것이다

이런 경우에는 가망고객이 FP가 전화한 사실을 모르기 때문에 다음날 해도 상관없지만 만약 FP가 망설여져서 전화를 못했다면 아마 다음날도 계속 망설여질 수 있기 때문에 다음날 전화 계획을 세우기보다는 최소한 1주일 정도 후에 다음번 전화 계획을 세우든지 아니면 한 달 정도의 간격을 두고 전화 계획을 세우는 것이 다음번 시도 가능성을 높일 수 있는 방법이다.

세 번째, 10콜을 기록하는 도구 만들기

'계획하는 습관'을 만들기 위해서는 반드시 10콜과 관련된 모든 계획을 한 눈에 볼 수 있는 일정한 도구를 사용해 기록해야 한다. 이때 사용하는 도구는 10콜을 위해 별도의 새로운 것을 만들기보다는 자신이 영업 활동을 기록 관리하는 도구를 그대로 사용하는 것을 추천한다. 10콜만을 위해 별도의 도구를 사용할 경우 복잡해지고 또 무언가를 새롭게 해야 하는 것으로 인해 귀찮아질 수 있기 때문이다

예를 들어 회사에서 공통으로 사용하는 활동 일지 형태의 도구가 있다면 이를 사용하기를 추천한다. 여기에는 다른 활동 사항도 기록하면서 10콜 관련 사항도 함께 기록할 수 있기 때문에 중복 작업을 하지 않아도 되어 효율성을 높일 수 있는 장점이 있다.

만약 자신이 사용하는 활동 일지와 같은 도구가 없다면 탁상용 달력을 활용하여 10콜만을 위한 도구를 만드는 것도 좋은 방법이라 판단된다.
이때 매일 많은 이름을 써야 하는 것을 감안하여 되도록이면 작은 달력보다는 큰 달력을 사용할 것을 추천한다.

결론적으로 10콜을 습관화한다는 것은 단순히 마음을 먹는 것으로는 결코 될 수 없고 이제까지 설명했던 4단계 하나하나를 매일 행동으로 옮기는 과정을 통해서 만들어진다는 것을 꼭 기억해야 한다.

CHAPTER 4

10콜 하는 사람들!

10콜은 심폐소생술

"지점장님? 유민영(가명) FP님 말이예요."

"왜요? 그 분이 교육에 참석하지 않았나요?"

"아니요. 잘 참석하고 계세요. 그런데 이렇게 영업 잘 하시는 분은 굳이 10콜 과정에 들어오실 필요가 없을 것 같은데요? 영업이 좀 힘든 분들을 참여시켜 달라고 말씀드렸는데…"

"강사님! 웬수가 따로 없어요?"

"네? 무슨 말씀이신지?"

"회사 그만둔다고 하는 거 겨우 설득해서 참석시킨 겁니다. 일하신 지 5년 정도 되신 분인데 3개월째 계약은 없고 사람도 통 만나지 않고. 왜 그러냐고 물어보니까 더 이상 만날 사람도 없다고 하면서 이제 그만둘 때가 된 것 같다고 벌써 한 달째 그러고 있었거든요."

"전혀 그렇게 안 보이시던데요?"

"힘들게 설득했죠. 저도 강사님한테 지점장 교육 때 10콜 교육받았는데

이것만 잘하면 절대 만날 사람 없어서 영업이 힘들지는 않겠구나라고
생각했었거든요. 근데 제가 교육을 시킬 수는 없을 것 같아서 이번
교육에 참여하고 그다음에도 갈 곳이 없다고 생각되면 그만두는 거
받아들이겠다고."

"그런 사정이 있었군요. 그러면 이제 걱정하실 필요 없을 것 같습니다.
그 FP님 이제 절대 그만두지 않으실 겁니다. 오히려 과거보다 훨씬
더 영업을 열심히 잘 하실 겁니다. 그건 제가 확신할 수 있습니다. ㅎㅎ"

도대체 유민영 FP에게 무슨 일이 있었던 걸까?
유민영 FP는 10콜 교육을 진행했던 2주간의 결과를 보면 가망고객 명단 총 165명 작성, 작성된 가망고객에 대한 전화 시도 154명, 전화 통화한 가망고객 125명, 계약 7건, 보험료 약 56만원의 성과를 올렸다.
이 결과만 보면 누구도 유민영 FP가 회사를 그만두려고 한 사람이라는 생각을 하지 못할 것이다. 2주 과정까지 끝마치고 교육 후에 차 한잔 하면서 어떻게 이렇게 잘 하시냐고 여쭤 보았다.

"사실은 별 기대는 없었어요. 영업을 그만두려고 생각했는데 지점장이
 어찌나 간곡히 부탁을 하던지 마지못해 참여했는데 첫날 완전히
 그 생각을 바꾸었어요. 첫 번째 시간에 강사님의 가망고객에 대한
 관점 강의를 듣고 내가 갈 곳이 없는 것이 아니라 계약할 사람만
 쫓아다니다 보니 없다고 생각한 거라는 것을 알게 되었고 매일 20개의
 명단 작성을 하라고 해서 미심쩍었지만 일주일을 해보니 정말로
 그 안에서 사람이 보이더라구요. 그래서 스스로 목표를 세웠죠.

이번 주에 이 명단에 있는 가망고객에게는 모두 전화 통화를 하자라고 생각했고 다 했더니 결과가 나오더라구요. 저도 너무 놀랐고 앞으로 이렇게만 하면 된다는 확신을 가지게 되었습니다."
"왜 그만두신다면서요? 지점장님이 그러시던데…"
"제가 왜 그만둬요, 이렇게 갈 곳이 많이 생겼는데…"

유민영(가명) FP는 처음에는 잘 보이지도 않았던 FP였던 것 같다. 대부분 교육을 할 때 열심히 하려는 마음이 있는 분들은 맨 앞자리에 앉아서 교육을 듣는데 유민영 FP는 되돌아보면 약 50명의 교육생 중에 맨 뒷자리에 그것도 구석에 앉아 있었던 것 같다. 그런데 4주간의 교육을 진행하면서 일주일이 지날 때마다 자리가 앞으로 당겨지는 것을 볼 수 있었고 3주가 되니 어느새 맨 앞자리에 자리를 하고 계셨던 것이다.

교육하는 중에 무언가 유민영 FP의 영업에 변화가 있었던 것이라 생각되는데 무엇이 유민영 FP의 영업을 바꾸었을까?

첫 번째는 유민영 FP의 태도에서 그 원인을 찾을 수 있다.
사실 유민영 FP는 영업이 안 돼서 그만두려고 한 것이 아니라 사실 본인 스스로는 많은 노력을 했지만 스스로 문제를 해결할 수 없었던 것이다. 그러던 중 지점장의 권유가 있었고 마음속으로 본인의 문제를 해결하고자 하는 의지가 있었고 교육에 들어오면서 4주 동안은 강사가 하라는 그대로 따라 해보자는 마음을 먹고 들어왔던 것이다. 나중에 알았는데 처음에 맨 뒤에 앉았던 것은 나름 고참이고 영업도 안되는데 앞에 앉는 것이 좀 창피해서 그랬다고 했다.

　두 번째는 유민영 FP의 행동 변화에서 그 원인을 찾을 수 있다.
　유민영 FP가 교육 기간 중에 영업성과도 내고 새롭게 일을 다시 시작할 수 있는 마음을 먹게 한 가장 중요한 변화는 매일 20명의 연락처를 작성했다는 것이다. 영업을 5년 한 유민영 FP의 변화에 가장 큰 걸림돌은 기존에 가지고 있던 영업에 대한 변하지 않는 고정관념이라 할 수 있는데 매일 핸드폰의 연락처를 하나도 빠짐없이 '작성 후 선택' 방법에 따라 작성하면서 기존의 틀을 깰 수 있었다고 생각한다. 유민영 FP도 언제 새로운 영업에 대한 희망이 생겼냐고 물어봤을 때 매일 20명을 작성하면서 이제까지 영업으로 생각해 본 적이 없는 사람이 떠오르고 영업하기 껄끄러웠던 사람들이 생각나면서 전화할 곳이 너무 많다는 생각을 하게 되었다고 한다.

　세 번째는 유민영 FP의 목표 의식에서 그 원인을 찾을 수 있다.
　실제 10콜 교육을 운영하고 실제 콜 실습을 해도 매일 10명의 가망고객과 통화를 하는 것은 결코 쉽지 않은 일이라고 이전에도 언급한 적이 있다. 매일 10명과 실제 통화를 하기 위해서는 10콜의 구성 요소가 모두 준비되어야 할 뿐만 아니라 FP가 콜을 할 때의 망설임, 귀찮음, 두려움과 같은 감정적인 부분까지 극복해야 하는데 유민영 FP는 이러한 모든 것을 극복하고 한 주에 10명 이상과 통화를 한 것이다. 그런데 어떻게 10콜을 할 수 있었냐고 물어봤을 때 유민영 FP의 답은 의외로 덤덤했다. 강사님이 말씀하신 대로 매일 10콜 목표를 달성하는 결과를 통제하려고 노력하기보다는 매일 작성한 가망고객에게 모두 전화 시도를 하는 내가 할 수 있는 과정의 목표 달성에 집중하려고 노력했더니 자연스럽게 통화 목표를 달성할 수 있었다고 했다.

물론 교육 기간에 계약까지 나왔던 것은 10콜 후의 면담 과정에서의 유민영 FP의 판매 스킬, 만났던 가망고객과의 관계 등 많은 요소들이 잘 결합되어 나왔다고 생각된다. 그 이후에도 유민영 FP가 영업을 잘하고 있다는 얘기를 들었다. 지금도 10콜을 하고 계신다면 영업을 잘하고 계시지 않을까 생각된다.

30명으로 시작한 10콜

"조종현(가명) FP 오늘도 10콜 하셨죠?"
"더 이상 전화할 때가 없는데요?"
"네? 벌써 전화할 때가 없다구요?"
"10콜 명단은 정확하게 작성하셨나요?"
"네. 핸드폰에 있는 모든 연락처를 적어보라고 하셔서 말씀해 주신 방법대로 작성하고 가망고객을 판별하고 났더니 30명이던데요. 그래서 월요일에 10명 화요일에 10명 수요일에 10명 모두 통화했거든요. 그랬더니 오늘 전화할 사람이 없더라구요. 이제 어떻게 해야 하죠? 10콜 하면 성공할 수 있다면서요?"

어찌된 상황일까?

조중현 (가명) FP는 31세로 인터넷 구직 사이트를 통해서 채용한 사람으로 보험영업을 하기 전에 고등학교를 졸업하고 바로 호주로 유학을 떠난 후에 10년간의 유학 생활을 마치고 한국에 돌아와서 구직을 하고 있던 차에, 인터넷에 이력서를 올렸다가 연결이 돼서 입사하게 된 사람이었다. 성격도 좋고 일에 대한 의욕도 강해서 본인만 열심히 하면 일을 잘 할 수 있는 친구라 생각했는데 막상 일을 시작하고 나니 첫 달에는 평균 정도의 업적을 거두었지만, 두 달이 지나면서 만나는 사람의 수가 급격히 줄어들면서 사무실에 있는 시간이 점점 늘기 시작했다.

"FP님 요즘 보니까 사무실에 계신 시간이 부쩍 늘었는데 활동하시는 데 문제라도 있으신가요?"
"보험영업 한 달 해보니 사람 만나서 얘기하는 것도 재미있고
또 제 적성에도 잘 맞는 것 같은데 문제가 하나 있어요. 잘 아시겠지만
제가 고등학교 졸업하고 바로 유학을 다녀오다 보니 서울에 아는
사람이 별로 없더라구요. 만날 사람만 있으면 어떻게든 영업은 할 수
있을 것 같은데 이제 영업할 사람이 별로 없어서 나가고 싶어도
나갈 수가 없어요."

그래서 갈 곳이 없어서 영업이 힘들다고 해서 10콜을 하면 성공할 수 있으니까 매일 10콜을 하고 나한테 얘기해 주라고 했다. 10콜을 해서 영업이 바뀌지 않으면 내가 갈 곳을 책임진다고 했다.

하지만 이 정도일 줄은 몰랐다. 면접 때는 아는 사람이 조금 있다고 얘기했는데 내가 신경 안 쓴 것이 화근이었다. 조중현 FP가 작성한 가망고객 상황을 보니까 유학 갈 때 알고 지내던 고등학교 친구 몇 명하고 친척 몇 명 등 일반적으로 우리나라 고등학교 수준에도 못 미치는 인맥만을 가지고 있었기 때문에 10콜을 3일밖에 할 수 없는 결과가 만들어진 것이다.

"이제 어떻게 해야 되나요?"
"그럼 월요일에 전화한 사람한테 다시 전화해 보세요."
"네. 월요일에 전화한 사람한테 다시 전화하라구요? 너무 이상하지 않나요? 10년 동안 연락 안 하다가 갑자기 전화해서 보험영업한다고 하고 나서 3일만에 다시 전화하면 그 사람이 뭐라고 생각할까요? 또 뭐라고 안부전화를 해야 할까요?"
"그렇긴 하죠? 아무래도 좀 이상하죠? 그럼 FP님은 전화해서 뭐라고 해야 할지가 고민되시는 거 아닌가요?"
"그렇죠. 전화를 하려면 명분이 있어야 하는데 그런 것도 없고. 또 전화 받는 사람 입장에서는 무언의 압력처럼 느껴 부담스러워할 수도 있을 것 같고…"

"그러면 전화해서 어떻게 얘기하는지 그 방법을 말씀드리면 되겠네요. 이렇게 해보세요. 다시 전화하면 고객은 '왜 또 전화했니? 무슨 일 있니?' 이렇게 얘기할 수 있을 거예요. 그럴 때 이렇게 얘기해 보세요. '별일 있는 건 아니고 지난번에 전화했을 때 서울 와서 보험영업 시작했다고 했잖아. 그런데 내가 유학생활 오래 하다 보니 서울에 아는 사람이 많지 않거든. 보험영업을 잘하려면 하루에 10명씩 전화하는 10콜이란 게 있는데 3일간 전화하니 전화할 사람이 없더라구. 그래서 다시 전화한 거야.' 와 같이 FP님 상황을 솔직히 말씀하시는 거예요.
그리고 '다음 주 월요일에 다시 전화할게' 하는 겁니다."

조중현 FP는 월요일에 전화한 사람 모두에게 이 전화를 했다. 물론 한두 명은 전화를 받지 않았지만. 화요일에 한 사람도, 수요일에 한 사람도…

그리고 다음주 월요일에도 어김없이 다시 전화를 했다.
전화를 하자 어떤 고객은 "전화 자꾸 하지 마라. 내가 보험 필요하면 연락할게!"와 같은 반응을 보였고 어떤 고객은 "한번 보자. 내가 아는 사람 소개 좀 해 줄게."와 같은 반응도 보였다.

3개월이 지났다. 조중현 FP는 사람을 만날 때마다, 전화할 때마다 자신과 그 사람이 함께 알 수 있는 사람의 명단을 확보하는 데 주력하였고 10콜은 하지 못했지만 5콜은 하기 시작했고 가망고객 수도 200명으로 늘어났다. 그렇다고 계약이 많이 나오는 것은 아니지만 점차 늘어나는 가망고객과 이에 따라 늘어나는 10콜 수를 보면서 영업의 한줄기 희망을 볼 수 있게 되었다.

10콜에 대한 믿음을 주려고 노력했고 무엇보다 FP가 거기에 대한 믿음을 가지고 실천한 것이 10콜 성공의 핵심이었다.

갈 곳이 없다고 10콜을 못한다는 얘기를 하지 마라, 30명으로도 10콜은 충분할 수 있으니까!

하루 2콜로 만든 10콜 습관

"민연지(가명) FP님! 두 달 동안 10콜 합시다 프로젝트에 참여해 주시고 열심히 해주셔서 정말 감사드립니다. 그런데 FP님 10콜 결과를 보니까 좀 특이한 점이 있어서요?"

"뭔가요? 전화를 많이 하지 못해서 별로 없을 텐데요"

"지금 10콜 합시다를 함께 하는 FP님들이 약 30분 정도 되시잖아요? 그런데 그중에서 민연지 FP님에게만 나타난 두 개의 결과가 있습니다. 하나는 두 달 동안 매일 통화한 횟수가 2명이시더라구요. 한 명에게 전화한 날도 없고 세 명 이상 전화한 날도 없이 무조건 2명을 하셨더라구요. 일반적으로는 매일 통화하는 횟수가 다르거든요. 그리고 또 한 가지는 함께한 30명 중에서 유일하게 민연지 FP님만이 하루도 펑크 내는 날 없이 10콜을 하셨더라구요. 이것도 정말 쉽지 않은 일인데 하셨더라구요. 그래서 어떻게 해서 이런 결과가 나올 수 있었는지에 대해서 FP님의 생각을 좀 들었으면 해서요. 어떤 마음으로 10콜을 하고 계신가요?"

"사실 저는 31살인데 보험 시작한 지 이제 5차월이거든요. 우연한 계기에 보험을 시작하게 되었는데 고등학교 졸업하고 3년 정도

직장 생활하다가 결혼을 하고 줄 곧 전업주부로 살다 보니까 막상 보험영업을 시작하고나서 만날 사람이 별로 많지 않아서 매일 출근할 때마다 '오늘은 누굴 만나지?'라는 고민을 많이 하게 되더라구요."

"첫 시간에 가망고객을 작성해보라는 강사님의 말씀을 듣고 핸드폰에 있는 명단을 다 써 보니 100명이 조금 넘더라구요. 그래서 생각했죠. 100명을 가지고 10콜을 하면 한 10일이면 끝날 것 같고 그러면 그 이후에는 어떻게 하지 이런 생각이 제일 먼저 들더라구요."

"그런데 강사님의 10콜은 누구나 하루에 10명에게 전화하는 목표를 세우는 것이 아니라 자신의 상황에 맞는 목표를 세우는 것이 중요하다는 말씀을 듣고 그럼 나의 상황에 맞는 100% 달성 가능한 목표를 세워 보자고 생각했고 그래서 하루에 최소한 2명과는 통화를 하고 콜 하는 횟수도 적으니까 절대 펑크내지는 말자는 목표를 세우게 된 거죠."

"그리고 이 목표만은 반드시 달성하자는 생각을 가지고 한건데 사실 다른 분들에 비해서 콜 횟수도 많지 않고 아직까지는 영업에 큰 변화도 별로 없는 것 같지만 매일 2명과 통화를 하다 보니 10콜 하는 습관은 좀 만들어진 것 같아요. 만날 수 있는 사람도 조금씩 늘어나는 것 같고 어쨌든 영업에 도움이 되는 부분이 있어서 계속해 보려구요."

민연지 FP의 3차월의 모습은 어떻게 변했을까? '10콜 합시다'가 모두 끝나고 3차월의 10콜 결과를 확인해 보니 민연지 FP의 3차월 평균 통화 횟수는 4.5콜로 1, 2차월보다 두 배 이상 증가했고 가망고객 발굴 명단을 확인해 보니 처음에 100명이 좀 넘는 명단을 작성했었는데 200명 이상으로 증가된 결과가 나왔다. 어떻게 이런 결과가 나오게 될 수 있었을까?

"두 달 동안 10콜을 하다 보니 마음속으로 작은 욕심이 하나 생기더라구요. 이번달에는 목표를 한 명 정도는 높여도 되지 않을까? 그래서 10콜 통화 목표를 3명으로 늘려 봤는데 해보니까 또 되더라구요. 그런데 그러려면 전화할 수 있는 사람이 더 많아져야 한다는 생각이 들더라구요. 그래서 두 달 동안 전화한 사람들에게 다시 전화를 걸 때 그 사람과 내가 같이 알고 있는 사람들의 이름과 전화번호를 받기 시작했어요. 그러다 보니 이제까지 생각하지 못했던 사람들이 이름이 나오기 시작하고 저 또한 자꾸 살면서 알고 지냈던 사람들을 찾기 시작하게 되더라구요. 그러다 보니 한 달이 지나니까 100명 정도의 새로운 가망고객을 발굴할 수 있겠더라구요."

"이제 교육과정도 끝나고 혼자서 10콜을 해야 하는데 영업을 잘 하시는 분들처럼 매일 10콜을 하지는 못해도 하루에 5명 정도는 할 수 있는 자신감도 좀 생기고 이렇게 하면 '오늘 누굴 만나지"에 대해서 고민은 하지 않을 것 같은 작은 확신 같은 것도 생기더라구요."

민연지 FP가 교육과정을 통해서 자신의 영업에 변화를 경험하게 되었는데 무엇이 민연지 FP의 영업을 바꾸었을까?

첫 번째는 FP는 자신의 영업 상황을 정확히 이해하고 자신에게 맞는 10콜 목표를 정하고 끝까지 달성하겠다는 마음가짐을 가진 것에서 그 원인을 찾을 수 있을 것 같다. 일반적으로 10콜을 지속하지 못하는 FP를 보면 시작할 때 자신의 상황이나 능력 등은 생각하지 않고 의욕이 앞서서 자신이 할 수 있는 최대치의 목표를 정하거나 아니면 맹목적으로 10콜을 해야겠다는 생각만으로 시작했다가 얼마 되지 않아 목표가 달성되지 않으면 10콜을 자신이 할 수 없는 일이라고 포기를 하거나 자신의 영업에는 맞지 않는 방법이라고 판단해서 그만두는 경우를 너무도 많이 볼 수 있다.

하지만 민연지 FP는 자신이 가지고 있는 상황을 가망고객 발굴 과정에 정확하게 지켜서 함으로써 객관적으로 파악할 수 있게 되었고 이를 기반으로 자신에게 맞는 100% 달성 가능한 목표를 설정하고 이를 실행하겠다는 마음 자세를 가지고 10콜을 한 것이 좋은 결과를 만든 원인이라 할 수 있다.

두 번째는 매일매일 자신이 정한 10콜 목표를 달성하기 위해 해야 하는 일들을 수행하는 실행력을 갖춘 것에서 그 원인을 찾을 수 있다.

일반적으로는 10콜의 목표를 3명이나 5명으로 잡고 시작하는 경우를 보면 이를 위해 필요한 전화 통화 이전의 단계의 수도 자연스럽게 감소하는 경우가 많은데 민연지 FP는 하루에 2명 통화를 목표로 정했어도 실제 통화 이전 단계의 해야 할 일인 매일 20개의 연락처를 작성하고 판별하는 과정은 그대로 지켰고 매일 자신의 활동 일지에 누구에게 언제 10콜을 할지에 대한 계획을 10콜 하는 사람과 똑같이 실행을 했던 것이다.

세 번째는 스스로 자신의 목표를 상향시키려는 도전 의식에서 그 원인을 찾을 수 있다. 처음 10콜을 시작했을 때 2콜이 목표였지만 2개월 동안 목표를 달성했던 것이 민연지 FP에게 가망고객의 증가라고 하는 '보상'을 만들어 주었고 그로 인해 10콜 목표를 상향시킬 수 있는 새로운 '열망'

을 만들어 주었던 것이다.

　결론적으로 누구나 자신의 상황에 맞는 목표를 정하고 이를 하루하루 과정의 목표를 달성하는 것에 집중하고 지속하다 보면 자연스럽게 습관이 되고 이를 통해 새로운 영업에 대한 희망과 열정이 생길 수 있게 되는 것이다.

성공하는 FP의 10콜 습관

"FP님 10콜 하고 계신가요?"
"10콜이 뭔가요?"
"아~네. 하루에 10명에 고객에게 안부전화하는 거를 10콜이라 부릅니다."
"아~ 그거요. 그건 하고 있죠?"
"그럼 하루에 몇 콜 정도나 하고 계신가요?"
"글쎄요. 잘 세 본 적은 없는데… 대충 매일 한 20~30명 정도한테는 하는 것 같은데요."
"그러시구나. 그럼 그렇게 전화하신 지는 얼마나 되셨나요?"
"글쎄요. 그것도 잘 모르겠는데 한 10년은 넘은 것 같은데요"

"그럼 어떻게 해서 이렇게 매일 전화를 많이 하시게 됐나요?"
"그냥 하는 거지요. 뭐 특별한 계기는 없구요. 영업을 오래 하다 보니 매일 누구를 만날지에 대한 부분이 해결되지 않으면 영업을 오래할 수 없을 것 같아서 평상시에 전화를 많이 해야겠다는 생각을 하게 됐고 그러다 보니 여기까지 왔는데 뭐 특별할 것도 없지요."

"그럼 고객과는 주로 무슨 얘기를 하세요?"
"그때마다 다른데 그냥 사는 얘기를 주로 하죠. 자녀들 얘기, 배우자 얘기 등등 영업 얘기는 안 하고 그냥 수다 떠는 거죠ㅎㅎ."
"그런데 그렇게 전화를 많이 하시는 게 영업에는 도움이 많이 되셨나요?"
"엄청 도움이 되지요. 사는 얘기하다 보면 자연스럽게 건강 얘기, 돈 얘기가 나오더라구요. 그러다 보면 보험 얘기를 할 거리가 생기더라구요. 그러면 메모해 뒀다가 나중에 영업으로 연결하는 거죠. 아주 단순한 거잖아요."

"그럼 전화할 사람은 어떻게 매일 만드세요?"
"저는 매일 저녁에 집에서 다음날 전화할 사람을 수첩에 적어요. 연락한 지 오래된 사람, 다음날 활동하는 곳 근처에 사는 사람, 생일 맞는 사람, 계약기념일 된 사람 등 사실 그 사람들 이름 적는 게 전화하는 것보다 더 시간이 많이 드는데 어차피 영업하는 사람이 사람 이름 적는 건 당연하게 해야 할 일이잖아요? 왜냐하면 적지 않으면 그 많은 사람을 어떻게 기억하겠어요? 그렇게 적다 보니까 어떻게 전화를 해야 할지도 보이더라구요."

"그럼 마지막으로 많은 사람한테 전화를 하시려면 시간도 많이 필요하실 텐데 언제 주로 전화를 하세요?"
"전화할 시간을 따로 만들어 놓고 전화하지 않아요. 왜냐하면 그렇게 시간을 많이 낼 수는 없으니까 짬짬이 시간 날 때 하는 거죠. 아침에 오늘 전화할 사람 핸드폰에 포스트잇으로 붙여 놓고 다니면서 걸어가면서도 하고 전철 기다리면서도 하고 밥 먹고 나서도 하고 뭐 따로 전화할 때가 있는 건 아니니까요."

위 대화는 모 보험사의 '10콜 합시다' 프로젝트를 진행할 때 그 회사에서 영업을 아주 잘하는 초고능률 FP와의 인터뷰 내용이다.
10콜이 영업에서 얼마나 중요한지 그리고 영업을 잘하는 FP는 10콜을 하고 있는지를 파악해 보기 위해서 한 인터뷰였는데 그 FP는 10콜이라는 말은 알지 못하고 있었다. 하지만 그 FP는 10콜이 아니라 그 이상을 하고 있었고 그것도 10년 이상을 하고 있었던 것이다.

그 FP와 인터뷰를 하면서 알게 된 것은 내가 10콜 강의를 하면서 반드시 해야 한다고 강조했던 것들을 그 FP가 거의 그대로 실행하고 있다는 것이다.
첫 번째, 잊지 않는 습관은 10년 동안 10콜을 해오고 있으니까 당연히 만들어져 있었고 핸드폰에 그날 전화할 사람을 포스트잇으로 붙이고 다니니까 당연히 잊지 않을 수밖에 없는 자신만의 신호도 가지고 있었다.
두 번째, 쓰는 습관은 매일 저녁 다음날 전화할 사람을 작성을 해 놓는다고 한 것을 보면 그 FP는 전화할 사람을 머릿속으로 생각하는 것이 아니라 실제 이름을 쓰는 반복 행동을 하고 있는 것이었다.

　세 번째, 전화하는 습관은 매일 작성한 사람에 대해서 대부분 통화를 하는 것을 보면 전화 통화가 목적이 아니라 전화 시도에 집중하고 있었고 이를 통해 자신의 목표를 달성할 수 있도록 하는 반복 행동을 하고 있었다.

　마지막으로 계획하는 습관은 인터뷰 내용에서 다루지는 않았지만 끝나고 필자한테 자신이 가지고 있는 탁상용 달력을 보여 주었는데 그 달력은 사람 이름으로 가득 차 있었다. 더욱 놀랐던 것은 그해의 마지막 달까지 전화할 사람으로 빼곡히 적혀 있었던 것이다. 그 FP는 본능적으로 다음번 전화를 언제 해야 할지를 알고 있었던 것이다.

　결론적으로 '10콜은 매일 쓰고! 걸고! 말하고!'를 반복하는 일이다. 그 FP와의 인터뷰에서 아직도 가장 머릿속에 남는 말은 하루에 몇 명에게 전화를 했는지 또는 몇 년을 했는지가 아니었다.
　"영업하는 사람이 그냥 전화하는 거지요. 별다른 방법이 있나요?"라며 시크하게 했던 말이다.

이것만은 꼭 기억하세요!

Chapter 1. 10콜 하고 있나요?

10콜은 매일 가망고객에게 직접적인 판매프로세스를 위한 전화 이외의 전화 통화를 하는 것이라고 정의할 수 있다. 10콜은 바로 영업하기 힘든 가망고객을 점진적으로 영업이 가능한 상황으로 만들어 '오늘은 누굴 만나지?'를 해결할 수 있는 가장 좋은 방법이다.

Chapter 2. 10콜은 습관이다.

10콜 습관은 가망고객에게 전화를 하는 것을 매일 반복하여 익숙해진 행동방식이라 할 수 있는데 이를 위해서 '신호 - 반복 행동 - 보상'의 습관형성 고리를 만들고 이를 통해 10콜을 하고 싶은 열망이 만들어지게 된다.

Chapter 3. 10콜 습관 만들기

STEP 1. 잊지 않는 습관
10콜을 항상 기억할 수 있는 신호로 시각적 신호와 청각적 신호를 만들어 최대한 노출시킨다.

STEP 2. 쓰는 습관 만들기
10콜 대상을 작성하는 반복 행동으로 작성 후 선택 방법을 사용해서 매일 아침 조회 후 첫 번째 일과로 정해 놓고 써야 한다.

STEP 3. 전화하는 습관 만들기
대상 고객에게 전화를 하는 반복 행동으로 나만의 10콜 목표를 정하고 점진적으로 달성할 수 있는 목표를 가지고 시작하는 것이 중요하다.

STEP 4. 계획하는 습관 만들기
전화 이후 다음번 계획을 수립하는 반복 행동으로 한 눈에 볼 수 있는 나만의 10콜 도구를 가지고 다음번 콜 계획을 수립해야 한다.

에필로그

"강사님은 책 안 쓰세요? 오늘 강의가 너무 좋아서요. 이 주제로 책을 쓰시면 두고두고 '오늘은 누굴 만나지?' 고민할 때 읽으면 좋을 것 같아서요."
"써야죠. 안 그래도 지금 쓰고 있습니다. ㅎㅎ"

 2013년의 일이다.
 강의를 시작한 지도 10년이 넘었고 보험 경력도 15년이 됐으니 이제 책 한 권을 써도 되지 않을까 하는 생각으로 '오늘은 누굴 만나지?'의 초안을 탈고했었다. 하지만 막상 책을 출판하려니 내가 발가벗겨지는 느낌이 들었다. 나 같은 사람도 책을 쓸 수 있을까? 또 그 책을 누가 보기는 할까? 한 마디로 자신이 없었다. 그리고 잊혀졌다.

 2023년 여름.
 내가 교육 사업을 처음 시작할 때 출강했던 회사에 강의를 갔다. 강의 주제는 '가망고객 발굴'이었다. 여느 때와 같이 강의를 하고 사무실로 돌아오는데 문득 이런 생각이 들었다. 아직 그들은 20년 전에 아니 그 이전에 머물러 있는 것이다. 가망고객을 한번 적어 보라고 하니 없다고 한다. 몇 사람 적다가 펜을 놓는다.

 그렇게 많은 강의를 하고 회사에 교재를 만들어 납품하고 동영상을 찍고 캠페인을 하고, 난 20년간 똑같은 얘기를 하고 있는데 그들은 늘 새로운 얘기를 들었다는 얘기를 한다. 왜 그럴까?

　나에게 강의를 들었던 그 많은 설계사들은 지금 보험영업을 하고 있지 않기 때문은 아닐까? '오늘은 누굴 만나지?'를 해결하지 못해서⋯

　그때 이제는 써야겠다는 생각을 했다. 부족하더라도 책으로 남기자. 글로 남기면 누구라도 언제라도 어디서라도 내가 했던 얘기들을 읽겠지. 그러다 어느 날 '오늘은 누굴 만나지?'를 고민하는 보험설계사가 이 책을 보고 그 고민을 해결하게 될 수도 있지 않을까?

　2023년 가을
　새벽 5시. 벌써 두 달째 이 시간에 일어나 '오늘은 누굴 만나지?'를 쓰고 있다. 이 책을 읽고 누군가는 '오늘은 누굴 만나지?'를 해결할 것을 기대하면서 또 누군가는 '내일은 누굴 만나지?'도 해결할 것을 기대하면서.

　이 책을 쓸 수 있게 해주신 분들에게 감사를 드린다.
　먼저 지난 23년간 5,000회 이상의 강의에서 나에게 영감을 준 교육생 분들에게 감사드리고 그런 기회를 주신 분들에게도 감사드린다. 그리고 나의 28년간의 보험 생활에 많은 도움과 격려 그리고 용기를 주셨던 분들에게 감사드린다.

　그리고 조종사의 아내를 꿈꾸다가 보험설계사의 아내가 되어 30년을 나와 함께 해준 아내에게 감사드린다.